# 과학기술 정책연구

## RESEARCH FOR SCIENCE AND TECHNOLOGY POLICY

충남대학교 국가정책대학원
충남대학교 국가정책연구소
이찬구 엮음

2017 총서 02

과학기술정책연구 총서 02

**발행일** 1판 1쇄 2017년 12월 8일 1판 2쇄 2019년 1월 4일 **발행인** 오덕성
**엮은이** 이찬구 **펴낸곳** 충남대학교출판문화원 **주소** 대전광역시 유성구 대학로 99
**전화** 042-821-6045 **홈페이지** http://www.cnupress.co.kr E-mail cnupress@cnu.ac.kr

ISBN 978-89-7599-675-7 94500
978-89-7599-674-0 (세트)

**정가** 15,000원

과학기술이 만드는

"더 행복한 사람

더 좋은 세상"

을 꿈꾸며

## 과학기술정책연구
## | 책을 펴내며 |

2017년은 대한민국의 과학기술정책사(史)에서 뜻 깊은 해라고 할 수 있을 것입니다. 국가차원에서 과학기술정책이 본격화된 지 50년이 되는 해이며, 현장의 과학기술문제를 정책 측면에서 연구하기 위한 정책전문 연구기관이 30년 전에 설립되고, 학문공동체의 구심체인 기술경영경제학회와 한국기술혁신학회가 각각 1992년과 1997년에 설립되어 20년 이상이 경과하였기 때문입니다.

지난 50여년 동안 대한민국의 과학기술정책 연구는 실무적 · 학문적으로 많은 성장과 발전을 이루어 왔지만, 학문 공동체가 과학기술정책 연구 또는 과학기술정책학의 학문 정체성을 공유하고 있는 가는 여전히 의문으로 남아 있다고 생각합니다. 이러한 문제의식에서 2017년에 충남대 국가정책대학원은 창립 20주년을 맞이한 한국기술혁신학회와 공동으로 과학기술정책학의 학문 정체성에 관한 연구를 시작하였습니다.

2013년부터 충남대학교는 대학원 과정에 과학기술정책 전공을 개설하였지만, 참여교수와 원생 모두에게 '과학기술정책학'이 무엇이며 어떤 것을 가르쳐야 하는가의 문제는 이러한 연구의 필요성을 더욱 절실하게 만들었습니다. 이런 과정에서 과학기술정책학의 정의와 연구범위를 우리 스스로가 논의하고 발전시키자는 공감대가 형성되었고, 이는 다시 우리나라 최고의 과학기술정책 연구 집단인 한국기술혁신학회와의 협업으로 이어지는 계기가 되었습니다.

1차적인 연구결과로서, 참여 저자들은 과학기술정책학을 '과학기술 활동 및 과학기술과 관련된 정치 · 경제 · 사회 · 문화의 제반 현상을 연구 · 분석함으로써, (1) 과학기술 자체의 발전을 도모하면서 (2) 과학기술을 활용하여 국가와 공공 부문의 문제해결 능력을 높이고자 하는 정책지향적인 학문'으로 정의하였습니다. 또한 이를 바탕으로 저자들은 과학기술정책학의 연구범위(research scope)를 (1) 과학기술 정책과정, (2) 과학기술 공공관리, (3) 연구관리, (4) 기술혁신의 4대 부분으로 제안하였습니다.

한편, 인류문명의 역사는 과학기술 발전의 역사라 해도 지나친 말이 아닐 것입니다. 옛날의 철기부터 지금의 인터넷에 이르기까지 새로운 과학기술 제품들은 우리들의 삶의 형태와 사회구조를 전혀 다른 모습으로 바꾸어 놓곤 하였습니다. 따라서 과학기술의 효율적인 발전과 합리적인 활용은 국가사회 차원에서는 물론 시민 개개인의 관점에서도 중요한 문제로 등장하고 있습니다. 이런 관점에서 과학기술정책의 목적은 '과학발전을 위한 정책'(policy for science) 관점과 '정책문제 해결을 위한 과학'(science for policy)의 관점이 적절히 조화될 필요가 있을 것입니다. 과학기술 발전이 지향하는 최종 목적은 '더 행복한 사람'과 '더 좋은 세상'(A Better World for Happier People)의 구현에 기여할 수 있어야 한다고 믿기 때문입니다.

이러한 과학기술정책의 이상은 체계적이고 독자적인 교육과정을 통해 구현될 수 있을 것입니다. 이런 이유로 충남대학교는 국가정책대학원에 과학기술정책 전공의 석 · 박사 과정을 개설하여 성공적으로 운영하고 있습니다. 충남대학교의 과학기술정책 전공은 (1) 국가적 문제의 과학기술적 해결을 추구하는 〈문제 해결형 교육과정〉, (2) 인문 · 사회계에는 과학기술의 실제적인 지식을, 이공계에는 정책 · 공공관리의 절차적인 지식을 교육하는 〈융 · 복합형 정책전문가 양성〉, (3) 지역적 특성을 활용하여 정부부처-연구관리기관-연구주체-산업체의 인적교류 및 학문적 공감대를 형성하는 〈네트워크형 교육과 연구〉를 지향하고 있습니다.

이 책은 충남대학교 국가정책대학원의 과학기술정책 전공에 참여하는 교수와 원생들의 학술 논문을 과학기술정책학의 연구범위에 맞추어 재구성한 것입니다. 먼저 이찬구 · 오현정 · 김은미(2018)는 학문적 정의와 연구범위를 중심으로 과학기술정책학의 패러다임에 대해 논의하였습니다. 다음으로 손주연 외(2017)와 장문영 · 이찬구(2017)는 과학기술 정책과정에, 김영준 외(2016)와 염명배 외(2017)는 과학기술 공공관리에 해당하는 논문들입니다. 이어 추완호 · 박수경(2017)과 한정민 · 이영덕 외(2017)는 연구관리 측면을 다룬 논문입니다.

여기에 실린 논문들은 여러 면에서 더 많은 논의와 발전이 필요하지만, 과학기술정책학의 이상을 대학원 교육에서 구현하기 위해 노력하는 과정에서 얻어진 작은 성과들입니다. 이 책이 출발점이 되어 앞으로 더 좋고 더 많은 연구 실적들이 발간되어 과학기술정책학의 학문적 발전과 우리사회의 정책문제를 해결하는 밑거름이 될 수 있기를 기대합니다. 특히, '과학기술정책학의 패러다임 논의'는 향후 여러 동학과 후학들의 치열한 논쟁과 건설적인 비판을 통해 과학기술정책학이 독자적인 학문으로 발전하기 위한 출발점이 될 수 있기를 바랍니다.

이 책의 발간에는 많은 분들의 도움과 성원이 있었습니다. 우선 귀한 논문을 책에 실을 수 있게 허락하여 주신 저자 여러분께 깊은 감사를 드립니다. 마지막으로 이 책의 구상부터 편집에 이르는 모든 과정에서 항상 성심을 다해준, 김은미 교수와 오현정 선생에게 특별히 감사의 말을 전합니다.

2017.12.

대한민국 혁신의 중심, 대덕에서

이찬구 씀

# 과학기술정책연구
| 목 차 |

## 제 2 장 과학기술 정책과정

## 제 3 장 과학기술 공공관리

## 제 4 장 연구관리

# 제 1 장 과학기술정책 연구의 정체성

## 1 과학기술정책학의 패러다임 논의: 학문적 정의와 연구범위를 중심으로

이찬구 · 오현정 · 김은미

1

# 과학기술정책학의 패러다임 논의 : 학문적 정의와 연구범위를 중심으로*

이찬구 · 오현정 · 김은미

초록

이 논문은 2017년 현재, 우리나라에서 과학기술정책학 또는 과학기술정책 연구가 독자적인 학문 정체성을 가지고 있는가 하는 문제의식에서 수행되었다. 이를 위하여 국내에서 출판된 과학기술정책 관련 단행본 19권을 대상으로, 학문 패러다임 형성의 핵심요소인 학문적 정의와 핵심 연구범위의 논의 여부를 분석하였다. 연구결과는 현 시점에서의 우리나라 과학기술정책학은 패러다임 형성 이전의 단계에 머물러 있다는 잠정 결론을 내렸다.

이러한 결론에 근거하여 연구자들은 향후 과학기술정책학의 패러다임 완성에 필요한 학문적 정의와 연구범위를 새롭게 제안하였다.

과학기술정책학은 '과학기술 활동 및 과학기술과 관련된 정치 · 경제 · 사회 · 문화의 제반 현상을 연구 · 분석함으로써, (1) 과학기술 자체의 발전을 도모하면서 (2) 과학기술을 활용하여 국가와 공공 부문의 문제해결 능력을 높이고자 하는 정책지향적인 학문'으로 정의하였다.

과학기술정책학의 '연구범위'는 (1) 과학기술 정책과정, (2) 과학기술 공공관리, (3) 연구관리, (4) 기술혁신의 4대 부문으로 제안하였다. 이 중에서 '과학기술 정책과정'과 '과학기술 공공관리'는 이 논문에서 제안하는 과학기술정책학의 정의를 반영하는 새로운 내용이며, '기술혁신'과 '연구관리'는 기존 연구들도 대부분 포함하고 있는 과학기술정책학의 연구범위라고 할 수 있다.

주제어 : 과학기술정책, 과학기술정책 연구, 과학기술정책학 정의, 과학기술정책학 패러다임, 과학기술정책학 연구대상

---

* 이 글은 「기술혁신학회지」 제21권 1호(2018: 1-32)에 게재가 확정된 것으로, 본 책의 논리 전개를 위해 한국기술혁신학회의 저작물 사용 허락을 받아 활용합니다.

# Ⅰ. 머리말

이 논문은 2017년 시점의 대한민국에서 과학기술정책학 또는 과학기술정책 연구(studies on science and technology policy)가 다른 학문 분야와 구별되는 정체성을 가지고 있는가 하는 문제의식에서 출발하고 있다. 특정한 학문(또는 연구)의 정체성은 학문 공동체 구성원들의 해당 학문에 대한 정의와 그 학문에서 활용되는 고유 이론, 연구범위, 연구방법 등에 대한 공통의 가치관인 패러다임(paradigm)에 좌우된다고 할 수 있다(Kuhn, 1962, 1977). 즉, 과학기술정책학의 정체성 논의는 과학기술정책학을 연구하고 교육하는 학문 공동체가 공유할 수 있는 학문 패러다임에 대한 논의로부터 출발해야 할 것이다.

2017년 현재, 우리나라에서 과학기술정책학의 연구대상인 현대적 의미의 과학기술정책(science and technology policy)은 50여년의 역사를 가지고 있다. 1967년에 과학기술처가 독립적인 정부 부처로 신설되면서 과학기술정책 활동이 공식화 · 본격화되었기 때문이다. 그 후 우리나라의 과학기술정책은 예산 · 조직 · 인력의 꾸준한 확대, 정책전문연구기관 설립, 관련 학회설립과 전문학술지 발간, 대학원 교육과정 개설, 독립적인 세부 학문분류 설정 등을 통해 실행적인(practical) 면과 학문적(academic) 측면 모두에서 괄목한 만한 성장과 발전을 이루어 왔다.

이처럼 '과학기술정책'이라는 용어가 정책 현장과 학계 모두에서 널리 사용되고 있지만, 이를 이론적으로 설명하는 '과학기술정책학'의 학문적 정의(definition of discipline)와 연구범위(research scope) 등은 명확하지 못한 것이 현실이다. 이러한 불명확성은 다시 과학기술정책학이 타 분야와 차별화되는 분과 학문(discipline)으로서의 패러다임을 형성하고 있는가라는 의문으로 이어지고 있다. 또한 이러한 학문 정체성의 의문을 해결하기 위한 학계의 연구활동 역시 미흡한 것으로 파악되고 있다. 예로서 과학기술정책 관련 주요 학회인 한국기술혁신학회와 기술경영경제학회의 학술지 게재 논문에서는 물론 정책전문연구기관인 과학기술정책연구원(STEPI)과 한국과학기술기획평가원(KISTEP)의 연구보고서 모두에서 과학기술정책학의 '정체성' 또는 '패러다임'을 주제로 한 연구결과를 찾아볼 수 없는 상황이다.[1]

물론 이러한 현상은 정책대상인 과학기술 자체가 가지는 융·복합적인 특성과 함께 과학기술을 다루는 학문 분야가 다양하여 학문 공동체가 공통의 규범과 가치관을 공유하기가 쉽지 않기 때문일 수도 있다. 그러나 이러한 현실적인 어려움에도 불구하고 과학기술정책학이 독자적인 학문으로서의 정체성을 갖기 위해서는, 정책 참여자와 연구자 등 학문 공동체가 보편적으로 수용할 수 있는 패러다임 정립이 선행되어야 할 것이다.

이러한 필요성에서 이 논문은 과학기술정책을 좀 더 논리적·체계적으로 설명하기 위한 방법의 하나로, 과학기술정책학의 패러다임을 규범적인 차원에서 논의하고자 한다. 이러한 패러다임 논의를 통해 과학기술정책학을 연구하거나 가르치고 배우는 사람은 물론 과학기술정책을 결정하고 집행하는 다양한 이해관계자간에 과학기술정책, 나아가 과학기술정책학에 대한 정의와 연구대상 및 범위에 대한 최소한의 합의가 가능할 것으로 생각하기 때문이다. 또한 학문 공동체가 수용할 수 있는 패러다임 정립은 과학기술정책학이 다학제적인 성격을 유지하면서도 동시에 독자적인 학문 영역으로 발전해 나가기 위한 최소한의 필요조건이 될 수 있기 때문이다.

머리말과 맺음말을 제외한 논문의 전체적인 구성은 다음과 같다. 먼저 2장에서 학문 정체성에 관한 이론적 논의를 수행하고, 이를 바탕으로 현 시

---

1 그럼에도 불구하고 과학기술정책학의 정체성 또는 패러다임의 부분적인 구성요소들을 일부 논의함으로써, 본 연구 주제와 간접적으로 관련이 있는 연구결과로는 남수현 외(2005), 이우성(2005), 정근한 외(2014), 김은미(2017), 과학기술정책연구원·기술경영경제학회(2017) 등이 파악되고 있다.

점에서 우리나라 과학기술정책학의 학문 정체성과 패러다임 형성의 정도를 판단하고자 한다. 이어 3장에서는 국내 과학기술정책 연구공동체의 대표적 산물의 하나인 단행본을 대상으로 패러다임 형성의 핵심 요소인 학문적 정의와 연구범위 등을 분석하였다. 마지막으로 4장에서는 과학기술정책학의 학문적 정체성을 확보하기 위한 첫 단계로서의 패러다임 정립에 필요한 학문적 정의와 연구범위를 규범적인 관점에서 4가지 유형으로 새롭게 제안하였다.

## Ⅱ. 학문 정체성의 이론적 논의

이 장에서는 먼저 특정 학문 분야가 정체성을 갖기 위한 조건들을 논의하고, 이에 근거하여 현 시점에서의 과학기술정책학의 정체성 수준을 판단하였다. 이러한 논의를 통하여 필자들은 우리나라에서 향후 과학기술정책학이 좀 더 굳건한 정체성을 확보하기 위해 필요한 핵심사항을 도출하고자 한다.

### 1. 학문 정체성의 개념 및 구성요소 논의

특정 연구 분야가 학문 내 · 외부 공동체에서 학(discipline)으로서 인정받고 있는가 하는 물음은 아리스토텔레스 이래로 모든 학문 분야에서 제기되고 있는 문제라고 할 것이다. 특히, 학문 정체성의 문제는 전통학문 분야보다는 신생학문 분야에서 더욱 중요한 사항으로 작용하게 된다. 일반적으로 학문 정체성은 어떤 연구 분야나 영역이 전공으로 인정받아 독자적인 위상을 갖춘 학문으로 존재하는 상태로 정의할 수 있을 것이다(최외출, 2016: 82).

학문 정체성에 관한 논의는 Kuhn(1962, 1977)의 정상과학(normal science)에 관한 이론이 가장 많이 원용되고 있다. 이에 따르면 과학은 역사적 · 사회적인 환경변화 속에서 인간에 의해 만들어지는 과정으로 이해하고 있다. 즉, 학문 초창기에는 연구자 집단에서 연구주제나 연구방법 등에서 합의가 이루어지지 않다가, 시간이 지나면서 점차 연구자들 사이에서 학문 활동에 필요한 기본적인 사항에 대한 합의가 이루어지게 된다. 이처럼 특정 연구 분야에서 연구자 집단이 보편적으로 공유할 수 있는 가치나 규범체계를 Kuhn은 패러다임(paradigm)이라고 명명하였는데, 이러한 패러다임이 형성되면 해당 학문 분야는 정상과학의 위치에 오르게 된다. 이러한 Kuhn의 논의에 의하면 특정한 신생학문 분야가 정상과학 또는 학문 정체성을 갖기 위해서는 해당 분야의 학문 공동체가 공유할 수 있는 패러다임의 형성이 전제되어야 함을 알 수 있다.

Kuhn 이후에 학문의 정체성에 대한 논의는 신생학문 뿐만 아니라 법학, 정치학, 영문학 등의 전통학문 분야에서도 제기되기 시작하면서, 각각의 입장에서 특수한 지식 영역이 '학'(學, discipline)으로 인정받기 위해 필요한 조건들을 논의하고 있다(Shumway and Davidow, 1991; Post, 2009; Krishnan, 2009). 기존 논의들을 종합하면 학문 정체성의 완성을 위해 필요한 사항을, 지적 비전, 공유 목적, 전문지식 체계, 연구대상, 이론과 개념, 연구방법론, 학과, 교육과정, 학회, 학술지 등으로 정리할 수 있을 것이다(최외출, 2016: 86). 그런데 이러한 학문 정체성의 구성요소들은 별도의 위계 없이 동일 선상에서 논의되고 있어, 이러한 구성요소들을 모두 구비해야 정상과학 또는 학문 정체성이 성립될 수 있다는 전제를 가정한다고 할 수 있을 것이다. 그러나 변화하는 사회 · 정치 · 경제 환경에의 효과적인 지적(知的) 대응을 위해 탄생하게 되는 신생학문 영역에서는 앞의 모든 구성요소를 단기간에 구비하기가 쉽지 않을 것이다. 따라서 특정 시점에서의 학문 정체성을 판단하기 위해서는 여러 구성요소들 중에서 좀 더 선행적이며 핵심적인 구성 요소를 도출하는 작업이 필요할 것으로 생각한다.

이런 관점에서 학문 정체성의 논의를 내적 정체성과 외적 정체성(집단 정체성)으로 먼저 분류하고, 내적 정체성은 다시 과학적 정체성과 경계 정체성으로 세분류하는 허만용 · 이해영(2012)의 논의는 과학기술정책학과 같이 아직은 신생학문의 정체성의 정도와 수준을 분석하는데 좀 더 유용할 것으로 판단한다. 여기에서 (1) 과학적 정체성은 학문 자체의 정의, 독자적이고 다른 분야와 구별되는 연구범위와 대상, 고유 이론과 방법론을 가지고 있는가의 문제이며, (2) 경계 정체성은 다른 학문 분야나 지역적 경계를 달리하는 학문 집단과 구별되는 특징의 문제이며, (3) 집단 정체성은 과학적 정체성과 경계 정체성을 공유한 구성원들이 학문 공동체를 구성하며 지속적인 학술활동을 하고 있는가의 문제라고 할 수 있다(허만용 · 이해영, 2012: 8; 정연희, 2014: 84). 이상의 3가지 정체성 중에서도 과학적 정체성은 전체적으로 학문 정체성을 규정하는 가장 핵심적인 요소라고 할 수 있을 것이다. 만일 특정 학문에서 학문 공동체의 학문 활동을 자율 규제하는 과학적 정체성이 미흡하다면 경계 정체성과 집단 정체성의 근거 논리가 희박해지기 때문이다. 따라서 어떤 분야가 성장과 발전을 거쳐 독자적인 학문체계를 갖추기 위해서는 '과학적 정체성'의 확립이 필수불가결한 것이고, 이러한 과정은 Kuhn이 주장하는 '패러다임' 형성과 유사한 것으로 이해할 수 있을 것이다.

이상의 논의를 종합하여, 이 논문에서는 학문 정체성의 구성요소를 과학적 정체성, 경계 정체성, 집단 정체성으로 구분하여 검토하고자 한다. 특히, 과학적 정체성은 특정 학문의 정체성을 좌우하는 핵심적인 사항이므로, 과학적 정체성의 구성요소를 패러다임의 형성요소로 간주하여 논의를 진행하게 될 것이다.

## 2. 과학기술정책학의 학문 정체성 검토

본격적인 과학기술정책학의 정체성 논의에 앞서, 국내 다른 학문 분야에서의 활발한 학문 정체성 또는 패러다임 논의 현황을 검토함으로써 과학기술정책학의 학문 정체성을 확립하기 위한 논의의 필요성과 중요성을 강조하고자 한다.

1990년대 이후에 국내에서 전개된 각 학문 분야에서의 정체성 및 패러다임 논의를 종합하면, 국문학(박이문, 2002), 경영학(황호찬, 2000), 교육학(김재웅, 2012) 등 비교적 안정적이라고 여겨지는 분야에서는 물론 정책학(허만용 · 이해영, 2012), 경찰학(최선우, 2014; 김상호, 2003), 여성학(김승경 · 이나영, 2006), 비서학(이영희, 1995) 등의 다양한 신생학문 분야에서도 정체성 확립 또는 패러다임 형성을 위한 논의가 꾸준히 이어지고 있다.[2] 특히, 신생 학문에서의 이러한 논의들은 해당 학문이 환경변화에 대응하기 위한 내부 노력의 결과이건 정부정책 등의 외부 요인에 의해 촉발되었건 간에, 자신들의 학문 정체성을 가능한 한 조속히 확보하고자 하는 학문 공동체의 자발적인 노력의 산물이라는 점에 주목할 필요가 있다. 너무 당연하지만 학문의 성격과 연구 내용을 규정하고 이를 정치한 이론으로 설명하기 위한 방법론을 개발하려는 학문 공동체의 자발적이고 적극적인 학술 활동이 수반되지 않는다면 해당 학문의 존립 자체가 불가능할 것이기 때문이다.

이런 관점에서 과학기술 활동의 정책, 기획, 관리, 제도 등을 연구대상으

---

2 이외에도 학문 정체성에 관한 논의가 이루어진 신생학문 분야로는, 수학교육학(박경미, 1996), 국어교육학(노명완, 1997), 교육공학(정재삼 · 금혜진, 2003), 소방학(김상호, 2003; 최성룡, 2008), 스포츠심리학(유진, 2003), 조직행태론(이양수, 2004), 독어독문학(조우호, 2006), 도시행정론(이규환, 2007), 지역학(정해조, 2007), 문화정책연구(홍기원, 2009), 전시학(exhibitionology)(문형욱, 2011), 지역사회복지학(박태영, 2012), 공공감사학(박희정, 2013), 여성체육학(유정애, 2014), 관리론(김동원, 2016), 문화예술교육(정연희, 2014), 새마을학(최외출, 2016) 등이 파악되고 있다.

로 설정하고 있는 기술혁신론, 기술경영론, 과학기술정책 연구 등의 분야에서는 학문 정체성 또는 패러다임 형성에 관한 연구가 전무한 것으로 파악되고 있다. 다만, 기술혁신연구의 지식흐름 계량분석(남수현 외, 2005), 혁신정책의 범위 설정(이우성, 2005), 과학기술 기획 및 정책 개념 정립(정근한 외, 2014), 과학기술 정책연구의 실증분석(김은미, 2017), 기술혁신연구의 현황과 과제(과학기술정책연구원 · 기술경영경제학회, 2017) 등의 연구가 간헐적으로 이루어졌을 뿐이다. 이러한 부분적이고 간접적인 연구마저도 우리나라 과학기술정책의 50년 역사에 비추어 보면, 타 학문 분야에 비해 많이 늦고 부족하다는 평가가 가능할 것이다.

이상과 같은 관련 분야의 연구실적에 근거할 때, 과학기술정책학의 정체성 확립에서 가장 핵심적인 과학적 정체성 또는 패러다임 형성은 그 자체를 판단할 수 없는 상황이라고 할 수 있다. 즉, 선행 연구를 통해서는 과학기술정책학의 고유한 연구범위 및 대상, 이론과 방법론을 확인할 방법이 없기 때문이다.

또한 '과학기술정책 연구'라는 용어가 빈번하게 사용되고 있어, 또 다른 학문 정체성의 핵심 요소인 경계 정체성이 외견상으로는 다른 연구 분야와는 구별되는 것처럼 보이고 있다. 그러나 핵심 연구범위와 이론 등에서 관련 학문 분야인 정책학, 행정학, 경영학, 경제학, 기술혁신론, 과학학 등과의 경계가 명확하지는 않은 것으로 판단되고 있다. 즉, 과학기술정책학은 자신만의 이론과 방법론으로 과학기술정책을 구성하는 대상들을 연구하는 것이 아니라, 모(母)학문의 이론과 방법론을 비판 없이 차용함으로써 과학기술정책의 특성을 충분히 반영할 수 있는 이론체계를 아직은 구성하지 못하고 있다고 할 것이다(김재웅, 2012).

이와 달리, 집단 정체성은 비교적 많이 완성된 것으로 판단할 수 있다. 우선 학문 공동체의 물리적 구심체 역할을 할 수 있는 정책전문연구기관인 과학기술정책연구원(STEPI)과 한국과학기술기획평가원(KISTEP)이 각각 1987년과 1999년에 설립되었고, 기술경영경제학회와 한국기술혁신학회가 1992년과 1997년에 각각 창립되었기 때문이다. 이들 연구기관과 학회는 과학기술정책을 구성하는 다양한 내용을 분석하고 해결하기 위한 연구결과를 연구보고서와 학술지(기술혁신연구, 기술혁신학회지)를 통해 발간하고 있다. 또한 이에 더하여 우리나라의 여러 대학에서는 기술혁신, 기술경영, 기술정책, 과학기술정책 등을 핵심 교육 내용으로 하는 대학원의 석·박사 과정이 운영되고 있다.[3]

종합적으로 과학기술정책학은 '집단 정체성'은 어느 정도 완성된 것으로 볼 수 있으나, 정상과학 또는 학문적 정체성 확보에 필수적인 '과학적 정체성'과 '경계 정체성'은 아직은 미흡한 것으로 판단할 수 있다. 따라서 향후 과학기술정책학이 정상과학으로서의 학문 정체성을 확보하기 위해서는 독자적인 연구범위와 대상, 고유 이론과 연구방법론 등을 확립할 필요가 있고 이는 패러다임 정립의 문제로 연결될 것이다.

한편, 패러다임 정립을 위해서는 독자적인 연구범위와 대상, 고유 이론과 방법론을 동시에 갖추는 것이 필요하나, 순서상으로는 연구범위와 대상에 대한 학문 공동체의 공감대가 먼저 형성되어야 이를 뒷받침할 수 있는 이론과 방법론의 개발이 가능하다고 할 수 있다. 이런 관점에서 이 연구에서는 우선적으로 과학기술정책학의 패러다임 형성에 가장 핵심적이라고

---

3 2017년 현재 국내의 여러 대학이 과학기술정책 관련 대학원 교육과정을 운영 중에 있다. 학교별로 강조하는 학문적 특성이 다르기는 하지만 특정 학문이나 분야에 치우치지 않고 과학기술정책과 관련된 내용 전반을 비교적 고르게 교육과정에 포함하고 있는 곳은, 서울대학교 공과대학 협동과정 기술경영경제정책전공, 연세대학교 대학원 기술정책 협동과정, 고려대학교 대학원 과학기술학 협동과정, 한양대학교 대학원 과학기술정책학과, 과학기술연합대학원대학교(UST) 과학기술경영정책 전공, KAIST 과학기술정책대학원, 충남대학교 국가정책대학원 과학기술정책 전공, 부경대학교 기술경영전문대학원 과학기술정책 협동과정 등의 8개 과정으로 파악된다.

할 수 있는 고유한 연구범위를 논의함으로써, 과학기술정책학의 정체성 확립 또는 정상과학으로 가기 위한 출발점으로 삼고자 한다. 이와 별개로, 패러다임 형성의 또 다른 핵심요소인 고유 이론과 방법론에 관한 사항은 추후 지면을 달리하여 지속적인 연구를 진행하게 될 것이다.

## Ⅲ. 과학기술정책학의 학문적 정의와 연구범위 검토

과학기술정책학은 '과학기술정책'을 연구하는 학문 분야라고 단순하게 정의할 수 있다. 따라서 과학기술정책학의 학문적 정의와 연구범위는 학문 공동체가 연구대상인 과학기술정책을 어떻게 이해하는 가에 따라 달라지는 것이 당연할 것이다. 이 장에서는 우리나라의 과학기술정책 연구 공동체가 (1) '과학기술정책'과 '과학기술정책학'을 어떻게 정의하고 (2) 이 학문의 연구범위를 어떻게 설정하고 있는 가를 단행본을 대상으로 분석하였다. 여기에서 선행연구의 검토대상을 학술 논문보다는 교과서 중심의 단행본으로 한정한 것은, 특정 분야를 심도 있게 논의하는 논문보다는 전체를 일관하는 교과서 등의 단행본이 본 연구목적 달성에 좀 더 부합하는 연구 자료로 판단했기 때문이다.

### 1. 과학기술정책 관련 국내 단행본 현황

과학기술정책 관련 단행본 검토를 위해서는 용어 정리가 우선될 필요성이 있다. 실제로 정책현장 및 연구현장에서 과학정책, 기술정책, 연구정책, 연구개발(R&D)정책, 연구기술개발(R&TD)정책, 혁신정책, 기술개발정책, 과학기술혁신(STI)정책, 산업혁신정책 등 다양한 용어들이 사용되고 있다. 이 정책들은 각기 강조하는 정책범위가 다소 다르지만, 과학, 기술, 혁신,

연구개발 등을 핵심적인 정책대상으로 설정하고 있다는 점에서 하나의 용어로 통일하여 사용할 수 있을 것이다. 이런 관점에서 본 논문에서는 용어 자체의 역사가 상대적으로 길면서도 다른 용어들을 모두 포괄할 수 있는 '광의적인 관점'을 내포하고 있는 '과학기술정책'이라는 용어를 사용하고자 한다.

2016년 말을 기준으로 광의의 과학기술정책이 포함할 수 있는 정책 내용을 중심으로, 과학기술정책의 특정 사항이 아닌 전반적인 내용을 학술적으로 다루고 있다고 판단되는 국내의 교과서와 연구보고서 등의 단행본은 19권으로 파악된다. 이들 기존 단행본들은 광의의 관점에서 공통적으로 과학기술정책을 다루고는 있지만, 각 단행본을 저술한 저자들의 학문적 배경과 강조점에 따라 각기 다른 관점에서 논의가 이루어지는 것으로 분석되었다. 즉, 정책학적 관점, 기술혁신 관점, 기술경영 및 경제학적 관점의 세 가지로 분류할 수 있다.

실제로 1980년대부터 발간된 총 19권의 단행본들은 정책학적 관점에서 6권(이가종, 1990; 김종범, 1993; 윤진효, 2006; 최석식, 2011; 이장재 · 현병환 · 최영훈, 2011; 홍형득, 2016), 기술혁신 관점에서 7권(김인수 · 이진주, 1982; 박용치, 1983; 설성수 외, 1997; 이공래, 2000; 송위진, 2006; 이원영, 2008; 설성수, 2011), 기술경영 및 경제학적 관점에서 6권(박우희 외, 2001; 김정홍, 2003; 이종옥 외, 2005; 현병환 외, 2006; 정선양, 2006; 이영덕 · 조석홍, 2013)으로, 여러 학문적 관점에서 비교적 균형적으로 발전해 왔음을 알 수 있었다. 이들 기존 단행본 현황을 종합하면 〈표 1〉 및 (그림 1)과 같다.

〈표 1〉 과학기술정책 관련 국내 단행본 종합 (연도별)

| 순서 | 저자 | 출판년도 | 제목 | 학문적 관점 |
|---|---|---|---|---|
| 1 | 김인수 · 이진주 | 1982 | 기술혁신의 과정과 정책 | 기술혁신론 |
| 2 | 박용치 | 1983 | 혁신의 확산과정 | 기술혁신론 |
| 3 | 이가종 | 1990 | 기술혁신전략 | 정책학(기술혁신론) |
| 4 | 김종범 | 1993 | 과학기술정책론 | 정책학 |
| 5 | 설성수 외 | 1997 | 기술혁신과 산업 · 과학기술정책 | 기술혁신론(경제학) |
| 6 | 이공래 | 2000 | 기술혁신이론 개관 | 기술혁신론 |
| 7 | 박우희 외 | 2001 | 기술경제학개론 | 기술경영 · 경제학 |
| 8 | 김정홍 | 2003 | 기술혁신의 경제학 | 기술경영 · 경제학 |
| 9 | 이종옥 외 | 2005 | R&D관리 | 기술경영 · 경제학 |
| 10 | 현병환 · 윤진효 · 서정해 | 2006 | 신연구개발기획론 | 기술경영 · 경제학 |
| 11 | 정선양 | 2006 | 기술과 경영 | 기술경영 · 경제학 |
| 12 | 윤진효 | 2006 | 한국기술정책론 | 정책학 |
| 13 | 송위진 | 2006 | 기술혁신과 과학기술정책 | 기술혁신론 |
| 14 | 이원영 | 2008 | 기술혁신의 경제학 | 기술혁신론 |
| 15 | 최석식 | 2011 | 과학기술정책론 | 정책학 |
| 16 | 이장재 · 현병환 · 최영훈 | 2011 | 과학기술정책론 : 현상과 이론 | 정책학 |
| 17 | 설성수 | 2011 | 기술혁신론 | 기술혁신론 |
| 18 | 이영덕 · 조석홍 | 2013 | 기술경영 | 기술경영 · 경제학 |
| 19 | 홍형득 | 2016 | 과학기술정책론 : 거버넌스적 이해 | 정책학 |

자료 : 이찬구 외(2016: 17)

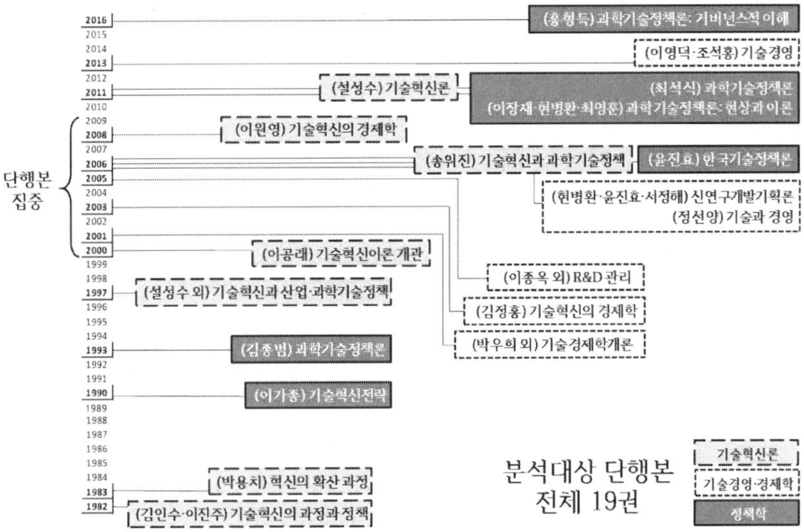


(그림 1) 과학기술정책 관련 국내 단행본의 학문 분야별 분류

자료 : 이찬구 외(2017), 수정 및 보완

이를 다시 분석대상 저서의 출판 시기와 학문 분야를 교차하여 분석하였다. 시기 구분은 분석의 편의상 크게 3기로 나누었는데, 이를 종합하면 〈표 2〉와 같이 2010년도 이전에는 기술혁신과 기술경영 · 경제학적 관점에서의 저서가 상대적으로 많았음을 알 수 있다. 정책학적 관점의 저서는 분석대상의 전 기간에 걸쳐 나타나고 있는데, 2010년도 이후에 근소하지만 조금 더 많아진 것으로 확인되었다. 예로서 기술혁신 또는 기술경영 · 경제학적 관점에서의 저서가 2010년 이후에는 다소 정체되고 줄어드는 경향을 보이는 반면 정책학적 관점의 저서는 상대적으로 지속되고 있는 것으로 나타나고 있다. 특히, 2010년도 이후의 정책학 관점의 저서는 저자들의 학문적 배경이 행정학 및 정책학인 점을 고려하면, 과학기술정책학의 학문적 정체성이 과거의 기술혁신 및 기술경영 · 경제학 관점에서 정책학적 관점으로 전환되고 있다는 예측을 할 수도 있을 것이다. 이와 같이 과학기술정책 연구

에서의 정책학적 관점의 강화는, 과학기술의 역할에서 사회문제 해결이 강조되는 전반적인 흐름과도(송위진, 2010) 관련이 있는 것으로 판단된다.

〈표 2〉 시기별 · 학문별 과학기술정책 연구 종합

(단위: 권, (%))

| 구 분 | 2000년 이전 | 2000~2009년 | 2010년 이후 | 합계 |
|---|---|---|---|---|
| 기술혁신 관점 | 김인수 · 이진주(1982)<br>박용치(1983)<br>설성수 외(1997) | 이공래(2000)<br>송위진(2006)<br>이원영(2008) | 설성수(2011) | 7<br>(36.8) |
| | 3 (60.0) | 3 (33.3) | 1 (20.0) | |
| 기술경영 및 경제학적 관점 | × | 박우희 외(2001)<br>김정홍(2003)<br>이종옥 외(2005)<br>정선양(2006)<br>현병환 · 윤진효 · 서정해(2006) | 이영덕 · 조석홍(2013) | 6<br>(31.6) |
| | 0 ( 0.0) | 5 (55.6) | 1 (20.0) | |
| 정책학적 관점 | 이가종(1990)<br>김종범(1993) | 윤진효(2006) | 이장재 · 현병환 · 최영훈(2011)<br>최석식(2011)<br>홍형득(2016) | 6<br>(31.6) |
| | 2 (40.0) | 1 (11.1) | 3 (60.0) | |
| 합계 | 5<br>(100.0) | 9<br>(100.0) | 5<br>(100.0) | 19<br>(100.0) |

자료 : 이찬구 외(2016: 21) 수정 및 보완

## 2. 과학기술정책'학' 및 과학기술정책의 정의와 범위 유무 검토

과학기술정책학의 패러다임 논의의 출발점으로서, 기존 단행본들이 과학기술정책 연구가 론(論) 또는 학(學)으로서의[4] 독자적인 학문 정체성을 갖기 위한 핵심 요건인 학문 정의(definition of discipline)와 연구범위 (research scope)를 논의하고 있는지, 논의한다면 어떤 내용을 포함하고 있는 지를 검토해 보고자 한다.

먼저, 본 연구자들이 가장 관심을 가지고 있는 과학기술정책'학' 자체에 대한 정의와 연구범위에 대한 논의는 분석대상 19권 전체 모두에서 명시적으로 찾아볼 수 없었다.[5]

이처럼 특정 분야에서의 독자적인 학문정의와 연구범위가 명확하지 못하다면, 그 학문 분야가 설정하고 있는 연구대상의 정의와 범위를 활용하여 대상 학문의 정의와 연구범위를 설정하는 방법이 가능할 것이다. 이런 관점에서 이 연구에서는 과학기술정책학의 연구대상인 과학기술정책에 대한 정의와 범위에 대한 논의를 먼저 살펴볼 필요가 있다.

그 결과 분석대상 19권의 저서 중에서 과학기술정책의 정의를 내리고 그 범위도 함께 논의하고 있는 저서는 총 3권(최석식, 2011; 이장재 외, 2016)으로 확인되었다. 그리고 이가종(1990)은 과학기술정책의 정의는 내렸으나 범위에 대한 언급은 없었다. 한편, 9권(김종범, 1993; 설성수 외, 1997; 박우희 외, 2001; 김정홍, 2003; 송위진, 2006; 정선양, 2006; 이원영, 2008; 설성수,

---

4 ~론(論)과 ~학(學)은 엄격히 구별되기보다는 혼용되는 경우가 더 많을 것이다. 국립국어원(2016)에 따르면 '론'은 학문 분야를 뜻하는 접미사이며, '학'은 명사로서 어떤 원리에 따라 조직된 지식의 체계를 의미한다. 이러한 개념 정의를 과학기술정책 연구에 적용하면, 정책학의 전문 영역으로서의 과학기술정책 연구는 '과학기술정책론'이라 할 수 있을 것이다. 또한 과학기술정책 연구가 과학정책, 기술정책, 혁신정책 등에 관한 연구내용을 포괄하면서 다른 학문(예컨대, 정책학)과 독자적인 영역으로 존재할 수 있으면 '과학기술정책학'이라 부를 수 있을 것이다.

5 이가종(1990)과 박우희 외(2001)에서는 과학기술정책을 하나의 연구 분야로 보고 연구영역이나 연구방법에 따라 하위의 연구 분야를 분류하여 제시하고 있다. 그러나 이 역시 하나의 학문분야로서 과학기술정책학의 정의와 연구범위를 제시하시는 못하고 있어 과학기술정책학의 정의와 연구범위를 논의하는 저서라고 보기에는 부족하다고 판단하였다. 다만, 그 내용은 제4장의 논의에 수용할 수 있을 것이다.

2011; 이영덕 · 조석홍, 2013)의 저서는 과학기술정책의 정의는 없지만 범위는 직 · 간접적으로 언급하고 있는 것으로 확인되었다. 그러나 광의의 과학기술을 연구대상으로 하면서도 과학기술정책학 또는 과학기술정책에 대한 정의나 범위에 대한 언급이 없는 저서가 6권으로, 분석대상의 3분의 1 이상을 차지하고 있다.

구체적으로 학문적 관점에 따라 과학기술정책의 정의와 범위가 논의되는 현황을 살펴보면, '정책학적 관점'으로 분류되는 저서들(이가종, 1990; 최석식, 2011; 이장재 외, 2011; 홍형득, 2016)에서만 과학기술정책의 정의가 논의될 뿐이고, '기술혁신 관점'이나 '기술경영 및 경제학적 관점'으로 분류되는 저서 중에서는 단 한권도 과학기술정책에 대한 정의를 논의하고 있지 않다. 이러한 현상은 학문적 관심의 초점에서 기인하는 것으로 추론할 수 있다. 기술경영 및 경제학적 관점의 연구자들이 국가 차원의 정책보다는 기업 또는 산업 수준에서의 기술경영이나 생산성에 좀 더 많은 관심을 갖고 있기 때문일 것으로 생각된다. 또한 기술혁신론 관점의 연구자들은 조직과 시스템의 구성을 통해 기술혁신 활동이 국가차원에서 원활히 이루어지는 것에 관심을 갖기는 하였으나, 좀 더 포괄적인 의미의 과학기술정책학으로 확대하려는 관심이 상대적으로 적었던 것으로 보인다.

다음으로 과학기술정책에 대한 정의는 없으나 그 범위를 언급하고 있는 저서는 모든 학문 분야에서 확인되고 있다. 먼저, 과학기술정책의 정의를 제시하지 않았던 기술경영 및 경제학적 관점의 저서 중에서 과학기술정책의 범위를 논의하고 있는 저서 4권(박우희 외, 2001; 김정홍, 2003; 정선양, 2006; 이영덕 · 조석홍, 2013)이 확인되었다. 또한 기술혁신 관점의 저서 4권(설성수 외, 1997; 송위진, 2006; 이원영, 2008; 설성수, 2011)과 정책학 관점의 저서 1권(김종범, 1993)에서도 과학기술정책의 범위를 찾아볼 수 있었다.

분석대상 단행본에서 과학기술정책학의 정의 또는 과학기술정책의 정의 및 연구범위를 논의한 결과를 종합하면 〈표 3〉과 같다.

〈표 3〉 학문 분야별 과학기술정책학 및 과학기술정책의 정의 유무 종합

(단위: 권, (%))

<table>
<tr><th rowspan="2">과학기술 정책학 정의</th><th colspan="2">과학기술정책</th><th rowspan="2">기술경영 및 경제학적 관점</th><th rowspan="2">기술혁신 관점</th><th rowspan="2">정책학적 관점</th><th rowspan="2">합계</th></tr>
<tr><th>정의</th><th>범위</th></tr>
<tr><td rowspan="2">×</td><td rowspan="2">○</td><td rowspan="2">○</td><td>×</td><td>×</td><td>최석식(2011)<br>이장재 · 현병환 · 최영훈(2011)<br>홍형득(2016)</td><td rowspan="2">3<br>(15.8)</td></tr>
<tr><td>0 ( 0.0)</td><td>0 ( 0.0)</td><td>3 (50.0)</td></tr>
<tr><td rowspan="2">×</td><td rowspan="2">○</td><td rowspan="2">×</td><td>×</td><td>×</td><td>이가종(1990)</td><td rowspan="2">1<br>( 5.2)</td></tr>
<tr><td>0 ( 0.0)</td><td>0 (0.0)</td><td>1 (16.6)</td></tr>
<tr><td rowspan="2">×</td><td rowspan="2">×</td><td rowspan="2">○</td><td>박우희 외(2001)<br>김정홍(2003)<br>정선양(2006)<br>이영덕 · 조석홍(2013)</td><td>설성수 외(1997)<br>송위진(2006)<br>이원영(2008)<br>설성수(2011)</td><td>김종범(1993)</td><td rowspan="2">9<br>(47.4)</td></tr>
<tr><td>4 (66.7)</td><td>4 (57.1)</td><td>1 (16.6)</td></tr>
<tr><td rowspan="2">×</td><td rowspan="2">×</td><td rowspan="2">×</td><td>이종옥 외(2005)<br>현병환 · 윤진효 · 서정해(2006)</td><td>김인수 · 이진주(1982)<br>박용치(1983)<br>이공래(2000)</td><td>윤진효(2006)</td><td rowspan="2">6<br>(31.6)</td></tr>
<tr><td>2 (33.3)</td><td>3 (42.9)</td><td>1 (16.6)</td></tr>
<tr><td colspan="3">합계</td><td>6<br>(100.0)</td><td>7<br>(100.0)</td><td>6<br>(100.0)</td><td>19<br>(100.0)</td></tr>
</table>

자료 : 이찬구 외(2016: 19) 수정 및 보완

한편, 과학기술정책의 정의와 범위에 관한 논의를 단행본 발간 시기에 따라 다시 분석하여 시대에 따른 논의의 흐름을 분석하였다. 과학기술정책 관련 단행본이 처음 출간된 시점부터 2000년 이전까지, 2000년에서 2009년 사이, 2010년 이후의 3기로 구분했을 때, 과학기술정책의 정의와 범위를 동

시에 언급한 저서는 2010년 이후의 최근 저서(최석식, 2011; 이장재 외, 2011; 홍형득, 2016)에서만 확인되었다. 또한 이 시기에 출판된 저서에서는 과학기술정책의 범위와 정의 모두를 언급하지 않은 경우는 없었다. 이와 대조적으로 가장 많은 단행본이 출간된 시기인 2000년에서 2009년 사이에는 과학기술정책의 정의를 논의한 저서는 단 한권도 없는 대신, 과학기술정책의 범위를 명시한 저서는 5권(박우희 외, 2001; 김정홍, 2003; 송위진, 2006; 정선양, 2006; 이원영, 2008)으로 가장 많았다. 그러나 이 시기에는 과학기술정책의 정의와 범위 모두를 다루지 않고 있는 저서의 비율 또한 높게 나타났다.

이를 종합하면 시간이 흐르면서 과학기술정책의 정의와 범위를 다루는 단행본이 증가하는 것을 알 수 있고, 이를 정리하면 〈표 4〉와 같다.

〈표 4〉 시기별 과학기술정책학 및 과학기술정책의 정의 유무

(단위: 권, (%))

| 과학기술정책학 정의 | 과학기술정책 정의 | 과학기술정책 범위 | 2000년 이전 | 2000~2009년 | 2010년 이후 | 합계 |
|---|---|---|---|---|---|---|
| × | ○ | ○ | × | × | 최석식(2011)<br>이장재 · 현병환 · 최영훈(2011)<br>홍형득(2016) | 3<br>(15.8) |
| | | | 0 ( 0.0) | 0 (0.0) | 3 (60.0) | |
| × | ○ | × | 이가종(1990) | × | × | 1<br>( 5.2) |
| | | | 1 (20.0) | 0 (0.0) | 0 ( 0.0) | |
| × | × | ○ | 김종범(1993)<br>설성수 외(1997) | 박우희 외(2001)<br>김정홍(2003)<br>송위진(2006)<br>정선양(2006)<br>이원영(2008) | 설성수(2011)<br>이영덕 · 조석홍(2013) | 9<br>(47.4) |
| | | | 2 (40.0) | 5 (55.6) | 2 (40.0) | |
| × | × | × | 김인수 · 이진주(1982)<br>박용치(1983) | 이공래(2000)<br>이종옥 외(2005)<br>윤진효(2006)<br>현병환 · 윤진효 · 서정해(2006) | × | 6<br>(31.6) |
| | | | 2 (40.0) | 4 (44.4) | 0 (00.0) | |
| 합계 | | | 5<br>(100.0) | 9<br>(100.0) | 5<br>(100.0) | 19<br>(100.0) |

자료 : 이찬구 외(2016: 20) 수정 및 보완

이상의 분석결과를 종합하면, 과학기술정책의 정의와 범위를 모두 논의하는 저서는 3권(15.8%)으로 나타났다. 과학기술정책의 정의를 내리고 있는 최초의 저서(이가종, 1990) 이후에 오랫동안 과학기술정책의 정의에 대

한 논의는 없이 산발적으로 정책범위에 대한 논의만 이루어졌던 것은, 과학기술정책이 하나의 학문 분과로서 이론화 · 체계화되기보다는 당시의 시대적 상황에 맞춰 단편적으로 발전해왔음을 반증하는 것이라고 할 수 있을 것이다. 또한 분석대상의 상당 수(31.6%) 저서가 과학기술정책 자체에 대한 정의를 내리지 않고 있으며, 그 범위에 대한 언급도 하고 있지 않는 것으로 나타났다. 그러나 시기별로는 최근에는 정의와 범위를 함께 논의하는 저서가 여러 권 출현하고 범위에 대한 논의도 지속적으로 나타나고 있어, 과학기술정책의 정의와 범위 측면에서 점차 그 완성도가 높아지고 있다고 볼 수 있다.

50여년의 역사를 가지고 있는 우리나라의 과학기술정책이 향후 시민의 행복추구와 국가 및 사회발전에 성공적으로 기여하기 위해서는 학문적 독자성과 실용성을 겸비한 패러다임 정립이 필요할 것이다. 그리고 이러한 일의 첫 걸음으로 좀 더 보편성 있는 과학기술정책학의 정의와 연구범위를 설정하기 위한 학문 공동체의 노력이 필요한 시점이라고 생각한다. 따라서 향후 국내에서 과학기술정책학의 정의와 범위에 관한 논의가 활발하게 이루어지고, 또한 이를 토대로 과학기술정책학의 독자적인 패러다임 형성에 대한 합의가 자연스럽게 이루어지기를 기대하며 이 논문에서 그 논의를 시작한다.

## 3. 기존 연구에서의 〈과학기술정책〉의 정의와 범위

앞에서 살펴본 것과 같이 과학기술정책의 정의를 내리고 있는 단행본은 모두 정책학적 관점에서 저술되었지만, 범위를 설정하고 있는 단행본은 여러 학문적 관점에서 균형적으로 저술되고 있다. 이하에서는 (1) 동일한 학문적 관점을 견지하지만 시기에 따라 과학기술정책의 정의가 변화하는 양상과 (2) 각기 다른 학문적 배경에서 과학기술정책의 범위를 어떻게 다르게 설정하고 있는지를 구체적으로 논의하고자 한다.

먼저 과학기술정책의 정의를 내리고 있는 저서에서 나타나는 특징은 두 가지로 요약할 수 있다. 첫째, 과학기술정책에 관한 단행본이 출현하기 시작한 매우 초기에 과학기술정책의 정의가 있었음에도 불구하고, 상당히 오랜 시간 동안 과학기술정책의 정의에 대한 추가적인 논의가 없었던 것과 함께 모두 정책학적 관점의 저서라는 점이다. 실제로 과학기술정책의 정의를 언급하고 있는 네 권의 저서 중에서 시기적으로는 이가종(1990)의 「기술혁신전략」이 가장 빠르다. 비록 저서의 제목은 기술혁신 관점처럼 보이지만, 저자의 학문적 배경은 정책학이라고 할 수 있다. 그리고 모든 분석대상 단행본 중에서도 초기 저서에 속하는 이가종(1990)에서 과학기술정책의 정의가 논의된 이후 20년 넘게 과학기술정책의 정의를 논의하는 저서가 나타나지 않다가, 2010년 이후에 출판된 세 권의 단행본(최석식, 2011; 이장재 외, 2011; 홍형득, 2016)이 과학기술정책의 정의를 논의하고 있는데 모두 정책학적 관점을 견지하고 있다.

둘째, 최근의 저서일수록 과학기술정책의 영역이 과학기술 내부에서 외부로까지 확장되어 가고 있다. 가장 먼저 이가종(1990)의 과학기술정책의 정의는 '과학기술의 효율적 개발 및 기술혁신을 위하여 제한된 자원을 필요에 따라 적절하게 동원하고 관리하는 정부활동'으로 요약할 수 있다. 이러한 정의는 과학기술정책의 영역을 과학기술 내부로 한정하여 다소 좁은 의미로 정의하고 있다. 이후 최석식(2011)은 「과학기술정책론」에서 과학기술정책은 '과학기술혁신을 촉진하고 과학적 문화를 창달하기 위한 정책'이라고 정의하여, 이가종(1990)의 정의에 나타난 과학기술정책의 대상에 과학문화 창달을 결합하여 과학기술정책의 영역을 확장하고 있다. 또한 비슷한 시기에 이장재 외(2011)는 「과학기술정책론: 현상과 이론」에서 과학기술정책을 '국민생활에 영향을 미치기 위해 정부가 과학과 기술, 그리고 기술혁신 과정에 개입하거나 혹은 회피하고 있는 일정한 조건[6]을 갖춘 활동 전체'로 정의하고 있다. 이 정의는 가장 최근에 홍형득(2016)이 「과학기술정책론: 거버넌스적 이해」에서도 원용하고 있는 것으로 나타났다.

이들 학자들의 논의를 통하여 과학기술정책의 영역이 과학기술의 내부사항에서 사회 및 국가문제 해결을 포함하는 과학기술의 외부로 확장되어 가는 것을 알 수 있다. 즉, 과학기술정책의 영역이 과학기술 자체의 증진과 발전을 위한 활동(policy for science)에서 과학기술을 활용하여 국민생활에 영향을 미치는 다양한 정책문제를 해결하기(science for policy) 위한 영역으로 점차 확대되어 가고 있음을 알 수 있다.

이상 주요 연구자들의 저서를 통해 밝혀진 과학기술정책에 대한 정의는 〈표 5〉와 같이 정리해 볼 수 있다.

〈표 5〉 주요 연구자들의 〈과학기술정책〉의 '정의' 종합

| 저자 | 과학기술정책의 정의 | 과학기술정책의 영역 |
|---|---|---|
| 이가종(1990) | 과학기술의 효율적 개발을 위한 제한된 자원의 적정배분 및 동원에 관한 정책 | 과학기술 내부로 한정 |
| 최석식(2011) | 과학기술혁신을 촉진하고 과학적 문화를 창달하기 위한 정책 | 과학문화 창달 추가 |
| 이장재 · 현병환 · 최영훈(2011) | 국민생활에 영향을 미치기 위해 정부가 과학과 기술, 그리고 기술혁신 과정에 개입하거나 혹은 회피하고 있는 일정한 조건을 갖춘 활동 전체 | 과학기술 자체에서 사회 및 국가문제 해결의 외부성 차원으로 범위 확대 |
| 홍형득(2016) | | |

자료 : 이찬구 외(2016: 24) 수정 및 보완

6 일정한 조건이란 Ranney(1968: 8)에 따른 공공정책의 구성요소로 (1) 특정의 목표 또는 목적, (2) 바람직한 사건의 경로, (3) 선택된 행동노선, (4) 의도의 선언 (5) 의도의 집행을 의미한다고(이장재 외, 2011: 15 재인용) 설명하고 있다.

앞의 과학기술정책 관련 국내 단행본 현황을 통해 확인한 것처럼, 과학기술정책의 정의와 범위를 함께 언급하고 있는 저서를 포함하여 과학기술정책의 '범위'를 논의하고 있는 저서가 다수 있었다. 따라서 이들 저서들을 분석함으로써 기존 연구들이 포함하는 과학기술정책의 범위를 총괄할 수 있을 것이다. 이때 과학기술정책의 정의가 내포하고 있는 과학기술정책의 영역이 점차 확장되어가는 현상을 고려하여 과학기술정책의 '범위'에 대한 논의를 이어나갈 필요가 있다.

과학기술정책의 범위를 논의하고 있는 저서들은 다양한 학문적 관점에서 균형적으로 나타나고 있다. 학문적 관점과 무관하게 많은 저서들이 과학정책, 기술정책, 혁신정책을 과학기술정책의 가장 중심이 되는 범위로 보고 있었으며(김정홍, 2003; 이원영, 2008; 설성수, 2011; 이장재 외, 2011), 이를 뒷받침하기 위한 모든 정부정책까지를 과학기술정책의 범위에 포함시키는 저서도 다수 발견되었다(김종범, 1993; 설성수 외, 1997; 설성수, 2011; 최석식, 2011; 홍형득, 2016).

이와 대조적으로 학문적 관점에 따라 다소 차별되는 경향도 있어서 기술경영 및 경제학적 관점의 일부 저서들은 과학기술정책의 범위를 다소 좁게 설정하고 있다. 이들은 과학기술정책의 범위를 기술경영을 국가차원으로 확장시키는 것을 과학기술정책으로 보고 있다(정선양, 2006; 이영덕 · 조석홍, 2013). 이러한 견해는 기업단위의 조직을 대상으로 하는 기술경영을 국가를 대상으로 실행 범위를 확장하고 있어 일종의 정책범위 확대를 의미하는 것으로 이해할 수 있을 것이다.

이상과 같은 과학기술정책의 범위에 대한 여러 단행본들의 논의를 〈표 6〉과 같이 정리해 볼 수 있다.

〈표 6〉 주요 연구자들의 〈과학기술정책〉의 '범위' 종합

| 학문적 관점 | 저자 | 과학기술정책의 범위 |
|---|---|---|
| 정책학 | 김종범(1993) | 기초과학정책, 과학교육정책, 기술도입정책, 기술개발정책 |
| | 최석식(2011) | 체제론(system theory) 관점에서 세분<br>- 과학기술 투입 강화 정책, 과학기술 활동 효율화 정책, 과학기술 산출 강화 정책, 과학기술 문화 확산 및 인프라 조성 정책 |
| | 이장재 · 현병환 · 최영훈(2011) | 과학정책, 기술정책, 혁신정책 |
| | 홍형득(2016) | 산업정책, 경제정책을 비롯한 과학기술의 육성 및 지원과 관련한 모든 정부정책 |
| 기술경영 및 경제학 | 박우희 외(2001) | 기술정책을 산업정책 또는 전략적 무역정책의 일부로 설정<br>- 기술수요정책, 기술공급정책, 기술확산정책, 연구개발 투자정책, 중소기업 혁신정책, 지역혁신 정책 |
| | 김정홍(2003) | 과학정책, 기술정책, 혁신정책 |
| | 정선양(2006) | 국가차원에서 이루어지는 기술경영 |
| | 이영덕 · 조석홍(2013) | |
| 기술혁신 | 설성수 외(1997) | 과학정책, 기술정책, 혁신정책, 확산정책, 교육정책 |
| | 송위진(2006) | 혁신체제론적 관점<br>- 혁신능력의 육성과 공급 정책, 시스템 전환정책, 정책혁신 |
| | 이원영(2008) | 과학정책, 기술정책, 기술혁신정책 |
| | 설성수(2011) | 과학정책, 기술정책, 혁신정책, 교육정책 포함. 정부의 모든 정책부문으로 확대 |

과학기술정책의 범위에 대한 국내 · 외의 기존 연구를 종합하면, 그 범위 또는 대상을 고정하기보다는 특정 시기의 정책문제와 연관시켜 논의하고 있음을 알 수 있다. 즉, 특정 시점에서 국가 · 사회가 요구하는 과학기술 분

야의 지식 유형에 따라 강조되는 과학기술정책의 범위 또는 대상이 변화한 것으로 이해하는 것이 합리적일 것이다. 이런 관점에서 많은 연구자들이 과학기술정책에 기본적으로 새로운 과학적 지식의 생성에 초점을 맞추는 '과학정책'과, 과학을 활용한 기술능력의 증대와 성과활용을 강조하는 '기술정책'을 공통적으로 포함하고 있다. 또한 1980년대 이후에는 과학기술을 활용하여 다양한 분야에서의 혁신을 촉진하고자 하는 필요성에서 '혁신정책'의 중요성이 강조되기 시작하였다. 과학과 기술의 본질은 혁신을 추구하는 것이며, 현대에는 과학과 기술의 공명(共鳴)이 보편적인 현상을 감안하면, 과학기술정책은 과학정책, 기술정책, 혁신정책과 상호 보완적인 개념으로서 당시의 국가 · 사회가 처한 정책문제의 중요성에 따라 강조점이 달라지는 정도로 이해할 필요가 있다고 생각한다.

## Ⅳ. 과학기술정책학의 정의 및 연구범위의 '새로운' 제안

본 장에서는 앞에서 검토한 기존 연구자들의 주장을 수용하면서도 과학기술정책 연구를 향후에 독자적인 학문 영역으로 발전시키고자 하는 관점에서, 과학기술정책의 개념 정의와 이를 연구대상으로 삼는 과학기술정책학의 정의 및 연구범위를 새롭게 제안 및 논의하고자 한다. 여기에서 '새롭다'는 의미는 기존 연구자들의 견해 또는 주장과 상반된다기보다는 이들의 연구결과에 근거하면서도 국가정책에서 과학기술의 변화하는 역할과 과학기술에 대한 국가 · 사회적 요구를 반영하고자 하는 노력의 일환으로 이해하는 것이 좀 더 설득력이 있을 것으로 생각한다.

### 1. 과학기술의 역할 변화에 따른 '과학기술정책학'의 정의

본 연구자들은 과학기술정책학을 '과학기술 활동 및 과학기술과 관련된 정치 · 경제 · 사회 · 문화의 제반 현상을 분석 · 연구함으로써, (1) 과학기술 자체의 발전을 도모하면서 (2) 과학기술을 활용하여 국가와 공공 부문의 문제해결 능력을 높이고자 하는 정책지향적인 응용 학문'으로 정의하고자 한다. 이렇게 정의하고자 하는 배경에는 오늘날 과학기술의 역할에 대한 개인 · 사회 · 국가 · 국제의 기대가 변화하고 있기 때문이다.

과학기술정책학은 과학기술(science and technology) 현상을 정책학적 관점(policy sciences approach)에서 접근하고자 하는 학문이므로, 연구대상인 과학기술의 역할 변화에 따라 그 정의가 달라질 것이다. 이런 관점에서 최근 국가 정책에서 과학기술의 역할이 '과학을 위한 정책'(policy for science)에서 '정책을 위한 과학'(science for policy)으로 변화하고 있다는 것이 공통적인 인식이다(Brooks, 1964; 송위진, 2010). 이에 따라 과학기술정책도 과거에는 과학기술 자체의 발전을 도모하고 이를 통한 경제성장에 초점이 맞추어졌다면, 최근에는 과학기술정책의 전 세계적인 흐름이 국가 · 경제 · 사회 · 문화의 다양한 정책문제 해결을 위해 과학기술을 합리적으로 활용하고자 하는 문제해결 관점으로 전환되고 있다. 즉, 과학기술은 전통적인 경제성장의 지원자 역할에서 벗어나, 범지구적 이슈인 기후변화, 고령화, 지속가능 성장, 에너지 문제, 국가 · 지역 · 산업간 격차, 삶의 질 등과 같은 미래 국가 · 사회의 정책문제에 선제적이며 적극적으로 대응할 수 있는 정책수단으로서의 능동적 역할이 좀 더 강조되고 있다.

이상과 같은 개념 정의는 과학기술정책학의 연구대상(research object), 과학기술정책학의 목적(academic goals), 과학기술정책학의 응용 학문적(applied science) 성격이라는 측면에서 좀 더 상술할 수 있을 것이다.

첫째는 과학기술정책학의 연구대상에 관한 내용이다. 과학기술정책학의 연구대상에는 과학, 기술, 과학기술, 혁신 등의 활동이 모두 포함되어야 할 것이다. 과학기술정책학은 가장 우선적으로 '과학기술 활동'을 연구하는 학문이다. 엄격한 의미에서의 과학과 기술은 구분되는 개념이기는 하나, 현대에서는 과학과 기술이 상호 영향을 주고받으며 발전함으로 과학기술이라는 용어가 좀 더 보편적으로 사용되기 때문이다. 그리고 이러한 과학기술 활동은 종국에는 발견(discovery)과 발명(invention)을 통한 새로운 경제 · 사회적 가치의 창출과 활용이라는 혁신(innovation)으로 연결될 때에 의미가 있기 때문이다(이가종, 1990; 이공래, 2000).

또한 과학기술정책학은 과학기술 활동 자체의 연구를 넘어 '과학기술과 정치 · 경제 · 사회 · 문화와의 상호 영향'을 연구해야 할 것이다. 인류의 역사는 과학기술에 의해 가장 큰 영향을 받아 왔고, 현재 우리가 누리고 있는 각종의 과학기술 제품이나 서비스는 시민의 욕구 또는 요구라고 하는 사회적(societal) 영향의 산물이라 할 수 있다. 이러한 과학기술과 사회의 상호작용 관계는 점차 그 범위와 영향력이 커지고 있어 국가정책의 가장 큰 변화요인으로 작용하는 것이 현실이므로 이에 대한 좀 더 충실한 논의가 필요할 것이다.

둘째는 과학기술정책학의 목적에 관한 내용이다. 과학기술정책학은 1차적으로는 과학기술과 관련 활동에 대한 연구를 통해 전 세계적으로는 물론 특정한 국가 · 사회에 필요한 '과학기술의 증진과 질적 발전'을 도모하기 위한 공공 부분의 활동을 연구한다. 이러한 과학기술정책학의 1차적인 목적은 기존에 협의의 과학기술정책 연구에서 다루는 많은 내용들을 포함하게 되며, 정책학, 행정학, 경제학, 경영학, 기술혁신론의 많은 기존 이론들이 유용하게 활용될 수 있다. 그러나 연구대상인 과학기술이 다른 분야와는 달리 전문성, 자율성, 장기성 등의 특징을 가지고 있는 만큼 과학기술의 특성을 최대한 반영할 수 있는 합리적인 정책과정의 설계와 효율적인 자원의 동원과 관리에 관한 이론이 뒷받침되어야 할 것이다.

이와 더불어 과학기술정책학은 증진된 과학기술을 활용하여 세계, 국가,

사회, 지역 등의 공공 부문이 처한 다양한 정책문제를 해결할 수 있는 방안을 연구해야 할 것이다. 이는 현대의 많은 사회 및 정책문제가 과학기술과 깊은 연관성을 갖기 때문에 과학기술 자체가 유용한 정책수단이 될 수 있기 때문이다. 과학기술정책학이 '과학기술을 활용한 정책문제 해결'이라는 또 다른 목적을 달성하기 위해서는 인문학, 사회과학, 자연과학, 공학, 의학 등 다른 학문 분야의 다양한 이론들을 직 · 간접적으로 활용할 수 있을 것이다. 이처럼 기존 학문 분야의 활용가능성에도 불구하고 과학기술이 타 분야와는 다른 특성을 가지고 있는 만큼 모(母) 학문 분야의 일반 이론을 과학기술 정책에 적용할 때에는 세심한 주의가 필요할 것이다.

셋째로, 과학기술정책학은 과학기술 및 관련 사회(societal) 현상에 대한 이론적인 분석과 함께 이를 통해 밝혀진 '정책문제를 해결할 수 있는 능력'을 높일 수 있는 응용 학문적 성격이 강조되어야 할 것이다. 따라서 과학기술정책학은 통상의 사회과학과 같이 이론형성과 문제해결을 동시에 추구하나, 문제해결 능력에 좀 더 관심을 기울여야 할 필요가 있다. 이러한 과학기술정책학의 응용 학문적 특성은 연관 학문인 정책학, 행정학, 경제학, 경영학, 기술혁신론 등에서 연유하는 것으로서, 기존 학문들이 활용하는 정량적 · 실증적 방법론과 함께 해석적 · 규범적 방법론도 유용한 연구방법론이 될 것이다.

이상에서 논의한 과학기술정책학의 학문적 정의를 설명하기 위한 연구대상, 목적, 성격을 종합적으로 제시하면 〈표 7〉과 같이 나타낼 수 있을 것이다.

〈표 7〉 과학기술정책학의 연구대상 · 목적 · 성격

| | |
|---|---|
| 연구대상 (research object) | 과학, 기술, 과학기술, 혁신 모두 포함 |
| | 과학기술 자체의 연구를 넘어 '과학기술과 정치 · 경제 · 사회 · 문화와의 상호 영향'을 연구 |
| 학문 목적 (academic goal) | 정책학, 행정학, 경영학, 경제학, 기술혁신론 등의 이론 활용으로, '과학기술의 증진과 질적 발전'을 도모하기 위한 공공 부문 활동 연구 |
| | 증진된 과학기술을 활용하여 세계, 국가, 사회, 지역 등의 공공 부문이 처한 다양한 사회문제 해결 방안 연구 |
| 응용 학문적 (applied science) 성격 | 과학기술 및 관련 사회(societal) 현상에 대한 이론적인 분석과 함께 이를 통해 밝혀진 '정책문제를 해결할 수 있는 능력' 제고방안 연구 |

자료 : 이찬구 외(2017) 수정 및 보완

## 2. 과학기술정책학의 연구범위 제안

앞에서 제안한 과학기술정책학은 본질상 학제간 또는 다학제적(interdisciplinary, multi-disciplinary) 성격을 갖게 될 것이다. 따라서 기존의 주요 연구대상이었던 과학기술 활동의 특성 이해, 과학과 사회(societal)의 상호관계, 지식 · 기술의 창출 및 관리, 과학기술의 활용 등을 다루는 연구 분야는 과학기술정책학의 주요 연구범위에 당연히 포함될 것이다. 이에 더하여 과학기술정책학이 정책학의 특성 중의 하나인 정책지향성과 문제해결성을 좀 더 강화하기 위해서는 과학기술을 대상으로 이루어지는 의사결정(과학기술 정책과정)과 과학기술의 증진 및 활용에 필요한 각종 자원관리(과학기술 공공관리)의 내용이 포함되어야 할 것이다. 이와 같은 '과학기술 정책과정'과 '과학기술 공공관리'의 내용은 그동안 국내 저서에서는 부분적으로 다루어지거나 혹은 중요성의 인식이 매우 낮았던 것으로 파악되고 있다. 이러한 이유 중의 하나로는 과거에는 과학기술 자체의 발전과 증진을 좀 더 중요하게 생각하였기 때문에 정책도구로서의 과학기술의 중요성에 대한 인식이 낮았기 때문으로 해석된다. 그러나 최근 전 세계적 또는 국가적으로 심각한 정책문제로 대두한 기후변화, 고령화, 지속가능 성장, 에너지 문제, 국가 · 지역 · 산업간 격차 등은 과학기술로 촉발되었고 또한 과학기술의 적절한 활용으로 그 해결책을 찾을 수 있는 만큼 과학기술에 관련된 정책결정과 자원관리의 중요성이 좀 더 강조될 필요가 있을 것이다.

지금까지의 논의에 근거하여 본 연구자들은 과학기술정책학의 연구범위(research scope)를 (1) 과학기술 정책과정, (2) 과학기술 공공관리, (3) 연구관리, (4) 기술혁신의 4대 부분으로 제안하면서, 과학기술정책의 사회적 역할 변화에 맞추어 4대 연구부문간의 균형성을 추구할 필요가 있다고 생각한다. 이중에서 '과학기술 정책과정'과 '과학기술 공공관리'는 이 논문에서 논의하여 종합한 과학기술정책학의 정의를 반영하여 새롭게 제안하는 내용이며, '연구관리'와 '기술혁신'은 기존 연구들에서도 대부분 포함하고 있는 과학기술정책학의 연구범위라고 할 수 있다. 따라서 본 연구자들이 제안하는 과학기술정책학의 연구범위는 새롭게 제안하는 과학기술 정책과정과 과학기술 공공관리의 내용을 좀 더 보강하면서 기존의 기술혁신과 연구관리를 정책학적 시각에서 재해석하는 내용 간에 균형을 맞추는 과정이 필요할 것으로 생각한다. 그리고 4대 연구범위는 각각의 내용에 따라 5개 내외의 세부 연구범위를 포함하게 될 것이다.

그리고 앞에서 제안한 4대 연구범위의 분석수준(analytic level)은 구체적인 분석대상에 따라 다소간의 차이가 있겠지만, 과학기술 정책과정은 주로 국가 전체를 대상으로 하는 거시 수준(macro-level)의 내용이, 과학기술 공공관리는 관련 정부 부처와 연구관리 전문기관 등의 중간 수준(meso-level)을 다루는 내용이, 연구관리는 국 · 공립 연구기관 및 연구자와 같은 미시 수준(micro-level)을 대상으로 하는 내용이 상대적으로 많을 것이다. 이에 반해 기술혁신의 연구내용은 분석수준이 특정되어 있다기보다는 모든 분석수준에서 필요한 기반구조(infrastructure)의 역할을 수행하게 될 것이다. 이상의 논의를 정리하면 (그림 2)와 같이 종합할 수 있을 것이다.

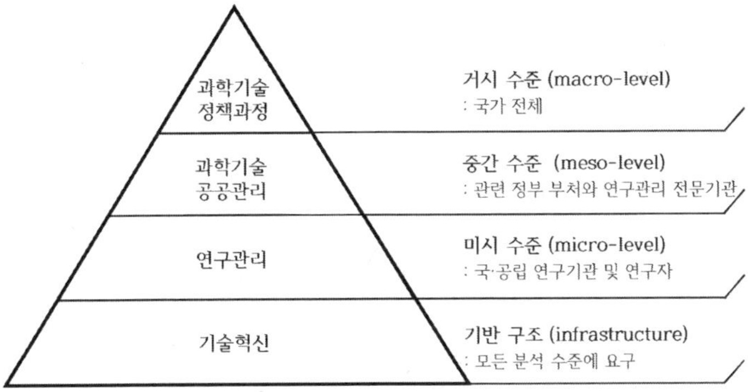


(그림 2) 과학기술정책학의 4대 연구범위의 분석 수준

자료 : 이찬구 외(2017)

한편, 앞에서 제안한 4대 연구범위의 분석대상(analytic object)은 개인, 조직 · 기관, 산업, 지역, 국가, 국제를 모두 포함하거나 또는 연구대상에 따라 일부를 포함하게 될 것이다. 이렇게 분석수준이 미시 수준의 개인에서부터 거시 수준의 국가와 국제까지를 포함한다는 것도 과학기술정책학이 다학제성과 융 · 복합적인 특징을 갖게 되는 것을 잘 보여주고 있다고 하겠다.

종합적으로 앞에서 논의한 4대 연구범위와 분석수준, 그리고 분석대상을 조합하여 과학기술정책학의 연구범위와 각 연구범위 간의 관계를 도식화하면 (그림 3) 및 (그림 4)와 같이 나타낼 수 있을 것이다.

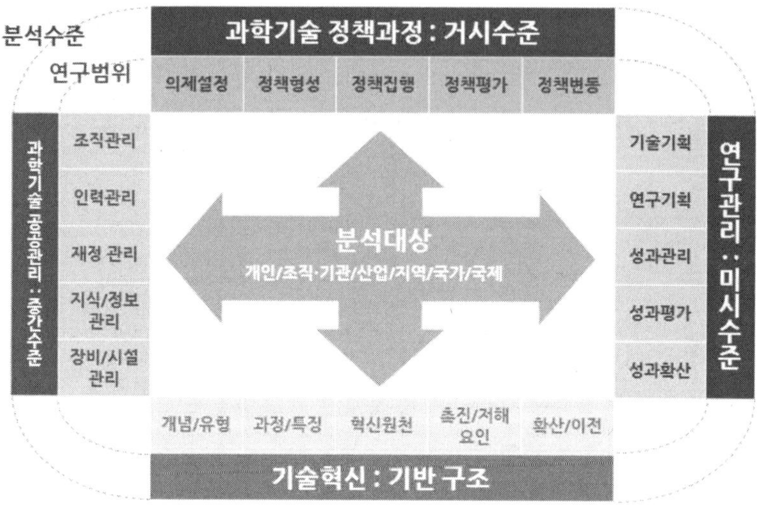


(그림 3) 과학기술정책학의 연구범위 제안

자료 : 이찬구 외(2016: 36) 수정 및 보완

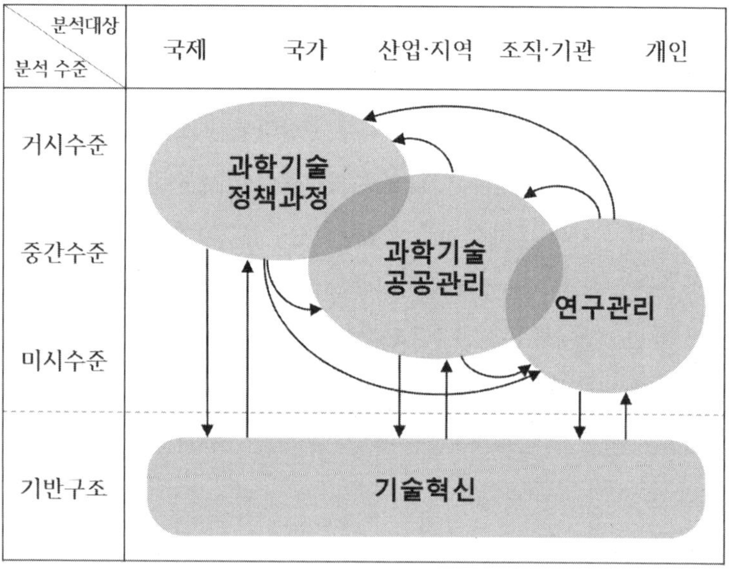


(그림 4) 과학기술정책학의 4대 연구범위 간의 관계

앞에서 제안한 과학기술정책학의 4대 연구범위가 과학기술정책학의 패러다임 형성에 부합되게 학문 공동체에서 인식되기 위해서는, 각 연구범위의 내용들이 기존 모 학문 분야와의 연계성을 유지하면서도 과학기술정책학의 학문 목적과 응용 학문적 측면에서 재해석되고 발전하는 과정이 필요할 것이다. 이러한 관점에서 이하에서는 4대 연구영역이 과학기술정책학의 연구범위에 포함되어야 하는 필요성과 규형적인 향후의 발전 방향을 규범적으로 논의하고자 한다.

첫째, 과학기술정책학이 과학기술 활동을 둘러싸고 발생하는 정책결정 · 집행 · 평가 등의 전반적인 정책 활동을 연구하기 위해서는 〈과학기술정책과정〉을 중요한 연구범위로 설정해야 할 것이다. 물론 과학기술정책도 공공정책의 한 분야이므로 일반적인 정책과정 이론이 적용될 것이나, 과학기술이 가지고 있는 특성으로 인해 정책이론을 그대로 적용하기에는 많은 한계가 있다는 점이 확인되고 있다.

예로서 과학기술의 전문성이라는 특징은 정책의제설정 단계에서 문제형성의 어려움과 정부의제 채택의 편향성 등을 유발할 수 있으며(김훈기, 2003), 정책형성 단계에서는 정책목표의 정확한 설정과 실현 가능한 정책대안의 탐색을 어렵게 만드는 요인으로 작용하기도 한다(이찬구, 2008). 그리고 과학기술의 자율성은 과학기술정책의 집행단계에서 하향적 집행전략보다는 상향적 집행전략이 좀 더 유용할 수 있음을 보여주고 있다(이찬구, 2016). 또한 과학기술의 전문성 · 장기성 · 무형적 결과는 과학기술 사업 또는 정책의 평가에서 경제성이나 효과성 중심의 일반적인 정책평가 모형의 적용을 어렵게 하여 전문가 평가(peer review)가 보편적인 평가방법으로 활용되는 현상이 나타나고 있다(이찬구, 2012). 따라서 과학기술정책학에서는 정책과정 전반에 걸쳐 과학기술의 특성인 전문성, 자율성, 장기성 등을 최대한 반영할 수 있는 형태로 정책과정의 각 세부 단계를 설계하고 운용될 수 있도록 이론적인 뒷받침을 하여야 할 것이다. 그리고 과학기술 정책과정에서 다루어야 하는 세부 연구범위는 일반적인 정책과정과 동일하여 과학기술 활동을 대상으로 하는 정책의제설정, 정책형성, 정책분석, 정책집행, 정책평가, 정책변동에 관한 내용들을 포함하게 될 것이다.

둘째, 과학기술정책학에서 새롭게 강조되어야 하는 또 하나의 연구범위는 〈과학기술 공공관리〉로서, 앞의 정책과정을 통해 결정된 각각의 정책내용을 실현하기 위해 필요한 각종 유 · 무형적 자원의 동원과 관리를 효율적으로 수행하기 위한 내용이다. 일반적으로는 행정학이나 경영학의 이론을 활용하여 과학기술 활동의 합리적인 관리를 위한 조직관리, 인사관리, 재정관리, 지식 및 정보관리의 내용이 이 연구범위에 포함된다 할 수 있다. 이와 같은 공공 분야에서의 일반적인 자원 외에도 과학기술 분야에서는 대형연구장비 · 시설이 중요한 자원으로 활용되고 있다. 따라서 과학기술정책학에서는 조직관리, 인력관리, 재정관리, 지식 · 정보관리, 연구장비 · 시설관리의 5개 세부영역이 과학기술 공공관리의 핵심적인 내용을 구성하게 될 것이다.

과학기술 공공관리에서도 과학기술 정책과정과 마찬가지로 과학기술의 특성인 전문성, 자율성, 장기성, 무형적 결과 등을 최대한 반영한 이론정립과 적용을 위한 연구가 필요하게 된다. 예로서 과학기술의 조직 설계와 운영에서 과학기술의 전문성과 자율성을 고려하면 계층제(hierarchy)를 기본으로 하는 일반적인 조직원리(김성수, 2013; 정용남, 2010)나, 욕구단계론에 근거한 동기부여 방안 등의 적용이 한계에 봉착할 것이다(김병기 · 이도선, 2011; 박재민 · 정승용, 2011). 과학기술 인력관리에서는 공기업이나 민간부분에서 강조하는 성과주의적 업무평가 방식이 장기적으로 과학기술자들의 성과를 저하시키는 요인으로 작용할 수 있다(정선양, 2009; 민철구, 2010; 이용주, 2013). 그리고 과학기술 재정관리에서도 일반 정부예산에서는 엄격하게 적용되는 단 년도 회계제도나 품목별 예산관리가 연구수행의 자율성과 신축성을 저하시키는 요인으로 작용하게 될 것이다(김미정 외, 2011; 엄익천 외, 2013). 지식 · 정보관리에서는 과학기술 정보의 상대적인 무형성(無形性)으로 인해 공유와 활용이 일반 정보처럼 원활하지 못하고 이로 인해 전체적인 연구자원의 중복으로 이어지는 경우가 발생하기도 한다(김정환 외, 2011). 또한 과학기술 활동에 사용되는 대형 연구장비나 시설은 특정한 연구목적에 한정되는 경우가 많아 범용성이 떨어지며, 이로 인해 구입, 관리, 공동 활용, 폐기 등의 과정이 일반적인 시설관리와는 다른 차이점을 보이는 경우가 많이 나타난다(임성민 · 정욱, 2009; 이찬구, 2015).

셋째, 과학기술정책학에서는 기술혁신의 주요 방법인 연구개발과 관련된 사항들을 다루는 〈연구관리〉가 중요한 연구범위가 되어야 한다. 국가사회에 필요한 기술혁신을 이루기 위해서는 다양한 방법이 활용될 수 있으나, 원천적이고 지속적인 혁신능력을 확보하기 위해서는 자체 연구개발(R&D)을 통한 혁신의 성공과 확산이 절대적으로 필요하기 때문이다(정선양, 2006). 이러한 관점에서 과학기술정책학의 연구범위로서의 연구관리에는 국가사회에 필요한 기술의 예측과 정부개입이 필요한 기술 분야를 선정하는 기술기획을 필두로, 해당 기술기획의 내용을 구체화하기 위한 연구개발 현장에서의 일련의 활동들, 예컨대 연구기획, 성과관리, 성과평가, 성과확산 등이 세부 연구범위로 다루어질 필요가 있다.

그동안 연구관리라는 주제는 R&D관리, 연구개발전략, 기술경영 등의 분야에서 가장 많이 다루어진 내용으로서, 국가 차원보다는 개별 연구기관 또는 기업 차원에서의 중요성이 좀 더 강조된 분야이었다(이종옥 외, 2005; 현병환 외, 2006; 이영덕 · 조석홍, 2013). 그러나 국가 차원에서 과학기술 능력 향상의 주요 정책수단으로 다양한 형태의 국가연구개발사업이 수행되고 있음을 생각하면, 향후에는 연구개발이 국가 차원에서의 혁신능력 향상이라는 관점에서 연구관리가 수행되어야 할 것이다. 특히, 우리나라처럼 추격형 국가연구개발 추진 전략을 선도형 전략으로 전환하는 것이 요구되는 상황에서는, 문제해결을 추구하는 정책지향적 관점에서 기존의 연구관리 이론을 재해석하고 이를 연구개발 현장에 적용하기 위한 연구가 과학기술정책학의 주요 연구범위가 되어야 할 것이다.

넷째, 과학기술정책의 중요 대상이었던 〈기술혁신〉은 앞으로도 과학기술정책학에서 핵심 연구범위가 되어야 할 것이다. 혁신 또는 기술혁신은 과학기술의 본질이며, 이러한 (기술)혁신이 활발하게 유발 · 촉진될 수 있는 생태계를 구성하고, 혁신의 결과가 필요한 정치 · 경제 · 사회의 각 부분으로 자연스럽게 확산 또는 이전할 수 있게 하는 것은 물론, 혁신으로 인해 발생할 수도 있는 계층간 · 지역간 · 세대간 · 국가간 격차를 완화 또는 해소할 수 있는 방안도 과학기술정책의 핵심 역할이기 때문이다(OECD, 2015, 2016). 이런 관점에서 과학기술정책학의 연구범위로서의 기술혁신에는 기술혁신의 개념과 유형(이가종, 1990; 이공래, 2000), 기술혁신의 과정과 특징(이공래, 2000), 기술혁신의 원천(설성수 외, 1997), 기술혁신의 촉진과 저해요인(설성수 외, 1997), 기술혁신의 확산과 이전(박용치, 1983; 박우희 외, 2001) 등 기존 기술혁신론의 주요 연구대상들이 모두 포함될 것이다.

한편, 기존에는 기술혁신과 과학기술정책의 연계성이 다소 낮은 상태에서 각자의 영역으로 논의 · 발전되어 온 경향이 있었으나, 국가정책에서 사회 전반의 혁신 더 나아가 기술혁신의 중요성이 점차 커지는 최근의 상황을 고려하면 양 연구영역의 연계성이 좀 더 강화될 필요성이 커지고 있다. 따라서 앞으로 과학기술정책학에서 '혁신을 위한 바람직한 정책'과 '정책에 필요한 합리적인 혁신'에 관한 연구가 좀 더 활성화될 수 있어야 할 것이다. 이와 같은 양 학문의 연계성 강화는 과학기술정책 연구자에게는 정책 자체의 혁신성을 높일 수 있는 지식을 제공하고, 기술혁신 연구자들에게는 문제해결 능력을 제고할 수 있는 정책지향성을 각각 높여주는 계기가 될 수 있을 것으로 생각한다.

## V. 맺음말

이 논문은 2017년 현재, 우리나라에서 과학기술정책학 또는 과학기술정책 연구가 독자적인 학문 정체성을 가지고 있는가 하는 문제의식에서 수행되었다. 특정 학문의 정체성은 학문 공동체 구성원들이 공감할 수 있는 패러다임이 형성되어 있는가에 좌우되고, 패러다임 형성을 위해서는 학문 자체의 독자적인 정의와 고유한 연구범위의 설정이 선행되어야 할 것이다. 이러한 질문에 답하기 위하여 연구자들은 국내에서 출판된 과학기술정책 관련 단행본 19권을 분석하였다. 연구결과는 학문 자체에 대한 정의와 핵심 연구범위에 대한 학문 공동체의 공감대가 낮은 것으로 나타났다. 따라서 현 시점에서의 우리나라 과학기술정책학은 패러다임 형성 이전의 단계라는 잠정 결론을 내리고자 한다.

이러한 결론에 근거하여 연구자들은 향후 과학기술정책학이 좀 더 견고한 패러다임을 형성하여 정상과학으로 발전하기 위한 방안의 하나로서, 우선적으로 과학기술정책학의 학문적 정의와 연구범위를 새롭게 제안하였다.

우선 타 학문과 구별되는 독립된 연구영역으로서의 과학기술정책학을 '과학기술 활동 및 과학기술과 관련된 정치 · 경제 · 사회 · 문화의 제반 현상을 연구 · 분석함으로써, (1) 과학기술 자체의 발전을 도모하면서 (2) 과학기술을 활용하여 국가와 공공 부문의 문제해결 능력을 높이고자 하는 정책지향적인 학문'으로 정의하였다.

그리고 이러한 학문적 정의에 근거하여 과학기술정책학의 '연구범위'를 (1) 과학기술 정책과정, (2) 과학기술 공공관리, (3) 기술혁신, (4) 연구관리의

4대 부분으로 제안하였다. 이 중에서 '과학기술 정책과정'과 '과학기술 공공관리'는 이 논문에서 활용하고자 하는 과학기술정책학의 정의를 반영하여 새롭게 제안한 내용이며, '기술혁신'과 '연구관리'는 기존 연구들에서도 대부분 포함하고 있는 과학기술정책학의 연구범위라고 할 수 있다. 그리고 4대 연구범위는 각각 5개의 세부 연구범위를 포함하여 전체적으로 총 20개의 연구범위를 설정하였다.

또한, 앞에서 제안한 4대 연구범위의 분석수준(analytic level)은 개인, 조직 · 기관, 산업, 지역, 국가, 국제로 설정하였다. 이렇게 분석수준을 미시수준의 개인에서부터 거시 수준의 국가와 국제까지를 포함함으로써 과학기술정책학의 다학제성과 융 · 복합적인 특징이 충분히 논의될 수 있도록 노력하였다.

한편, 이 논문에서 제안하는 과학기술정책학의 정의와 연구범위는 정책학의 절차적 지식(process knowledge) 관점에서 논의하고 있다는 점에 유의할 필요가 있다(Lasswell, 1951). 따라서 과학기술정책에서 중요한 지식재산정책, 과학기술법, 과학문화, 과학기술 대중화, 민군기술협력 등의 사항은 이 논문에서는 다루지 않고 있다. 이러한 세부 정책들은 그 자체가 중요하지 않아서가 아니라 정책학적 관점에서는 내용적 지식(contents knowledge)에 해당하는 것으로서, 여기에서 제안하는 4대 연구범위의 모든 분야에서 동시에 또는 개별적으로 다루어질 수 있는 사항들이라고 판단하기 때문이다.

앞의 한계와 함께 이 논문은 규범적 관점에서 논의를 전개하였기 때문에 연구결과의 객관적 제시가 다소 부족하다는 문제를 가지고 있다. 향후 본 연구자들이 제안하는 과학기술정책학의 정의는 물론 4대 연구범위와 20개 세부 연구범위의 설정 및 구체적인 내용에 대한 경험적 · 실증적 분석이 후속적으로 이루어져 연구결과의 일반화와 객관화가 계속적으로 보완될 필요가 있다.

이상과 같은 한계와 문제에도 불구하고, 이 논문이 향후 과학기술정책학을 연구하고 교육하는 학문 공동체에서 과학기술정책학에 대한 정의와 연구범위에 대한 공감대를 높여 나가는 계기가 될 수 있기를 기대한다. 이러한 노력을 통해 과학기술정책학이 다학제적인 성격을 유지하면서도 독자적인 학문영역으로서의 정체성을 확립하고, 현실 적용적인 측면에서도 과학기술정책의 발전에 도움을 줄 수 있는 필요조건이 점차적으로 충족될 것으로 생각하기 때문이다.

## 참고 문헌

과학기술정책연구원 · 기술경영경제학회 (2017), 「한국 기술혁신연구의 현황과 과제」, 세종: 과학기술정책연구원.

국립국어원 (2016), 「표준국어대사전」, http://stdweb2.korean.go.kr/search/List_ic.jsp (2016.12.20.).

김동원 (2016), "관리패러다임에 대한 비판적 고찰: 한국행정학계의 관리론 연구경향 분석", 「정부학연구」, 22(3): 67-100.

김미정 · 이홍권 · 최태진 (2011), "기초연구 예산배분 체계 및 관리 패러다임 전환에 관한 소고", 「기술혁신학회지」, 14(2): 177-204.

김병기 · 이도선 (2011), "기관장(부서장)의 변혁적 · 거래적 리더십이 조직 구성원의 창의성 발휘 및 연구 성과물에 미치는 영향, 「한국지방자치학회보」, 23(3): 157-184.

김상호 (2003), "경찰학의 정체성 및 학문적 성격에 대한 고찰", 「경찰학연구」, 4: 176-194.

김성수 (2013), "미래창조과학부: 과학기술 행정체계의 진화와 역행", 「한국사회와 행정연구」, 24(2): 509-539.

김승경 · 이나영 (2006), "학제간 연구로서의 여성학: 여성학(과)의 정체성 및 제도화의 문제를 중심으로", 「한국여성학」, 22(1): 35-77.

김은미 (2017), "과학계량분석(scientometrics)을 활용한 과학기술 정책연구의 실증분석", 한국기술혁신학회, 「2017년도 추계 학술대회 논문집」.

김인수 · 이진주 (1982), 「기술혁신의 과정과 정책」, 서울: 한국개발연구원.

김재웅 (2012), "분과학문으로서의 교육학의 위기에 대한 고찰 : 현장적 전문성과 학문적 정체성의 관점에서", 「아시아교육연구」, 13(3): 1-26.

김정홍 (2003), 「기술혁신의 경제학」, 서울: 시그마프레스(주).

김정환 · 김재훈 · 황재영 (2011), "디지털 환경에서 학술연구자들의 정보요구 및 이용행태에 관한 연구", 「한국도서관 · 정보학회지」, 42(3): 189-208.

김종범 (1993), 「과학기술정책론」, 서울: 대영문화사.

김훈기 (2003), "한국 생명윤리 의제형성에 관한 정책네트워크 분석", 「생명윤리」,

4(1): 55-74.
남수현 · 박정민 · 설성수 (2005), "지식흐름의 계량분석 : 한국의 기술혁신연구를 중심으로", 「기술혁신학회지」, 8(특별호): 337-359.
노명완 (1997), "국어교육학의 학문적 정체성과 그 탐구 과제", 「한국어학」, 6: 35-64.
문형욱 (2011), "'전시학'의 학문적 패러다임 구성과 정체성 확립에 관한 연구", 「한국과학예술포럼」, 8: 69-88.
민철구 (2010), "고급 과학기술인력의 보상수준과 포트폴리오에 관한 분석", 「기술혁신연구」, 18(1): 219-245.
박경미 (1996), "수학교육학의 학문적 정체성 탐구를 위한 소고", 「대한수학교육학회지」, 6(2): 115-127.
박용치 (1983), 「혁신의 확산과정」, 서울: 고려원.
박우희 외 (2001), 「기술경제학개론」, 서울: 서울대학교출판부.
박이문 (2002), "학문의 정체성, 경계선 및 주체성" 국문학은 무엇이며 어떻게 할 것인가?", 「국어국문학」, 131: 70-93.
박재민 · 정승용 (2011), "연구원의 경력선택, 연구개발 노력 그리고 몰입효과에 관한 연구", 「산업관계연구」, 21(4): 51-75.
박태영 (2012), "지역사회복지의 정체성에 관한 연구", 「한국지역사회복지학」, 43: 639-668.
박희정 (2013), "공공감사학의 체계정립을 위한 시론적 연구: 공공감사학의 위치와 초점", 「한국행정학보」, 47(1): 351-376.
설성수 (1997), "과학기술정책의 기원", 「기술혁신연구」, 5(1): 113-149.
설성수 (2011), 「기술혁신론」, 서울: 법문사.
설성수 · 조만형 · 김상태 · 이규현 · 이덕훈 (1997), 「기술혁신과 산업 · 과학기술정책」, 서울: 기업기술연구원.
송위진 (2006), 「기술혁신과 과학기술정책」, 서울: 르네상스.
송위진 (2010), "사회문제 해결을 지향하는 '사회적 혁신정책' : 개념과 방향", 과학기술정책연구원, 「Issues and Policy」 (2010-13호).
엄익천 · 조주연 · 고용수 (2013), "정부연구개발 예산의 중장기 재원배분 방안 연구", 「한국정책학회보」, 22(1): 203-227.

유정애 (2014), “한국여성체육학회의 학문적 정체[성과 미래 과제 탐색”, 「한국여성체육학회지」, 28(4): 77-90.

유진 (2003), “스포츠심리학 연구의 이론적 패러다임 탐색”, 「한국스포츠심리학회지」, 14(4): 223-236.

윤진효 (2006), 「한국기술정책론」, 서울: 경문사.

이가종 (1990), 「기술혁신전략」, 서울: 나남.

이공래 (2000), 「기술혁신이론 개관」, 서울: 과학기술정책연구원.

이규환 (2007), “도시행정론에 관한 소고: 학문의 정체성 분석”, 「한국지방자치학회보」, 19(4): 197-216.

이양수 (2004), “조직행태론에 관한 소고: 학문의 정체성 분석”, 「한국행정학보」, 「경찰학연구」, 38(3): 1-21.

이영덕 · 조석홍 (2013), 「기술경영」, 서울: 두남.

이영희 (1995), “한국 비서학의 학문적 정체성에 관한 연구”, 「비서학논총」, 3: 57-90.

이용주 (2013), “한국의 이공계 연구인력의 양성 및 연구환경에 관한 고찰”, 「현상과 인식」, 37(1/2): 31-56.

이우성 (2005), 「혁신정책의 범위설정과 분석체계 정립에 관한 연구: 핀란드와 한국 혁신정책에 대한 사례 적용」, 서울: 과학기술정책연구원.

이원영 (2008), 「기술혁신의 경제학」, 서울: 생능출판사.

이장재 · 현병환 · 최영훈 (2011), 「과학기술정책론」, 서울: 경문사.

이종옥 · 이규현 · 정선양 · 조성복 · 윤진효 (2005), 「R&D관리」, 서울: 경문사.

이찬구 (2008), “선도기술개발사업(G7)의 정책결정 과정 분석 : 범부처간 추진과정 및 민간 전문가 역할을 중심으로”, 「기술혁신연구」, 16(2): 167-200.

이찬구 (2012), “연구개발 평가의 신뢰성 증진방안: 정보통신 연구지원기관의 사례”, 「한국사회와 행정연구」, 23(3): 155-182.

이찬구 (2015), “기초연구 분야 연구장비 관리체계 발전 방향”, 「사회과학연구」, 26(1): 269-296.

이찬구 (2016), “연구장비 공동활용 정책의 집행 효율화 방안: 정책집행의 상향적 접근을 중심으로”, 「기술혁신학회지」, 19(2): 358-394.

이찬구 · 김은미 · 오현정 (2016), “과학기술정책학의 정의와 연구범위에 관한 시론”, 이찬구 엮음, 「과학기술정책연구 : 총서 01」, 대전: 충남대학교출판문화원, 13-45.

이찬구 · 김은미 · 오현정 (2017), “연구대상(locus)과 연구분야(focus) 설정을 통한 과학기술정책학의 패러다임 정립”, 한국기술혁신학회, 「2017년도 추계 학술대회 논문집」.

임성민 · 정욱 (2009), “공공 R&D 시설 · 장비의 공동활용 전략에 관한 연구”, 「기술혁신학회지」, 12(2): 388-412.

정근한 · 도계훈 · 최한림 (2014), 「과학기술 기획 및 정책 관련 주요용어의 개념정립 연구」, 서울: 한국과학기술기획평가원.

정선양 (2006), 「기술과 경영」, 서울: 경문사.

정선양 · 조성복 · 석재진 (2009), “정부출연 연구기관의 창의적 인적자원 양성전략 : 전주기적 인력관리의 관점에서”, 「기술혁신연구」, 17(2): 187-206.

정연희 (2014), “문화예술교육의 학문적 정체성에 관한 연구”, 「예술교육연구」, 12(4): 81-101.

정용남 (2010), “국가연구개발사업을 둘러싼 부처-출연연구기관의 관계에 관한 연구”, 「한국사회와 행정연구」, 20(4): 395-424.

정재삼 · 금혜진 (2003), “교육공학의 이론과 실제에 관한 논쟁: 학문적 정체성, 간학문성, 소프트 및 하드 테크놀로지 활용”, 「교육과학연구」, 34(2): 167-192.

정해조 (2007), “지역학의 정체성과 패러다임 모색II”, 「지중해지역연구」, 9(1): 277-298.

조우호 (2006), “독어독문학의 정체성과 현대성: 1990년 이후 독어독문학의 문화학적 방향전환의 맥락과 전망”, 「독일어문학」, 35: 403-426.

최석식 (2011), 「과학기술정책론」, 서울: 시그마프레스.

최선우 (2014), “경찰학의 정체성과 학문분류 체계에 관한 연구”, 「한국경찰학회보」, 16(2): 157-180.

최성룡 (2008), “소방학의 학문적 패러다임 구성과 정체성 확립에 관한 연구: 정책과 학문의 연계성 중심으로”, 「한국화재소방학회 논문지」, 22(3): 162-171.

최외출 (2016), “새마을학의 학문적 정체성에 관한 연구”, 「한국자치행정학회보」, 30(2): 81-100.

허만용 · 이해영 (2012), “정책학의 학문적 정체성에 관한 시론적 연구: 한국정책학회와 한국정책학회보를 중심으로”, 「한국정책학회보」, 21(2): 1-31.

현병환 · 윤진효 · 서정해 (2006), 「신연구개발기획론」, 서울: 경문사.
홍기원 (2009), "문화정책 연구에 대한 학문적 분야로서의 정체성 탐구", 「문화정책 논총」, 21: 89-104.
홍형득 (2016), 「과학기술정책론」, 서울: 대영문화사.
황호찬 (2000), "경영학 연구의 방향설정을 위한 방법론 및 패러다임의 연구", 「경영학연구」, 29(2): 153-169.
Brooks, H. (1964), "The Scientific Advisor," in Robert Gilpin and Christopher Wright(eds.), *Scientists and National Policy Making*, New York: Columbia University Press, 73-96.
Krishnan, A. (2009), "What are Academic Discipline?: Some Observations on the Discipline vs Interdisciplinary Debate", NCRM Working Paper Series, ESRC National Centre for Research Methods, University of Southampton.
Kuhn, T. S. (1962), *The Structure of Scientific Revolution*, Chicago: University of Chicago Press.
Kuhn, T. S. (1977), *The Essential Tension*, Chicago: University of Chicago Press.
Lasswell, H. D. (1951), "The Policy Orientation", in Daniel Lerner and Harold D. Lasswell (eds.), *The Policy Orientation*, Stanford: Stanford University Press, 14.
OECD (2015), *Innovation Policies for Inclusive Growth*, Paris: OECD Publishing.
OECD (2016), *The Governance of Inclusive Growth*, Paris: OECD Publishing.
Post, R. (2009), "Debating Disciplinarity", *Yale Law School Legal Scholarship Repository*, 749-770.
Ranny, A. (1968), Political Science and Public Policy, Chicago: Markham.
Shumway, D. and Davidow, E. (1991), "Disciplinarity: An Introduction", *Poetics Today*, 12(2): 201-225.

# 제 2 장 과학기술 정책과정

2

# 남북과학기술협력에 대한 전략적 접근

## : 향후 추진전략과 협력과제 도출을 중심으로*

손주연 외


초 록

본고는 다양한 이유로 단절된 남북관계를 회복하기 위한 과학기술의 역할과 이를 추진하기 위한 전략적 접근을 중심으로 남북과학기술협력에 대해서 탐색해 보고자 하였다. 이를 위해 상대적으로 정보가 제한적이고 정보의 신뢰성이나 정확성을 확보하기 어려운 북한연구에 대한 제약요인을 극복하고자 통합연구방법을 적용하였으며, 설문조사와 FGI조사 그리고 전문가 회의 등을 활용하여 남북협력에 대한 추진전략과 협력과제를 도출하였다.

설문조사와 FGI결과를 종합한 결과 향후 협력분야로 농 · 축 · 임업분야, 전기 · 에너지 분야, 정보통신분야, 보건 · 의약분야로 제시되었다. 그러나 이러한 협력분야보다 중요한 것은 앞으로 어떻게 남북과학기술협력에 접근할 것인가라고 할 수 있다. 우선 과거와 같이 정부중심의 단기적 접근방법에서 벗어나, 남북과학기술협력의 지속성을 유지하기 위해 제3국이나 INGOs를 포함한 다자협력이 추진되어야 할 것이다. 또한 북한과의 과학기술협력을 추진할 때, 한 분야나 우선과제를 선정하더라도 그것이 북한이 직면한 다른 문제와 연계된다는 점에서 포괄적인 프로그램 기획이 필요하다. 마지막으로 북한과의 정보 비대칭문제를 해결하기 위한 기반연구는 지속적으로 진행되어야 하며, 남북과학기술협력에 대한 지속적인 연구와 관련 전문가를 양성하는 것이 추진되어야 할 것이다.

본고는 북한에 대한 연구제약을 보완하고자 통합연구방법을 활용하였음에도 여전히 결론을 도출하기 위한 관련 자료가 부족하다는 근원적인 한계를 지닌다. 이와 더불어 결과로 제시한 협력분야나 추진전략도 북한의 직접적인 입장이나 의견을 수렴한 것이 아니라는 점에서 한계를 갖는다. 이러한 한계는 지속적으로 북한 관련 전문정보를 확보하고 관련연구를 축적함으로써 극복해 나가야 할 것이다.


**주제어:** 남북과학기술협력, 전략적 접근, 설문조사 · FGI(통합연구방법), 우선협력분야

* 이 글은 「기술혁신학회지」 제20권 1호(2017:153-174)에 게재된 내용입니다.

# Ⅰ. 문제제기

2010년 5 · 24조치[1] 이후 경색되었던 남북관계는 최근 들어 완전히 '단절'된 상태이다. 남북한 관계는 5 · 24조치로 급격하게 대치와 경색국면을 맞이하였으나, 2014년 대통령의 '통일대박론[2]'과 '드레스덴 선언[3]' 등을 통해 긴장완화를 위한 움직임이 제기되기도 하였다. 이후 남북은 2015년 8월 22일부터 25일까지 고위급 접촉을 통해 당국회담을 개최하고 이산가족 상봉을 진행하면서, 다양한 분야의 남북 민간교류를 활성화하기로 합의[4]하는 등 관계개선을 위한 분위기가 조성되었다. 그러나 북한의 4차 핵실험과 장거리 미사일(광명성호) 발사로 인해 남북관계는 다시 악화되었으며, 2016년 2월 10일 개성공단 폐쇄조치 이후 모든 분야의 남북 교류 · 협력이 완전히 중단된 상태이다.

남북관계는 단순히 남북한만의 문제가 아니라 국제적인 성격을 지니고 있으며(김갑식, 2012:36), 국내외 정치 · 군사적 사건의 영향을 즉각적으로 받고 관계자체가 매우 불안정한 특징을 지니고 있다. 이와 함께 남북관계를 유지 · 발전시키기 위한 사업도 지속적으로 추진하기 어렵고 관련 정보나 자료도 부족하며, 미래를 예측하기 어려운 실정이다. 그럼에도 불구하

---

1 5 · 24조치는 천안함 사건으로 인해 개성공단사업을 제외한 남북교역과 우리 국민의 방북을 불허하고 북한 선박의 우리 측 수역 항해를 금지하는 조치를 말한다(통일부, 2012).

2 2014년 1월 6일 신년기자회견에서 박근혜 대통령은 '통일은 대박이다'를 통해 경제가 대도약할 기회이며, 한반도 통일시대를 위한 준비하기 위한 '통일 대박론'을 제시하였다.

3 '통일대박론'이후 박근혜 대통령은 같은 해 3월 독일 드레스덴에서 '평화통일 기반조성을 위한 3대 제안'을 발표하였는데, 북핵포기 등을 골자로 북측에 다음의 3가지를 제안하였다. ①인도적 문제해결을 위한 재정지원, ②사회간접자본 구축 지원, ③남북주민간 문화적 동질성 회복을 위한 민간사업

4 남북은 2015년 8월 22일부터 25일까지 판문점에서 열린 고위급접촉을 통해 6개 항목에 대한 공동보도문에 합의하였다(연합뉴스, 2015년 8월 25일자 기사).

고 미래 통일을 대비하기 위한 당위적 이유이건, 경제적 · 실리적 이유에서건 남북관계에 대한 전략적인 접근이 필요한 것도 사실이다. 실제로 통일이나 남북관계에 대한 국민들의 인식은 시대흐름에 따라 변화하고 있는데, 시간이 지날수록 통일 필요성에 대한 응답이 낮아지고 통일에 대한 이유도 '전쟁방지'와 '선진국이 되기 위해서' 등 매우 구체적이며 현실적으로 변해 가고 있다[5]. 이처럼 남북관계는 그 자체의 특성으로 인해 지속성을 유지하거나 예측하기 어렵고 정치적 상황에 대한 민감성도 매우 높다. 더욱이 다양한 이유로 인해 현재 남북의 교류와 협력은 모든 분야에서 중단된 상태이며, 통일과 남북관계에 대한 국민들의 관심과 지지도는 예전과 비교할 때 하락하고 있다. 이런 악조건 하에서 단절된 남북관계를 다시 회복하기 위해 과학기술은 어떤 역할을 수행할 수 있고 전략적으로는 어떻게 접근해야 하는가? 본고는 이러한 질문을 중심으로 남북과학기술협력(이하 남북과기협력)을 탐색해보고자 한다.

남북한의 교류 · 협력이 공식적으로 시작된 시점은 1972년 '7 · 4 남북공동선언(이하 7 · 4선언)' 이후로 볼 수 있으나 본격적인 교류 · 협력은 1990년대 들어 시작되었다(손주연 · 김시정, 2012:2). 남북관계 및 주변국 정세의 영향을 많이 받는 사업의 특성상 남북교류 · 협력은 국 · 내외 정치환경의 변화에 민감하게 반응하며 사업의 확대와 축소가 반복되어 왔다. 더욱이 남북 간 민간차원의 인도적 · 경제적 교류마저도 단절된 현 상황에서 남북교류 · 협력이 언제 재기될 지에 대한 전망도 불투명한 것이 사실이다.

그럼에도 장기적인 관점에서 남북관계는 다시 회복되어야 하며, 통일과 미래를 대비하기 위해 북한과 지속적인 교류 · 협력을 추진할 수 있는 토대

---

5 김병로 · 최경희(2012)의 연구에 따르면 1990년대 91.6%의 사람들이 통일의 필요성을 공감한데 비해 2009년에는 55.8%만이 통일이 필요하다고 응답하였고 통일의 이유에 대해서도 1990년대는 '민족의 재결합'과 '이산가족 고통해소' 등이 주를 이룬 반면, 2000년대 후반에는 '전쟁발생방지'와 '선진국이 되기 위해서'라는 응답이 제기되었다.

구축이 요구된다. 이를 구현하기 위한 실효적인 전략분야는 정치이념에서 자유로우며, 가치중립적인 과학기술분야이다. 동 분야는 북한의 경제상황이나 실질적인 수요를 고려할 때, 가장 먼저 협력이 이루어질 수 있으며, 북한의 관심이 높다는 점에서 강점을 지니고 있다(KISTEP, 2009). 실제로 북한이 겪고 있는 경제난은 주로 자연환경 파괴에 기인하는 것으로 알려져 있으며(박삼옥 외, 2007:2~3), 북한의 대기오염이나 수질 · 해양오염 등은 남한에 직접적인 영향을 준다는 점에서 남북협력의 필요성이 강조된다(손주연 · 김시정, 2012:3). 또한 수학, 물리, SW 등 분야에서 기초실력을 갖춘 인력이 풍부한 북한과의 IT 등 분야에서 협력을 통해 남북 모두의 이익을 모색할 수노 있다(이장재 외, 2015:37; 박세환, 2010).

향후 북한과의 교류 · 협력을 재개하는 데에는 상당한 시일이 걸릴 수도 있다. 현재와 같이 불확실한 상황에서는 북한에 대한 연구를 진행하기가 쉽지 않으며, 이에 대한 관심과 지원도 개선될 것 같지 않다. 그러나 전략적인 입장에서는 미래를 대비하여 남북 교류 · 협력을 개선하고 촉진하기 위한 기반연구는 오히려 활발해져야 한다. 직접적인 교류 · 협력이 단절된 상태이기는 하지만 북한에 대한 자료를 수집 · 분석하고 상황변화에 따른 전략을 재설정 등을 위한 관련 연구가 어느 때보다 필요하기 때문이다.

본고는 단절된 남북관계 하에서 미래에 대비하기 위한 과학기술의 역할과 전략을 살펴보고 향후 남북과기협력 추진전략과 협력과제를 도출하고자 통합연구방법을 활용하여 결과를 도출하고 시사점을 제시하고자 한다.

## II. 남북과학기술협력 개요

남북과기협력은 남북교류의 한 형태로, 공식적인 남북 사이의 교류는 1972년 7 · 4선언을 출발점으로 볼 수 있다(손주연 · 김시정, 2012:15). 그러나 7 · 4선언 이후 구체적인 사업이 진행되지 않았기에 선언적 의미가 강했다고 볼 수 있다. 본격적으로 남북사이의 협력이 시작된 것은 1988년 '민족자존과 통일번영을 위한 특별선언(이하 7 · 7선언)' 이후로, 과학기술분야의 교류도 이 시기부터 시작되었다(이장재 외, 2015:38).

남북관계와 주변국 정세에 민감하게 반응하는 남북과기협력에서 역대 정부와 북한과의 관계는 사업실행과 밀접하게 연계되어 있었다. 이에 각 정부에서 추진한 남북과기협력을 살펴보면 다음과 같다. 우선 노태우 정부 시절인 1991년 제5차 남북 고위급 회담에서 '남 · 북사이의 화해와 불가침 및 교류협력에 관한 합의서(이하 남북기본합의서)[6]'와 그 부속합의서를 체결함에 따라 남북사이의 교류는 과학기술, 보건, 문화, 예술 등 보다 구체적인 분야로 확장되었다(손주연 · 김시정, 2012:17). 또한 이 시기에는 남북고위급회담(1990년)과 남북교류협력에 관한법률제정(1990년), 남북 UN 동시가입(1991년) 등 남북사이의 우호적인 분위기가 조성되었다.

그러나 김영삼 정부 시절에는 북한의 핵확산방지조약 탈퇴(1993년)와 강릉 무장간첩 침투사건(1996년) 등으로 남북관계가 악화됨에 따라 실질적인 교류 · 협력이 진행되기는 어려웠다. 다만, 이 시기에도 소규모 학술회의나 심포지엄[7], 민간차원의 교류협력[8]이 진행되는 성과를 나타냈으며, 북한의 식량난 해소[9]에 중점을 둔 과학분야의 교류 · 협력이 추진되기도 하였다.

---

6 남북기본합의서 16조 남과 북은 과학 · 기술, 교육, 문화 · 예술, 보건, 체육, 환경과 신문, 라디오, 텔레비전 및 출판물을 비롯한 출판 · 보도 등 여러 분야에서 교류와 협력을 실시한다.

7 1990년대 남북 간 정보처리와 관련된 학술교류 및 협력이 추진되었으며, 1994년 국어정보학회가 주관한 '우리글컴퓨터처리 국제학술대회'는 2004년까지 유지하면서 남북 정보처리용어통일안, 자판배치 공동안, 우리글자 배열 순서와 부호계 공동안 등을 마련하였다(손주연 · 김시정, 2012:18).

8 1990년 산 · 학 · 연 대표 전문가들을 중심으로 '남북민간과학기술교류추진협의회'가 구성되어 남북한 과학기술분야의 인적 · 학술교류와 정보교환이 추진되었다(손주연 · 김시정, 2012:18).

구체적으로 남북 사이의 교류 · 협력이 가능해진 시점은 2000년대로, 김대중 정부시절에는 대북포용정책(햇볕정책)을 기반으로 다양한 교류가 진행되었다. 특히, 2000년 남북정상회담 이후 발표된 '6 · 15 남북 공동선언[10]'을 기점으로 남북은 정치 · 경제 · 사회 · 문화 등 다양한 측면에서 보다 활발하게 교류 · 협력을 진행하였다. 당시 과학기술부는 정상회담 이후 남북한 민족경제의 균형적 발전과 상호신뢰 기반구축을 내용으로 하는 남북과학기술교류 · 협력 및 조사사업을 '국제공동연구사업'의 세부사업으로 추진하였다(과학기술부, 2003:178). 2000년 당시 3.85억 원이었던 관련 예산은 2001년 10억 원으로 크게 증가하기도 하였다. 이후 노무현 정부에서도 대북포용정책을 계승 · 발전한다는 기조 위에서 남북 사이의 다양한 교류 · 협력이 진행되었다. 실제로 2007년 남북정상회담[11]과 '남북관계 발전과 평화번영을 위한 선언[12]'에서 보다 적극적으로 과학기술분야의 교류 · 협력이 추진되었다. 이 시기동안 남북과기협력은 다양한 정책연구와 인력양성사업, 기상정보교환, UNDP의 두만강지역개발사업 등 다양한 형태로 진행되었다[13].

---

9 대표사례는 경북대 김순권 교수의 '슈퍼옥수수' 연구, 생명연구소 정혁 박사의 '인공씨감자' 연구, 김대황 박사의 '북한지역에서의 농약 성능시험' 연구가 있다.

10 '6 · 15 남북 공동선언'은 크게 5개 조항으로 구성되어 있으며, 이 중에서 4조(남과 북은 경제협력을 통하여 민족경제를 균형적으로 발전시키고 사회 · 문화 · 체육 · 보건 · 환경 등 제반분야의 협력과 교류를 활성화하여 서로의 신뢰를 다져 나가기로 하였다) 교류 · 협력에 관한 내용이다.

11 남북정상회담(2007.10.2~10.4)에서 남북은 '과학기술 분야의 교류와 협력 발전' 기본원칙에 대해 합의하였다.

12 '남북관계 발전과 평화번영을 위한 선언(10 · 4 남북정상선언)'은 모두 8개 조항으로 구성되어 있으며, 제6조의 내용은 다음과 같다. "남과 북은 민족의 유구한 역사와 우수한 문화를 빛내기 위해 역사, 언어, 교육, 과학기술, 문화예술, 체육 등 사회문화 분야의 교류와 협력을 발전시켜 나가기로 하였다."

13 대표적으로 '남북한 공동연구 통합전략'(STEPI), '나진, 선봉지역 표준센터설립 타당성조사'(한국표준과학연구원), '전력분야 남북한 용어 비교연구조사'(한국전기연구

이명박 정부 이후에는 대북포용정책에 대한 비판적 입장이 제시되고 2010년 천안함 사태와 연평도 포격 사태로 인해 5 · 24 조치가 발동됨에 따라 개성공단 운영을 제외한 모든 남북교류 · 협력사업이 잠정적으로 중단되었다. 박근혜 정부 초기에는 통일대박론과 드레스덴 선언 등을 통해 남북 사이의 화해 분위기가 조성되는 듯하였으나, 2016년 북한의 4차 핵실험과 장거리 미사일 발사로 인해 남북관계는 급격히 경색되었다. 이후 같은 해 2월 개성공단이 폐쇄됨에 따라 모든 분야에서 남북교류 · 협력이 완전히 중단되었다.

〈표 1〉 역대정부별 대북정책 기조와 남북과학기술협력 현황

| 구분 | 대북정책 기조* | 주요사건* | 남북과학기술협력사업** |
|---|---|---|---|
| 노태우 정부 (1988~1992) | 한민족 공동체 통일방안 | ‣ 남북고위급회담(1990)<br>‣ 남북 UN 동시가입(1991)<br>‣ 7 · 7선언(1988)<br>‣ 남북교류협력에관한법률(1990) | ‣ (정부)남북과학기술교류추진협의회 구성(1991)<br>‣ (민간)남북민간과학기술교류추진협의회 구성(1990) |
| 김영삼 정부 (1993~1997) | 남북한 통일방안 | ‣ 북한 핵확산방지조약 탈퇴(1993)<br>‣ 남북관계 악화(무장간첩사건) | ‣ 소규모 학술회의, 심포지엄 등 개최 |
| 김대중 정부 (1998~2002) | 대북포용 정책 (햇볕정책) | ‣ 6 · 15 남북정상회담(2000)<br>‣ 정경분리 원칙<br>‣ 금강산관광 등 남북경협 확대<br>‣ 조건 없는 인도적 대북지원<br>‣ 개성공단 추진 | ‣ 남북한 과학기술협력 관련 정책연구 활성화 |
| 노무현 | 평화번영 | ‣ 남북정상회담(2007)과 10 · | ‣ 과학기술인 양성사업, |

원), '북한의 최근 과학기술동향 조사분석 연구'(STEPI) 및 과학기술 정보전용 웹사이트(www.nktech.net) 구축 및 콘텐츠 확충사업 등이 수행되었다.

| 정부 (2003~2007) | 정책 (햇볕정책 계승·발전) | 4선언<br>• 남북교역 증가 | 과학기술협력센터 건설사업, 기상정보교환 등 기상협력에 합의 |
|---|---|---|---|
| 이명박 정부 (2008~2012) | 상생공영 정책 | • 대북포용정책에 비판적 입장<br>• 북한 비핵화 개방 추진<br>• 5·24 조치(2010) | • 5·24 조치 이후 남북과학기술협력사업 잠정적 중단 |
| 박근혜 정부 (2013~현재) | 한반도 신뢰프로세스 (통일대박론) | • 안보중시<br>• 개성공단 폐쇄(2016) | • 남북교류·협력 단절 |

*김노태(2009), 탄홍메이(2010), 이정철(2012) 관련 기사 등 참조
**손주연·김시정(2012) 자료 참조

## Ⅲ. 연구방법

### 1. 통합연구방법을 활용한 남북과기협력 탐색

북한 관련연구는 여러 가지 제약요인을 가지고 있다. 본 연구에서 분석하고자 하는 남북과기협력사업도 상대적으로 관련연구와 정보의 제약과 함께 정보의 정확성이나 신뢰성을 확보하기 어렵다는 문제를 가진다. 이는 북한에 대한 직접적인 현지조사가 불가능하고 북한에 대한 정보도 파편적이고 산발적이기 때문이다. 더욱이 확보한 정보나 자료가 얼마나 타당하고 신뢰할 수 있는지에 대한 검증이 어렵다는 점에서 북한에 대한 연구는 태생적인 한계를 갖는다.

이로 인해 북한에 대한 연구는 기존문헌이나 제3국(중국(연변), 일본 등)을 통해 확보한 자료와 정보를 분석하거나 관련 전문가를 대상으로 한 조사 등이 주를 이루었다. 이렇듯 제한이 많은 북한에 대한 연구를 어떻게 진행

할 수 있을까? 본고에서는 남북과기협력에 통합연구방법을 적용함으로써 북한연구가 갖는 제약요인을 극복하고자 하였으며, 문제를 보다 풍부하게 살펴봄으로써 탐색가능성을 확대하는 한편 접근방법의 활용가능성을 살펴보고자 한다.

통합연구방법은 서로 다른 두 가지 방법론을 동일한 문제에 적용하여 보다 다양하고 풍부하게 문제에 대한 해답을 구하고자 하는 방법이다. 오랫동안 양적 연구 패러다임과 질적 연구 패러다임을 둘러싼 논쟁이 제기되고 있는데, 두 패러다임은 철학적 배경과 분석방법, 자료형태 등에서 차이를 나타낸다. 그러나 두 패러다임 모두 연구질문을 제시할 때 경험적 관찰을 활용하고 편향성을 최소화하고자 하며, 사람(대상)과 그들이 살고 있는 환경에 대해 확실한 주장을 제시하려 한다는 점에서 공통점을 가지고 있다(Johnson & Onwuegbuzie, 2004). 이처럼 공통점과 차이점을 지니고 있는 두 가지 연구 패러다임은 연구질문에 따라 최적의 방법론을 선택하여 사용되어져 왔다. 그러나 최근 들어, 단편적인 문제해결 접근방법에 대한 한계가 지적됨에 따라 다양한 시각에서 복합적인 연구방법을 활용하려는 통합연구방법(Mixed-Methods Research)에 대한 관심이 증가하고 있다.

통합연구방법[14]이 두 가지 방법을 단순히 혼용한 것인지, 아니면 새로운

---

14 통합연구방법의 개념을 명확하게 한가지로 정의하기는 어렵다. 이는 많은 학자들이 매우 다양한 방식으로 개념을 정의하고 있기 때문인데, 지금까지 진행된 선행연구에서 제시된 개념을 살펴보면 다음과 같다. Tachakkori & Teddie(2003:711)는 연구문제, 연구방법, 자료수집, 분석 절차 및 결과를 도출할 때 질적, 양적 접근을 취하는 연구 설계라 정의하였고 Tashakkori & Creswell(2007)은 단일 연구 또는 조사시 자료 수집, 분석, 결과 통합 및 도출을 위해 질적, 양적 측면을 모두 활용하는 것이라 정의하였다. 또한 Johnson & Onwuegbuzie(2004)는 연구의 다층적 과정에서 양적, 질적 접근의 통합적 자료 수집과 분석과정을 이끄는 철학적 특징을 지닌 연구설계라 정의하는 등 통합연구의 방법론적 · 기술적 측면을 중심으로 정의하였다. Johnson, Onwuegbuzie & Tunner (2007)은 대표적인 학자들이 제시하는 통합연구방법의 개념을 살펴본 뒤, 통합연구방법을 질적연구, 양적연구와 함께 주요한 제3의 연구 패러다임으로 제시하고 있다.

연구방법이나 새로운 인식론인지에 대한 논의가 지속되고 있는 상황이다. 그러나 통합연구방법은 각 연구방법이 지닌 단점을 보완하여 보다 풍부한 정보를 제공하고(Greene, 2008; Crewsell, 2009:4; Johnson & Onwuegbuzie, 2004) 연구결과의 타당성을 확보하며(Udo Kelle, 2006), 연구자의 보다 넓고 깊은 이해를 위해 활용된다(Greene, 2008)는 점에서 유용성이 있다.

결국 통합연구방법은 한 가지 방법론을 사용할 때 발생할 수 있는 약점을 최소화하고 각 방법론을 적절히 활용하여 질 높은 연구결과를 성취하는 것을 목적으로 한다(Johnson & Onwuegbuzie, 2004). 또한 통합연구방법은 질적 · 양적 연구방법론의 통합적 접근을 통해 양 방법론의 강점을 최대한 활용하는 실용주의적 입장을 취한다는 점에서 제3의 연구방법론이라고도 할 수 있다(Creswell & Plano Clark, 2007; Johnson, Onwuegbuzie & Turner, 2007). 더욱이 동 연구방법은 단순하게 두 가지 방법론을 적용한 것이 아니라, 서로 다른 접근법을 활용함으로써 아직까지 잘 알려지지 않았거나 상대적으로 연구가 많지 않은 이슈에 접근하여 풍부하고 다양한 정보를 제시해준다는 점에서 강점이 있다.

이런 측면에서 남북과기협력과 관련된 연구를 진행하는데, 통합연구방법을 적용하는 것은 크게 2가지 점에서 유용성을 가진다. 첫째, 상대적으로 정보나 자료가 제한된 남북과기협력에 대해 보다 다양하고 풍부한 정보를 얻을 수 있다. 타 분야에 비해 연구가 부족한 남북과기협력을 대상으로 질적 · 양적 연구방법을 모두 활용해 자료와 정보를 수집함으로써 다각적인 측면에서 고려가 가능하다. 더욱이 현재처럼 남북관계가 단절된 상황에서는 보다 전략적이고 구체적인 고려가 필요한데, 동 접근방법은 북한 현황에 대한 정확한 정보를 바탕으로 실질적인 수요와 협력을 위한 전략과 방식 등에 대한 구체적인 결정을 가능하게 한다. 이런 판단을 위해서는 북한에 대한 보다 구체적이고 다양한 자료와 현황과 문제점 등에 대한 객관적인 정보가 필요하다. 통합연구방법은 질적 · 양적 연구방법을 함께 사용함으로써 보다 풍부한 자료를 제공할 수 있다. 둘째, 조사를 통해 확보한 자료의 신뢰성과 타당성을 검토하고, 수집된 자료를 바탕으로 내린 연구결과에 대해 한 번 더 평가할 수 있다. 즉, 남북과기협력에 대해 질적 · 양적 연구방법을 함께 활용해서 얻은 결과를 확증하거나 연구결과에 대한 삼각측량(triangulation)을 통해 타당성을 확보할 수 있다는 것이다(Hussein, 2009; Johnson, Onwuegbuzie & Turner, 2007; Olsen, 2004; Thurmond, 2001; Greene, Caracelli & Graham, 1989; Jick, 1979). 이처럼 단일연구방법에서 얻은 자료와 관찰결과 등을 결합하는 통합연구방법을 활용하는 것은 질문에 대한 풍부한 설명과 보다 깊은 이해를 추가하는 전략으로 이해할 수 있다(Flicki, 2007, Denzin, 2012에서 재인용). 본 연구는 설문조사와 FGI(Focus Group Interview) 조사의 두 가지 방법을 활용하여 남북과기협력의 역할과 전략적 추진방법을 살펴보고 구체적인 수요와 과제를 제시하고자 한다.

## 2. 연구설계

통합연구 설계는 자료형태에 따라 우선순위를 달리하거나, 자료수집이나 분석단계에서 자료를 혼합하거나, 양적 방법과 질적 방법을 동시에 혹은 순차적으로 수행하는 자료수집 시점 등에 따라 구분할 수 있다(Driscoll et al., 2007).

본 연구는 일반 과학기술인을 대상으로 설문조사를 수행하여 그 결과를 분석한 뒤, 남북한 전문가를 대상으로 FGI조사를 수행하는 순차적인 방법을 활용하였다. 이를 위해 설문조사 결과를 바탕으로 첫 번째 FGI 시나리오를 작성하였으며, 시나리오에는 설문결과에 대해 논의, 현재의 남북관계와 향후 남북관계 개선을 위한 정책방향, 남북과학기술협력의 중요성과 성과,

사업선정을 위한 기준, 구체적인 협력과제 등의 내용을 기본적으로 포함하였다. 특히 1차 FGI는 탈북과학자를 대상으로 진행하여, 북한의 현실을 파악하는 한편 남한에서의 경험을 토대로 북한에서 실행이 가능한 협력과제와 추진전략에 대한 논의를 진행하였다. 그리고 이러한 논의결과를 정리하여 2차 FGI 시나리오를 수정하였으며, 1차 FGI논의에서 제기되었던 다양한 의견을 2차와 3차 FGI에서 연계하여 논의하면서 구체적인 추진전략과 협력과제를 구체화해나가는 방식을 택하였다. 즉, 본 연구는 설문조사결과를 기반으로 FGI가 진행될 때마다 이미 앞서 진행된 FGI논의 결과를 반영하여 시나리오 내용을 수정하여 참석자들의 논의와 토론을 통해 종합적인 의견을 도출하고자 노력하였다. 이는 설문조사를 통해 연구질문에 대한 일반적인 이해정도를 살펴보고 난 후, FGI에 참여한 전문가들과 함께 조사결과에 대해 탐색하고 보다 심층적으로 동 문제를 검토할 수 있기 때문이다(Ivankova et al., 2006).

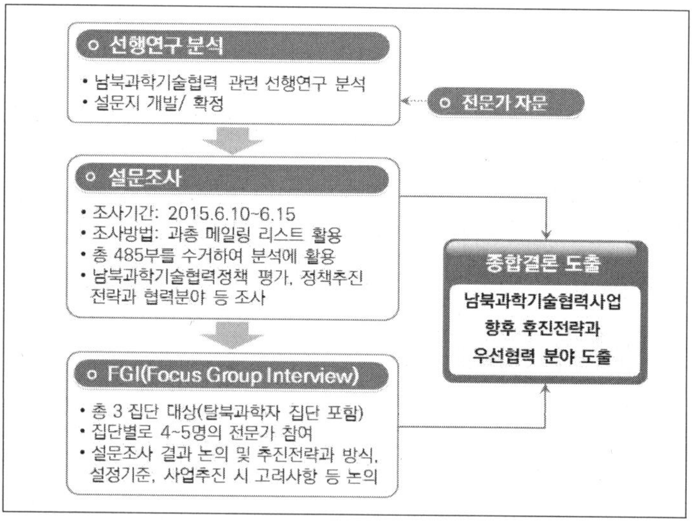


(그림 1) 연구추진 절차

먼저, 설문조사를 수행하기에 앞서 남북과기협력과 관련하여 설문조사를 수행한 연구결과를 수집 · 분석하였다. 설문조사로 수행된 연구는 남북과기협력에 대한 수요와 분야를 도출한 연구가 대다수였고, 최근에 수행된 연구는 거의 없었다. 주로 1990년대 남북이 본격적으로 교류 · 협력을 추진하려는 시점에서 수행된 연구들로 기초과학분야와 농 · 임업에 대한 수요가 높게 나타나고 있었다. 다음으로 선행연구 등을 통해 남북과기협력과 관련된 주요 질문을 도출하여 설문지 초안을 작성하였으며, 관계 전문가회의 등을 거쳐 설문지를 최종 확정하였다. 설문지에는 남북교류협력 전반, 남북교류협력 필요성, 가장 잘 추진되었던 남북과학기술교류 분야, 남북과학기술교류의 우선순위 분야 등 다양한 질문을 포함하였다.

〈표 2〉 남북 과학기술협력 수요도출 선행연구 현황

| 구분 | 연구방법 | 주요결과 |
|---|---|---|
| 1993년 남북 과학교류 워크샵 | 설문조사/ 682명 응답 | • 수학, 물리, 화학 등 기초과학(34.7%)<br>• 농축임업(16.7%) |
| 1995년 국내외 한국과학기술자 학술대회 | 설문조사/ 248명 응답 | • 한반도 생태계 조사(36.1%)<br>• 학문정보교류(22.9%) |
| 1997년 남북 과학기술교류에 대한 인식조사 | 설문조사/ 1,269명 응답 | • 농림, 축산(55.9%)<br>• 기초과학(49.5%) |
| 2006년 KISTI | 정보분석시스템(KITAS) 활용한 북한문헌분석 | • BT분야의 남북교류<br>• 기계제작, 전기, 약리학 등 |

손주연 · 김시정(2012:94), 〈표 4-2〉 재정리

설문조사는 2015년 6월 10일~15일 동안 한국과총 메일링 리스트를 활용하여 e-mail 설문으로 실시하였다. 이후 설문조사 결과를 바탕으로 FGI 조

사를 통해 남북과기협력 수행을 위한 전략과 고려사항, 지금까지 진행된 남북협력에 대한 평가와 향후 추진과제 등을 논의하였으며, 논의결과를 종합하여 최종결론을 도출하였다.

FGI는 총 3회 진행하였고, 각 집단별로 4~5명의 전문가가 참여하였다. FGI 참여자는 기본적으로 남북과기협력과 관련된 정책연구나 관련 프로젝트에 참여한 전문가를 대상으로 선정하였으며, 분야의 다양성을 확보하기 위해 전문가의 전공분야가 겹치지 않도록 설계하였다[15]. 또한 북한에 대한 정보부족과 정보의 부정확성 및 신뢰성문제를 해결하기 위해 비교집단으로 탈북과학자 집단을 설정하여, 각각 FGI 결과를 비교 · 분석하였다. 이러한 기준에 따라 집단 1은 탈북과학자로 구성하였으며, 집단 2와 3은 과학기술분야 전문가 중에서 남북과학기술협력과 관련된 연구수행 경험이 있는 전문가들로 구성하였다. 각 집단별 FGI는 1시간 30분~2시간 정도 진행하였고 각 주제에 따라 주요내용을 분류하여 집단별 결과를 비교 · 분석하였다. 최종 결론은 설문조사 결과와 FGI의 주요결과를 종합적으로 분석한 후, 연구진 및 전문가 의견을 참고하여 도출하였다.

## Ⅳ. 분석결과

### 1. 설문조사

설문조사는 한국과총 메일링 리스트를 활용하였으며, 총 485부를 수거하여 분석에 활용하였다. 전체 응답자의 87.6%는 남성이었고 40대 이상 응답자는 86.7%, 박사학위 소지자는 68.9%, 학계와 공공기관 소속 응답자가 59.6%로 나타났다. 본 설문조사의 응답자 대부분은 학력수준이 매우 높고

---

15 참여자들의 전공은 농림, 전기, 에너지, 해양, 보건 등 다양하게 구성하였다.

학술활동과 관련된 일을 주로 하는 특성을 보였다. 또한 이공계열을 전공한 응답자가 75.5%(공학 46.4%, 이학 29.1%)로, 보건(9.4%)분야를 추가할 경우 응답자의 84.9%가 과학기술관련 전공자로 구성되어 있다.

〈표 3〉 응답자의 일반특성

단위: 명(%)

| 응답자 특성 | | 응답자수 (%) |
|---|---|---|
| 연령 | 20대~30대 | 64 (13.3) |
| | 40대~50대 | 288 (59.6) |
| | 60대 이상 | 131 (27.1) |
| | 전체 | 483 (100.0) |
| 전공 | 이학(자연과학) | 140 (29.1) |
| | 공학 | 223 (46.4) |
| | 보건(의/약학 등) | 45 (9.4) |
| | 인문사회과학/기타 | 73 (15.2) |
| | 전체 | 481(100.0) |

| 응답자 특성 | | 응답자수 (%) |
|---|---|---|
| 성별 | 여성 | 60 (12.4) |
| | 남성 | 423 (87.6) |
| | 전체 | 483 (100) |
| 학력 | 대학졸업이하 | 56 (11.5) |
| | 대학원졸업(석사) | 86 (17.7) |
| | 대학원졸업(박사) | 334 (68.9) |
| | 전체 | 476 (100.0) |
| 근무처 | 기업체 | 102 (21.3) |
| | 학교(교내연구소포함) | 184 (38.5) |
| | 공공연구기관 | 101 (21.1) |
| | 기타(정부부처, 협회 등) | 91 (19.0) |
| | 전체 | 478 (100.0) |

설문조사 결과는 다음과 같다. 먼저, 응답자의 96.2%(n=422)는 통일정책이 중요하다고 응답하였으며, 통일을 대비하기 위해 남북교류협력이 필요하냐는 질문에 대해 응답자의 97.3%(n=467)는 '필요하다'고 응답하였다. 남북교류협력에서 과학기술의 중요성을 묻는 질문에 대해 응답자의 90.7%(n=437)가 '중요하다'고 응답하였다. 조사시점인 2015년에는 북한과 관계를 개선하려는 움직임이 제기되고 조사대상에 과학기술 유관분야의 사람들이 대다수를 차지하고 있었기 때문에 남북교류의 필요성과 남북교류에서 과학기술이 중요하다는 응답이 높게 나타났다.

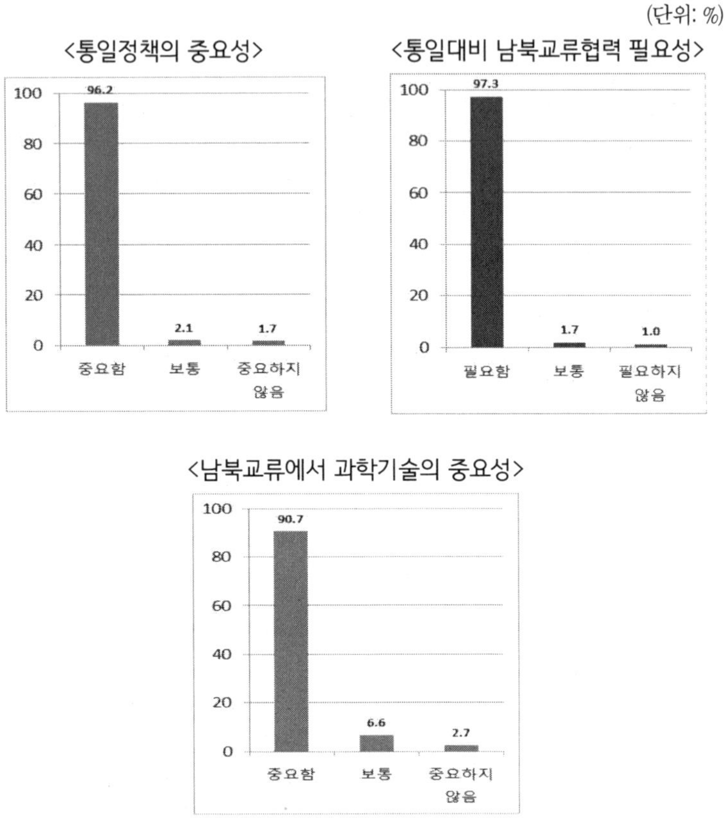


(그림 2) 설문조사 응답결과

둘째, 지금까지 가장 잘 추진된 남북교류협력분야에 대한 순위를 묻는 질문에 대해서 '인력 및 학술교류'를 제시한 응답자가 41.2%(n=196)로 가장 많았으며, 그 뒤를 이어 '과학기술 정보교류'(24.7%, n=117)와 '연구협력'(30.6%, n=143) 이라는 응답 순이었다(〈표 4〉 참조). 응답자들은 '인력 및 학술교류'를 가장 잘 추진된 협력분야로 제시했는데, 이는 지난 15년 간 추진되었던 남북교류협력이 주로 민간의 경제협력이나 개성공단사업, 인도적 지원을 제외하고는 문화교류가 주를 이루었기 때문이다.

2012년 기준 통일부의 남북협력사업 승인 현황을 살펴보면, 과학기술협력이 포함된 사회문화분야 협력사업의 대부분은 스포츠 교류, 예술공연(음악회, 전시회, 영상제작 등) 등이 대부분을 차지하였다. 사회문화분야 협력에서 과학기술과 관련된 사업은 '남북문화정보화사업', '남북학술용어집 발간사업', '보건관련 학술회의', '소프트웨어 전문인력 교육' 등이었다. 이처럼 남북교류협력사업은 상당히 오랜 기간 동안 진행되어왔으나 구체적인 전략적 측면을 고려해서 진행되기보다 북한과의 관계가 개선된 시기에 교류협력이 급하게 추진된 경향이 있었다. 따라서 남북교류협력은 국내외 여건으로 인해 지속적으로 추진되거나 안착되지 못하고 단기적인 교류나 일회성의 학술행사 개최 위주로 운영되었던 것으로 보인다.

이에 비해 향후 우선적으로 추진해야 할 남북교류협력분야에 대해서는 '농업 등 기술지원'을 제시한 응답자가 49.8%(n=206)으로 가장 많았다. 이는 북한의 산림황폐화나 식량부족 등의 문제가 지속적으로 제시된 사실과 구체적이고 전략적인 접근의 필요성이 제기되었기 때문이다. 또한 단기적인 인력교류나 단발성의 행사개최보다는 지속적인 교류협력을 위한 구체적 사업의 기반에 대한 필요성을 인식했기 때문이다.

〈표 4〉 설문조사 응답결과

단위: 명(%)

| 가장 잘 추진된 남북교류협력 분야 | 응답내용 | 향후 우선적으로 추진해야할 분야 |
|---|---|---|
| 196 (41.2) | 인력 및 학술교류 (예: 공동행사 개최) | 142 (34.3) |
| 68 (14.3) | 과학기술 정보교류 | 28 (6.8) |
| 71 (14.9) | 연구협력 (예: 다자 및 양자간 공동연구) | 14 (3.4) |
| 109 (22.9) | 농업 등 기술 지원 | 206 (49.8) |
| 32 (6.7) | 인프라 구축 (센터 등 설립지원) | 24 (5.8) |
| 476 (100.0) | 전체 | 414 (100.0) |

셋째, 향후 추진되어야 할 남북과학기술교류 분야에 대해 구체적으로 질문한 결과 '농 · 축 · 임업분야'라는 응답이 47.0%(n=226)로 가장 높게 나타났으며, 뒤를 이어 '보건 · 의 · 약학분야' 11.0%(n=53), '전기 · 에너지분야' 9.1%(n=44)순으로 제시되었다. '농 · 축 · 임업분야'나 '보건 · 의 · 약학분야'를 우선분야로 제시한 것은 현재 북한이 겪고 있는 식량난이나 아동 영양실조 등과의 관련성이 높은 것으로 보이며, 다른 분야보다 인도적 차원에서의 접근이 가능하다는 점에서 우선순위가 높았던 것으로 보인다. 응답자를 연령별, 근무처별, 전공별로 나누어 각 응답에 대한 교차분석을 실시한 결과는 통계적으로 유의미한 차이가 나타나지는 않았다.

〈표 5〉 가장 우선적으로 추진되어야 할 남북 과학기술교류 분야

단위: 명(%)

| 응답 내용 | N(%) | 순위 |
|---|---|---|
| 수학, 물리, 화학 등 기초과학 | 22 (4.6) | 8순위 |
| <u>농 · 축 · 임업분야 (예: 식량, 산림복구)</u> | <u>226 (47.0)</u> | <u>1순위</u> |
| 환경분야 (예: 환경문제 해결) | 32 (6.7) | 4순위 |
| 정보통신 분야 (예: ICT, SW개발) | 31 (6.4) | 5순위 |
| 기계 · 산업기술 분야 | 26 (5.4) | 6순위 |
| 전기 · 에너지 분야 | 44 (9.1) | 3순위 |
| 해양 · 수산분야 | 14 (2.9) | 9순위 |
| 보건 · 의 · 약학분야 | 53 (11.0) | 2순위 |
| 기후 · 기상분야 | 11 (2.3) | 10순위 |
| 기타 | 22 (4.6) | 7순위 |
| 합계 | 481 (100.0) | |

## 2. FGI조사

FGI(Focus Group Interview)는 특정한 목적을 가지고 절차에 따라 구성된 특별한 집단을 대상으로 관련 이슈나 주제에 대해서 어떻게 생각하고 있는지 더 잘 이해하기 위해서 활용되는 연구방법이다(Krueger & Casey, 2015:2). FGI는 참여자들이 관련된 주제를 어떻게 이해하고 있는지 알려주며, 특정 주제에 대한 개인의 다양한 아이디어와 정보를 제공하고 정책이나 전략을 만들거나 실행하기 전에 테스트하거나 개선점을 찾기 위해 사용된다는 점에서 유용성을 가진다(Krueger & Casey, 2015:8~13; Rabiee, 2005).

북한연구는 관련 연구자가 많지 않고 지속적으로 연구를 수행할 수 있는 자원이나 지원제도가 부족하다는 점에서 타 분야연구에 비해 연구결과와 관련 정보가 부족한 상황이다. 더욱이 북한에 대한 직접조사가 불가능하고 관련 자료의 신뢰성을 확보하기 어렵다는 점에서 한계를 갖는다. 이런 점에서 FGI조사를 통해 북한에 대한 다양한 현황을 파악하고 관련 전문가들이 가지고 있는 정보와 관점을 공유하면서 문제에 대한 보다 구체적이고 개선된 정책대안을 모색할 수 있다.

본 연구에서는 총 3번의 FGI를 수행하였는데, 북한에 대한 현실적인 정보와 전략적 접근방법 및 추진과제의 실효성을 확보하기 위해 탈북과학자로 구성된 집단을 비교집단으로 삼아 조사를 진행하였다.

〈표 6〉 FGI 참여자 현황

| | 참여자 | 소속(출신) | 비고 |
|---|---|---|---|
| 집단1 | 2015.06.16(화), 14:00~16:00 / 과총 회의실 | | |
| | 김○○ | 김책공업종합대학 | 컴퓨터 전공 |
| | 김○○ | 김일성종합대학 | 생물전공 |
| | 강○○ | 청진광산금속대학 | 전자공학 전공 |
| | 정○○ | 함흥경공업대학 | - |
| | 손○○ | 함북석탄공업대학 | - |

| | 참여자 | 소속 | 비고 |
|---|---|---|---|
| 집단2 | 2015.06.17(수), 10:00~12:00 / 과총 회의실 | | |
| | 최○○ | 출연(연) | 정보분야 |
| | 김○○ | 출연(연) | 남북과학기술협력 |
| | 이○○ | 출연(연) | 남북과학기술협력 |
| | 류○○ | 대학 | 보건분야 |
| | 박○○ | 출연(연) | 전자분야 |

| | 참여자 | 소속 | 비고 |
|---|---|---|---|
| 집단3 | 2015.06.17(수), 16:00~18:00 / 과총 회의실 | | |
| | 박○○ | 출연(연) | 농업분야 |
| | 권○○ | 공공기관 | 전기/에너지 분야 |
| | 이○○ | 대학 | 남북과학기술협력 |
| | 이○○ | 재단법인 | 보건분야 |

우선 FGI조사를 진행하기에 앞서 기존 문헌분석 결과와 설문조사 결과 등을 바탕으로 주요 질문 및 논의내용 등 시나리오를 작성하였다. 첫 번째 FGI조사는 탈북과학자를 대상으로 진행되었으며, 여기에서 제기된 논의와 의견 등을 두 번째 FGI를 위한 시나리오에 반영하여 두 번째 조사를 진행하였다. 이처럼 본 연구에서는 FGI조사가 진행됨에 따라 앞서 수행하였던 FGI의 주요결과를 반영하여 시나리오를 수정하여 연속적인 논의가 진행될 수 있도록 구성하였고 이를 통해 구체적인 협력과제와 전략 등에 대한 종합 결론을 도출하고자 하였다.

이런 방식으로 수행된 FGI조사의 주요 결과는 다음과 같다. 먼저 FGI 참여자들 간 협력분야 선정기준에 대한 논의가 진행되었다. 논의결과 협력분야를 선정하기 위한 기준은 3가지로 결정되었다. 첫째, 북한이 자신감을 가지고 있는 분야, 둘째, 북한의 실질적인 수요와 관심이 높은 분야, 그리고 마지막으로 남북 간 상호이익이 되는 분야이다. 마지막으로 동 기준을 바탕으로 한 우선 협력분야에 대한 논의 결과로 나타난 분야는 '농 · 축 · 임업 분야', '전기 · 에너지 분야', '정보통신 분야', '보건 · 의약분야'였다.

FGI 결과는 설문조사 결과와도 유사했는데, 이는 현재 북한이 경험하고 있는 식량난이나 보건문제 등을 고려할 때, 설문조사 응답자들이 동 분야에서의 협력이 가장 시급한 것으로 판단한 것으로 나타난다. 한편, 북한 전문가가 참여한 '2014년도 몽골 워크샵'을 통해서 통일연구원(2014:59)이 도출한 '북한의 과학기술분야 협력 희망사업'으로는 건강, 에너지, 환경, CDM 분야가 제시되었다. 우선협력분야에서 차이가 나는 이유는 몽골 워크샵에 참여한 북한전문가들이 기능성 식품, 환경보호, 에너지 효율 등과 관련된 전문가가 다수 참여했기 때문으로 판단된다. 누구를 대상으로 어떻게 조사했느냐에 따라서 연구결과가 달라질 수 있기 때문에, 북한과의 실효성 있는 과학기술분야 협력을 추진하기 위해서는 다양한 연구방법을 통해서 보다 객관적이고 구체적인 자료를 축적하고 이를 비교 · 분석하는 노력이 요구된다.

〈표 7〉 우선 협력분야(FGI 결과)

| 분야 | 선정기준 | 선정이유 |
|---|---|---|
| 농 · 축 · 임업 분야 | • 북한의 수요 높음 | • 사람들의 생활, 생명과 직결 |
| 전기 · 에너지 분야 | • 북한의 수요 높음 | |
| 정보통신 분야 | • 북한이 자신감을 가진 분야<br>• 북한의 관심사가 높은 분야<br>• 상호 이익이 되는 분야 | • 북한의 우수한 IT 인력 |
| 보건 · 의약 분야 | • 북한의 수요 높음<br>• 북한이 자신감을 가진 분야 | • 사람의 생명과 직결되는 한편 한의학은 북한의 자신감이 높은 분야 |
| 기타(화학 분야) | • 북한이 자신감을 가진 분야 | |

한편, FGI 조사에서 제시된 구체적인 분야별 추진과제는 다음과 같다. '농 · 축 · 임업분야'의 경우 토지를 개선하고 토지황폐화와 산림파괴 문제를 해소할 수 있는 기반정비 사업이 중요한 것으로 나타났다. 이를 위해서는 단순한 종자지원이나 농기기 지원이 아니라 농업과 임업분야를 연계한 포괄 패키지 프로그램이 필요하다. 여기에는 종자재배기술 및 이에 대한 인력교육, 육종기술(품종개발)을 통한 다수확 품종 시범사업, 식물의 병해충 공동조사를 위한 기술협력 등이 가능할 것으로 보인다.

'전기 · 에너지 분야'에서는 전기 효율성을 제고할 수 있는 기술이나 발전기술, 대체에너지 관련 기술, 관련 시설 및 설비 지원 등이 구체적인 과제로 제시되었다. 대체에너지와 관련해서는 실질적인 가능성 여부를 조사한 사례가 없다는 점에서 신재생에너지 자원지도 구축과 같은 연구가 먼저 선행되어야 할 필요가 있다.

'보건 · 의약분야'에서는 의과대학과 연계한 교육용 설비나 지식을 지원하는 방향으로 교류 · 협력이 적절하다는 의견이 제시되었다. 또한 북한이 생약부분이나 한의학에서 강점을 지니고 있기 때문에 이와 관련한 의약품 정보를 교환하거나 한반도에 구제역과 같은 질병발생에 따른 공동대응이 필요하다는 의견이 제시되었다. 구체적인 과제로는 진단시약 공동개발 혹은 진단시약 지원사업, 방역체계에 대한 공동방역 대응과 남북한 공동조사 연구수행 등이 가능할 것이다.

마지막으로 '정보통신분야'의 협력은 보안문제로 인해 다른 분야에 비해 제약이 커기 때문에 관련분야 전문서적을 교류하거나 관련 정보를 교환하는 정도의 협력이 가능할 것으로 나타났다.

## 3. 결과종합

본 연구에서 통합연구방법은 풍부하고 다양한 정보를 확보하고 이러한 정보에 따른 연구결과의 타당성을 확인하기 위해 활용하였다. 설문조사와 FGI를 활용한 남북과기협력 조사결과를 살펴보면, 보다 구체적이고 풍부한 자료를 확보할 수 있었다.

먼저, 다수의 과학기술인을 대상으로 한 설문조사를 통해 남북교류협력의 중요성과 남북과기협력의 성과와 향후 과제, 추진전략 등에 대한 전반적인 경향성 등의 정보를 수집할 수 있었다. 응답자 대부분은 남북과기협력의 중요성과 사업추진의 필요성이 있다고 응답하였다. 이러한 결과는 정책추진을 위한 기초자료로 활용하거나 정책적 지지를 확보한다는 점에서 중요성을 갖는다. 그러나 설문조사는 전체적인 여론의 흐름이나 경향성을 파악하기에는 유용하지만 상대적으로 구체적인 전략이나 자료를 얻기에는 어려움이 있는 것도 사실이다. 실제로 지금까지 남북 과학기술협력에 대한 설문조사는 협력분야에 대한 조사만 간간히 시행되었는데, 대부분의 설문조사 결과가 대체로 유사하였다. 이는 다수를 상대로 진행하는 설문조사를 통해 확보할 수 있는 정보의 양이나 구체성 등이 그리 높지 않기 때문이라고 할 수 있다. 이와 함께 북한현실에 대한 정보나 이해가 부족한 상황에서 응답자들이 제시할 수 있는 내용도 제한되어 있기 때문이다.

다음으로 설문조사를 통해 확보한 결과를 바탕으로 FGI를 수행하여 관련 전문가들의 의견을 수렴함으로써 보다 구체적이고 전략적인 자료를 확보할 수 있었다. 구체적으로 남북과기협력의 역할과 정책적 의의, 구체적인 추진전략, 향후 고려사항 등에 대한 정보를 확보할 수 있었다. 이는 설문조사 결과가 근거자료로 제시되었기 때문에 토론을 통해 보다 구체적인 내용이 도출되었다고 볼 수 있다. 더욱이 다양한 전공과 경력을 가진 전문가의 참여로 인해 새로운 의견들이 제시되고 참여자들이 이에 대한 토론과 의견교환 등을 통해 구체적인 전략과 추진과제 등을 도출할 수 있었다.

설문조사와 FGI결과를 종합한 향후 협력분야는 크게 4가지로 나타난다. 첫째, '농 · 축 · 임업분야'로, 북한의 현실적인 수요가 높고 시급한 문제라는 점에서 우선순위가 높다. 지금까지 진행된 남북의 농업교류는 정부의 식량 · 비료지원이나 민간단체를 통한 지원이 대부분을 차지하였으나(손주연 · 김시정, 2013:97), 북한은 매년 심각한 식량난을 겪고 있으며 이러한 상황은 쉽게 나아지지 않고 있다[16]. 그러나 북한의 식량난이 단순히 농작물 생산량 부족이 아니라 환경과 산림파괴로 인한 산림황폐화에 기인하는 만큼 이러한 악순환을 해소하는 동시에 산림을 복구하고 토질을 개선시키는 작업이 병행되어야 한다. 실제로 북한이 UNEP를 통해 제시한 16개 우선사업을 살펴보면(통일연구원, 2014:38), 산림(지속가능한 산림관리를 위한 전략수립, 땔감지역 관리 시범사업, 산림관리정보센터 설립)과 토지(토양오염 조사 · 모니터링을 위한 능력배양사업, 토양보전 워크숍)분야 사업이 제시되어 있는 만큼 이러한 수요를 바탕으로 교류 · 협력을 추진하는 것이 바람직할 것이다.

둘째는 '전기 · 에너지 분야'로, 동 분야는 순수한 학술적 교류를 위해서만 활용되는 것이 아니라 군사적 목적으로 도용될 수 있다는 점에서 현실적인 접근이 어려운 분야이다. 북한의 에너지난은 산업에 영향을 미치는 동시에 식량난 · 생필품난과 연계되어 북한의 경제상황 전체를 위축시킬 수 있는 만큼(배성인, 2010), 북한에 있어 전기 · 에너지 문제는 매우 중요하고 심각한 문제라고 할 수 있다. 북한은 생물질에너지이용기술과 관련된 직접

---

16 Maplecroft의 2013년 식량안보위험지수(Food Security Risk Index)에 따르면 북한은 식량안보가 매우 위험한(high risk) 지역으로 분류되고 있으며, 2012년도에는 전 세계 197개국 중에서 35번째로 식량난 위험이 큰 나라로 제시되었다.

연소기술, 열화학전환기술, 생물전환기술 등에 관심을 보인 것으로 알려져 있고(통일연구원, 2014:49) 배성인(2010)은 신재생에너지를 활용한 남북 협력가능성을 제시하고 있으나 현재와 같은 긴장상태에서는 타 목적으로 유용될 수 있다는 점에서 분명한 한계를 갖게 된다. 따라서 현실적으로 가능한 협력사업은 북한의 에너지 상황에 대한 정확한 조사와 이를 해결하기 위한 공동연구라고 할 수 있다.

셋째는 '정보통신분야'로, 북한이 자신감을 갖고 있으면서 외화를 벌어들이는 수단으로서 북한의 협력수요가 높은 분야라 할 수 있다. 그러나 전략적 · 군사적 차원에서 구체적인 협력을 수행하기에는 많은 제약이 있는 분야이다. 그 동안 남북 사이의 ICT(정보통신분야) 교류협력은 매우 다양한 형태로 진행되었으며, 학술활동과 인력양성, 표준과 언어통합 등 다양한 분야에서 협력이 시도되었다. 그러나 북한에 대한 정보부족과 국제적인 규제강화, 북한의 내부인프라 부족 등은 남북협력을 어렵게 하고 있으며(이춘근 외, 2014:66~68), 최근 북한의 해킹으로 인해 동 분야의 협력에 대한 인식이 부정적인 것도 고려해야 한다.

마지막은 '보건 · 의약분야'로 식량난과 함께 민생과 가장 밀접하게 맞닿아 있는 분야이다. 북한의 보건의료 현황은 매우 열악한 것으로 알려져 있으며, 1997년부터 2009년까지 보건의료분야 지원금액은 총 32,807만 달러로 식량차관을 제외한 전체 대북 무상지원의 약 15%를 차지할 정도(이일학, 2010)이며, 대부분 의약품이나 의료장비가 지원되었다. 그러나 의약품 지원보다는 남북한의 의약품에 관한 정보를 교류하거나 진단시약에 대한 공동개발, 혹은 진단시약 지원사업 등을 우선적으로 추진하는 것이 필요하다. 이는 의약품을 지원하더라도 일반 국민에게 직접 전달되기 어려운 구조적 위험성을 줄일 필요성이 제기되기 때문이다.

그리고 FGI에서 나타난 남북과기협력에서의 전략적 접근방법은 다음과 같다. 첫째, 남북과학기술협력은 중요한 분야로 인식되고 있으나 과거와 같은 정부 중심의 단기적 접근방법은 변화되어야 한다. 과학기술협력은 통일을 대비하기 위한 거시적인 정책 하에 추진되어야 하나, 지금까지는 접근방법은 장기전략과 이를 추진하기 체계적인 환경이 조성되지 않고 있다. 또한 과거처럼 정부가 주도하는 형태의 과학기술협력은 남북관계가 악화됨에 따라 정부주도의 협력뿐만 아니라 NGOs가 진행하는 협력사업도 거의 중단되는 상황이므로 관련 교류협력사업에 대한 접근 및 추진방식에 대한 전략적인 재검토가 필요하다는 것이다.

둘째, 남북교류협력의 지속성을 유지하기 위해서는 제3국이나 INGOs를 포함한 국내외 다자협력을 통해 추진될 필요가 있다. 국내 정치상황에 따라서 남북교류협력이 쉽게 중단되거나 단절되는 상황에서는 이를 추진하기 위한 인프라 구축이나 관련 연구축적, 인력양성 등도 모두 지속적으로 추진하기 어렵다. 따라서 다자협력을 통해 협력사업의 지속성을 높이는 방안이 현실적인 접근으로 제시되었다.

셋째, 북한과의 과학기술협력은 어느 한 분야나 우선과제를 선정해서 추진하는 경우 그것이 북한이 처한 다른 문제와 연계되기 때문에 포괄적인 프로그램 기획이 필요하다. 예를 들어, 북한의 경제난은 산림황폐화와 밀접한 연관이 가지며, 이는 다시 토지기반 황폐화와 수질오염, 적절한 기술이전과 인력부족 등 기술문제와도 연계된다. 따라서 효율적인 프로그램을 추진하기 위해서는 토지에 대한 조사를 바탕으로 토지기반을 재건하면서 동시에 필요한 기술과 종자를 이전하고 이를 추진할 수 있는 인력을 연계 양성하는 포괄 패키지형 프로그램이 필요하다.

마지막으로, 북한과의 정보 비대칭문제를 해결하기 위한 기반연구가 지속적으로 진행되어야 한다. 객관적이며 정확한 정보와 자료는 실효성 있는 정책을 세우기 위한 필수조건이다. 그러나 현재는 북한 과학기술 현황에 대한 전반적인 정보가 부족하며, 북한의 과학기술 수준이나 관련 인력양성 현황 등에 대한 상세한 정보는 구하기 어려운 상황이다. 따라서 남북과기협력에 대한 기반연구로써 관련 정보를 수집하고 관련 전문가를 양성하는 한편, 관련 연구가 지속될 수 있도록 공공 및 민간부문에서의 적절한 지원이 필요하다.

## V. 시사점 및 결론

본고에서는 정보가 부족한 남북과기협력을 대상으로 설문조사와 FGI를 활용해 논의결과의 타당성을 확보하고자 하였다. 또한 직접적인 조사가 불가능한 북한에 대한 정보의 신뢰성과 타당성을 확보하고자 탈북과학자 집단을 FGI에 참여시킴으로써 구체적인 논의를 수행하고 이를 비교 · 분석하였다. 이러한 과정을 통해 북한과의 과학기술협력 우선분야를 선정하기 위한 기준을 도출하고 설문조사와 FGI 결과에서 제시된 추진전략과 협력분야에 대한 논의를 비교하였다. 결과적으로 과거와 같은 접근방식이 아니라 보다 체계적이고 포괄적인 전략을 수립하고 정부주도의 정책추진 보다는 다자간 협력을 통한 정책추진 전략이 필요하며, 정치적 환경변화와 상관없이 북한과학기술에 대한 정보수집과 연구가 필요하다는 전략적 대안이 도출되었다.

한편, 본고에서 제시한 협력과제나 협력분야 등은 기존의 연구결과와 크게 다르지 않게 나타났다. 이는 타 분야와 비교할 때, 정보의 양이나 구체성이 부족한 북한연구가 갖는 한계인 동시에 지금까지 추진되었던 남북과기협력사업의 전략적 측면이 부족했기 때문으로 볼 수 있다. 즉, 북한에 대한 정확하고 신뢰할만한 정보가 부족한 상황에서 협력사업에 대한 과제나 분야가 비슷하게 도출될 수밖에 없었고 거시적인 전략측면에서의 접근이 부족하여 사업의 지속성과 연계성 등에 대한 고려가 적었기 때문이다. 이와 동시에 북한이 처한 현실에서 실질적으로 추진할 수 있었던 남북과기협력이 다양하지 않았던 점도 고려해야 한다. 이러한 한계를 극복하고자 본 연구는 통합연구방법을 활용하여 보다 세부적인 전략이나 구체적인 추진방법 등을 제시함으로써 기존 연구와의 차별성을 두고자 하였으나 여전히 북한연구의 어려움은 남아 있다.

이와 동시에, 통합연구방법을 활용해서 연구결과의 타당성을 확보하는 것에 대해서도 보다 신중한 논의가 필요하다. 이는 본 연구를 통해서 수집한 자료나 연구결과 또한 여전히 불완전하기 때문이다. 북한에 대한 정보를 보완하기 위해 탈북과학자 집단의 의견을 수렴하였지만 이들이 가진 정보도 현시점의 북한에 대한 정보가 아니라 과거정보에 기반한다는 점에서 문제가 발생할 수 있다. 또한 북한과의 교류협력은 정치적으로 해결해야하는 문제를 내포하고 있고 실제 실행여부도 불투명하며 지속적으로 추진하기 힘들다는 점에서 정확한 평가와 진단이 어렵다. 더욱이 탈북과학자를 대상으로 조사를 수행했지만 이 역시도 북한의 직접적인 의견이 아니라, 남한의 입장과 환경에 기반하여 결론이 도출되었다는 점에서 제약을 내포하고 있다. 따라서 이러한 어려움을 해결하기 위해서라도 북한과의 과학기술협력을 대비하고 준비하기 위한 기반연구가 지속적으로 추진되어야 하며, 보다 장기적인 전략적 측면에서의 접근이 필요하다. 이와 동시에 다양한 연구방법을 활용하여 정보와 자료를 수집하고 이를 분석하여 보다 효과적이고 실효성 높은 정책 추진전략과 대안을 만들어내는 것이 그 무엇보다 중요한 시점이다.

## 참고문헌

과학기술부 (2003), 「특정연구개발사업 20년사」.

권오성 외 (2012), 「역대정부의 국정기조 비교분석 연구」, 한국행정연구원.

김갑식 (2012). "시나리오 기법에 기초한 북한의 변화와 한국의 전략". 이수훈 엮음. 「동북아 지역협력과 북한의 체제변화: 시나리오를 통해 본 동북아 미래구도」, 경남대 극동문제연구소 북한연구시리즈 38. 한울아카데미.

김도태 (2009), "남북관계의 현주소: 이명박 정부의 대북정책 현황과 과제", 「통일문제연구」, 통권 제51호: 189-225.

김병로 · 최경희 (2012), "남북한 주민의 통일의식 비교 분석", 「통일과 평화」, 4(1):101-139.

박상민 · 이혜원 (2013), "북한의 보건의료 현황과 효율적 지원방안", *J Korean Med Assoc,* 56(6): 368-374.

배성인 (2010), "북한의 에너지난 극복을 위한 남북 협력 가능성 모색: 신재생에너지를 중심으로", 「북한연구학회보」, 14(1): 59-90.

손주연 · 김시정 (2013), 「차기정부의 남북과학기술협력 전략연구」, 한국과총정책연구소.

이일학 (2010), "북한 의료현황과 지원방향", KPI 리포트.

이장재 외 (2015), 「남북교류협력사업: 남북 간 R&D 협력수요 및 추진희망과제 도출」, 미래창조과학부.

이정철 (2012), "탈냉전기 노태우 정부의 대북정책", 「정신문화연구」. 35(2): 131-161.

이춘근 · 김종선 · 남달리 (2014), 「남북 ICT 협력 추진 방안」, 과학기술정책연구원.

장경호 (2011), "남북 농업의 상호보완성 증대를 위한 농업협력의 발전단계와 협력과제", 「통일과 평화」. 3(1): 345-384.

탄홍메이 (2010), "한국 정부의 대북정책에 대 검토적 연구: 김대중, 노무현, 이명박 정부의 비교", 「글로벌정치연구」, 3(1): 93-115.

통일연구원 (2014), 「'그린 데탕트' 실천전략: 환경공동체 형성과 접경지역 · DMZ 평화생태적 이용방안」.

Creswell, John W. (2009), *Research design: Qualitative, Quantitative, and Mixed*

*Methods Approaches*, Thousand Oak, CA: SAGE Publication.

Denzin, N.K. (2012), "Triangulation 2.0.", *Journal of Mixed Methods Research*, 6(2):80-88.

Driscoll, D.L., Appiah-Yeboah, A., Salib, P. & Rupert, D.J. (2007), "Merging Qualitative and Quantitative Data in Mixed Methods Research: How To and Why Not", *Ecological and Environmental Anthropology*, Paper 18.

Greene, J.C., Caracelli, V.J. & Graham, W.F. (1989), "Toward a Conceptual Framework for Mixed-Method Evaluation Designs", *Educational Evaluation and Policy Analysis*, 11(3): 255-274.

Greene, J.C. (2008), "Is Mixed Methods Social Inquiry a Distinctive Methodology?", *Journal of Mixed Methods Research*, 2(1): 7-22.

Hussein, A. (2009), "The Use of Triangulation in Social Sciences REsearch: Can QUalitative and Quantitative Methods be Combined?", *Journal of Comparative Social Work*.

Ivankova, N.V., Creswell, J.W. & Stick, S.L. (2006), "Using Mixed-Methods Sequential Explanatory Design: From Theory to Practice", *Field Methods*, 18: 3-20.

Jick, T.D. (1979), "Mixing Qualitative and Quantitative Methods: Triangulation in Action", *Administrative Science Quarterly*, 24(4): 602-611.

Johnson, R.B. & Onwuegbuzie, A.J. (2004), "Mixed Methods Research: A Research Paradigm Whose Time Has Come", *Educational Researcher*, 33(7): 14-26.

Johnson, R.B., Onwuegbuzie, A.J. & Turner, L.A. (2007), "Toward a Definition of Mixed Methods Research", *Journal of Mixed Methods Research*, 1(2): 112-133.

Kruger, R.A. & Casey, M.A. (2015), *Focus Groups : A Practical Guide for Applied Research*, 5th Edition.

Olsen, W. (2004), Triangulation in Social Research: Qualitative and Quantitative Methods Can Really Be Mixed. *Developments in Sociology*, Causeway Press, http://research.apc.org/images/5/54/Triangulation.pdf.

Rabiee, Fatemeh. (2004), "Focus-group interview and data analysis", *Proceedings of the Nutrition Society*, 63: 665-660.

Tashakkori, A., & Teddlie, C. (2003), *Handbook of mixed methods in social &*

*behavioral research.* Thousand Oaks, CA: Sage.

Tashakkori, A. & Creswell, John W. (2007), "The New Era of Mixed Methods", J*ournal of Mixed Methods Research*,. 1(1): 3-7.

Thurmond, V.A. (2001), "The Point of Triangulation", *Journal of Nursing Scholarship*, 33(3): 253-358.

Udo Kelle. (2006), "Combining qualitative and quantitative methods in research practice: purposes and advantages", *Qualitative Research in Psychology*, 3: 293-311.

3

# 다중흐름모형을 이용한 과학기술 연구회제도의 정책변동 분석*

장문영 · 이찬구

초록

본 연구는 과학기술분야 정부출연 연구기관의 자율성과 독립성을 보장하고, 연구기관 간의 협력과 유기적인 연결이라는 정책목표하에 1999년 이후 지금까지 그 목표달성을 위해 정책수단으로 존재하고 있는 연구회제도의 정책변동 사례를 대상으로 하고 있다. 연구회제도가 어떤 과정을 거쳐 정책변동이 이루어졌고 그 결과 정책목표가 달성되었는지 여부를 분석하였으며, 이를 통해 향후 정책의 효율적 추진에 기여하려는 목적으로 수행되었다. 과학기술 연구회는 김대중 정부이후 박근혜 정부까지 네 번의 정권교체기마다 변화과정을 거쳐왔다. 여기서는 그 사례에 Kingdon의 다중흐름모형을 이용하여 각 정부별 주요 정책결정요인과 정책변동 과정을 비교 · 분석했으며, 그 결과로서 Hogwood와 Peters의 정책변동유형과 출연(연)의 자율성 및 책임성이라는 정책목표의 달성정도를 살펴보았다.

**주제어**: 정책변동, 과학기술 연구회, 정부출연 연구기관, 다중흐름모형

* 이 글은 「기술혁신학회지」 제20권 4호(2017: 858-887)에 게재된 내용입니다.

# Ⅰ. 서론

1998년 김대중 정부 출범 이후 IMF 경제위기 및 이로 인한 공공기관 경영혁신의 일환으로 추진된 과학기술 연구회제도[1]가 도입된 이후 지금까지 연구회의 기능과 역할에 대해서 많은 논의가 있어왔다. 과학기술 연구회는 과학기술분야 정부출연 연구기관(이하 '출연(연)'으로 표기)의 수월성 확보를 위해 자율성과 독립성을 보장하고, 연구기관 간의 협력과 유기적인 연결을 위해 설립되었으나 당초 취지와는 달리 정부부처와 산하 출연(연) 사이의 가교 역할을 제대로 수행하지 못하고 있다는 역할론에 대한 불만이 끊이지 않고 제기되었다. 연구회제도의 도입 이후, 출연(연)에 대한 정부부처의 간섭과 통제는 어느 정도 줄어든 측면이 있지만 기관운영의 자율성과 독립성 측면에서는 큰 변화가 이루어지지 않았다. 정부부처와 출연(연)의 연결고리 역할을 수행해야 하는 연구회는 제 기능을 발휘하지 못하고 있다는 평가와 더불어 제도개선의 필요성에 대한 논의가 꾸준히 이어져 왔다(임기철, 2001; 유성재, 2001, 2002; STEPI · (주)기술과가치, 2004; 나태준, 2005; 김용훈 · 오용균, 2008; 최병선, 2008; 정용남, 2010; 이찬구, 2010; 국가과학기술심의회, 2013).

이에 따라 과학기술행정체제를 구성하는 하나의 축으로서 연구회제도에 대하여 매 정부별로 정책의 변화를 모색해 왔다. 이러한 정책변동의 일환으로 일부 출연(연)들은 연구회 소속이 변경되었으며, 연구회의 감독관청도 정부별로 변경되었다. 연구회는 설립 이후 출연(연)에 대한 상위 지배구조 문제가 거론될 때마다 논의의 중심에 서 있었으며, 출연(연)의 실질적인

---

1 1999년도 제도 도입 당시 연구회는 경제사회연구회, 인문사회연구회(이상 인문분야)와 기초기술연구회, 산업기술연구회, 공공기술연구회(이상 과학기술분야) 5개 연구회로 편성되었다. 본 연구에서는 과학기술 연구회를 대상으로 하며, 현재는 단일연구회로 '국가과학기술연구회'로 운영되고 있다. 이하 '연구회'로 표기한다.

경쟁력 향상과 연구자율성 확보를 위해서는 정부와 연구현장을 연결하는 중간기구인 연구회의 역할정립이 매우 중요하다. 다음 정부에서도 과학기술관련 정부부처의 결정문제와 함께 또 다른 개편 논의가 형성될 수 있는 사안이다.

이러한 배경 하에 본 연구의 목적은 연구회제도가 어떤 과정을 거쳐 정책변동이 이루어졌으며, 그 결과 연구회제도 도입의 정책목표가 달성되었는지 여부를 분석하고자 한다. 이를 통해 향후 출연(연) 지원 · 육성 정책의 효율적 추진에 기여하기 위한 시사점을 도출하고자 한다.

본 연구의 목적을 구체적으로 열거하면 다음과 같다. 첫째, 연구회제도에 대한 정책변동이 매 정부별로 발생한 이유는 무엇이며, 어떻게 발생했는지에 대해서 규명하고자 한다. 즉, 각 정부별 정책변동의 핵심적인 요인, 아디이어 및 행위자는 누구인지 등을 분석하기 위하여 Kingdon(1984)의 다중흐름모형으로 설명한다. 둘째, 정책변동의 결과로서 정책 산출물 유형이 Hogwood 와 Peters(1983)의 정책변동유형 이론에 부합하는지를 설명하고자 한다. 셋째, 연구회제도의 정책목표 달성 정도를 자율성과 책임성의 관점에서 규명해 보고자 한다.

본 연구의 분석대상은 1999년 3월에 도입된 5개 연구회 중에서 과학기술계 3개연구회(기초기술연구회, 산업기술연구회, 공공기술연구회)만으로 한정하였다[2]. 당시의 연구관리 체계 개혁은 경제인문사회 연구회 2개 연구회를 포함하여 추진되었으나, 경제인문사회 출연(연)은 연구사업의 구조나 수행형태가 과학기술계 출연(연)과는 성격이 다르기 때문에 본 연구에서는 제외하였다.

---

2 연구회 소관 출연(연)은 원칙적으로 분석대상에서 제외하였다. 다만 연구회 및 출연(연), 양 조직은 상호 밀접한 관계가 있기 때문에 분석결과의 타당성 제고를 위하여 필요한 경우에는 양자의 통합 분석도 부분적으로 수행되었다.

한편, 본 연구의 시간적 범위는 공공부문의 혁신이 본격적으로 추진된 1998년부터 2017년까지 네 번의 정권 교체기에 정부별 연구회제도 변화의 유형을 분류하고 정책변동 과정을 분석하였으며, 주로 문헌검토, 정부 정책 자료, 연구회 정책 자료, 신문기사와 관련 법률 및 국회 입법과정에서의 자료 등을 활용하였다.

이러한 연구회제도의 정책변동 분석은 출연(연)이 자율성을 기반으로 한 역할강화와 독립성을 확보하는데 필요한 지표 역할을 할 수 있을 것으로 기대하고 있다.

## II. 이론적 논의 및 분석틀 설계

이 장에서는 정책변동에 관한 이론적 논의와 선행연구에 대한 검토를 통하여 본 연구의 분석대상인 연구회제도의 정책변동과정에 대한 분석이 왜 필요한지를 논의할 것이다. 또한 연구회제도를 대상으로 수행된 기존 연구에서 연구회의 운영성과와 관련된 내용을 분석하고 정책변동 이론이 실제 사례에서는 어떻게 적용되고 있는지를 동시에 검토하여 이 연구의 필요성을 제시하고자 한다.

### 1. 정책변동의 이론적 논의와 선행연구 검토

정책변동(policy change)은 기존의 정책이 변화되었음을 의미하는 것으로 정책변동의 개념은 대상과 범위에 따라 달라지며, 현재 합의되거나 일치된 견해가 부재한 상황이다(유홍림 · 양승일, 2009). 정책변동을 정책과정과의 관련성에서 이해하는 입장과 시간의 변화에 따라 정책의 내용과 집행방법이 원래의 정책과 달라지는 것으로 보는 견해가 있으며(박해룡, 1990), 정책기조 또는 정책목표, 정책수단, 대상 집단 등 정책내용 자체의 변화를 의미하고, 또한 정책집행 방법의 변화까지도 포함한다는 견해도 있다(강근복 외, 2016: 329). 한편으로는 정책변동의 원인을 다음의 〈표 1〉에서와 같이 학자들마다 다양하게 파악하고 있으며(정용남, 2013: 106), 본 연구에서는 정책변동의 개념을 정책목표와 정책수단의 변화로 해석하고자 한다.

〈표 1〉 정책변동요인

| 구분 | 변동요인 |
|---|---|
| Kingdon(1984)<br>Zahariadis(2007) | 정책문제, 정책아이디어, 정치변화(정부변동, 압력집단 요구, 국가적분위기), 정책의 창(기회), 정책창도자 |
| Sabatier(1988)<br>Sabatier & Jenkins-Smith(1999) | 외부적요인(사회경제적 요건의 변화, 통치집단의 변화, 여론의 변화, 다른 하위체제로부터의 영향 및 정책결정), 내부적 요인(지지연합의 재편성), 정책학습 |
| Hall(1993) | 경제적 위기, 사회적 변화, 정치적 변동(정치지도자) |
| Kniff(2005) | (국가적 정책수렴으로서 변동) 정책문제 변화, 국제기구 및 초국가적 법률의 영향, 정책학습 등 |
| Birkland(2006) | 초점사건(focusing event): 재난과 사고, 태러공격 등, 정책학습 |

자료: 정용남(2013)에서 수정 인용

이 중에서 국내의 정책변동에 관한 연구논문의 상당수를 차지하고 있는 것은 Kingdon(1984)의 다중흐름모형(MSF: Multiple Streams Framework)[3]과 Sabatier (1988)의 옹호연합모형(ACF: Advocacy Colition Framework)이며(황성수 외, 2015), 본 연구에서는 다중흐름모형에서 변동의 주요 원인으로 설명하는 정치의 흐름 및 정책선도자의 역할 강조가 연구회제도의 변화에 대

3 다중흐름모형(MSF)은 Sabatier와 Zahariadis 등에 의해 명명되었으나 본 연구에서는 정책과정에서의 복수의 흐름으로 제시한 Kingdon의 모형을 다중흐름모형으로 표현하고자 한다.

한 설명으로 부합된다고 판단되어 과정변수로서 적용하고자 한다. 아울러 정책평가에서 생산된 정보를 바탕으로 정책이 변동되는 경우를 네 가지 유형으로 구분한 Hogwood와 Peters(1983)의 정책변동유형 이론을 적용하여 결과변수로 논의할 것이다.

### 1) 다중흐름모형의 논의와 선행연구 검토

Kingdon에 의해 주장된 다중흐름모형(MSF)은 아래의 (그림 1)에서와 같이 정책문제의 흐름(policy problem stream), 정책대안의 흐름(policy alternative stream) 및 정치의 흐름(political stream)이 서로 무관하게 독립적으로 흐르다가 세 가지 흐름이 결합하면 정책의 창(window of policy change)이 열리면서 정책변동이 이루어진다고 보고 있다.

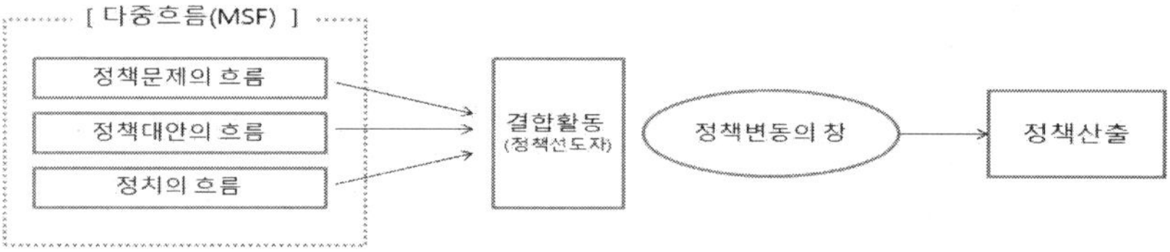


자료: Kingdon(1984)을 근거로 재구성

(그림 1) 다중흐름모형(MSF)의 개념도

이 모형에서 독립적으로 흐르던 세 가지 흐름은 특정 시점에서 정책선도자의 역할로 인하여 결합되고 현재와는 다른 방식으로 접근하여 정책문제 해결을 모색하게 된다. 그리고 정책의 창이 열리게 되면 정책문제와 정책대안 등을 둘러싸고 여러 전략들을 활용한 상호작용이 벌어지고 절충을 통해 창이 닫히게 되며, 이를 근거로 새로운 정책이 산출된다(양승일·한종희, 2011: 38).

Kingdon은 정책문제를 인식하는 수단으로 지표(index)의 변동, 사건(event), 위기(crisis) 또는 재난, 환류(feedback) 등을 제시했다. 정책대안은 관료, 의회 보좌진, 학자, 연구자 등 정책공동체 내의 전문가들에 의해 만들어진다. 그리고 포럼, 공청회, 논문토론을 통해서 여러 가지 가능성들이 탐색되어 그 가능성들의 범위가 좁혀지게 된다. 정치흐름은 정치적 사건과 역동성에 의해 진행되며 일반적으로 문제흐름과 대안흐름을 정책의제로 전환시키는데 결정적인 역할을 하는 흐름이다. 정책의 창은 문제흐름, 대안흐름 및 정치흐름이 우연히 합류되어 대안흐름이 문제흐름과 결합되고 동시에 정치적 상황이 결합하게 되면서 열리게 된다.

흐름의 결합과정에서 나타나는 정책선도자들은 독립적으로 흐르고 있는 각 흐름을 자신의 의도에 맞게 정치적으로 조작하여 각 흐름사이의 결합을 이끌어 내고 정책의 창이 열리도록 시도한다. 따라서 정책선도자는 정책의 방향이 자신이 기대하는바와 같이 이루어지도록 모든 자원을 동원하여 노력하는 사람 또는 집단으로 정의할 수 있다(Kingdon, 2002).

다중흐름모형을 활용한 연구는 다수 존재하고 있다. 특히 다중흐름모형은 원래 정책의제 설정과정을 분석하는 모형임에도 불구하고, 다중흐름모형을 이용한 국내의 선행연구는 정책결정 및 정책변동 등 다양한 정책과정에 적용하고 있다(최성락 · 박민정, 2012). 그중에서도 본 연구에서 강조하고 있는 다중흐름모형에서의 정치흐름과 정책선도자의 역할의 중요성을 보여준 연구들을 살펴보면, 먼저 정치흐름의 중요성을 강조한 연구로 교장공모제의 정책변동과정을 분석한 이광수 · 김도기(2010)의 연구와 교원능력개발평가제가 어떠한 요인에 의하여 변동되었는지를 분석한 박균열(2012)의 연구는 정책 변동에 가장 큰 영향을 준 요인을 정권교체로 보았으며, 정권교체에 해당하는 정치의 흐름을 강조하였다.

또한 정책선도자의 역할을 강조한 연구로 개인정보보호법 입법과정을 분석한 성욱준(2013)의 연구와 새만금 간척사업의 정책변동을 분석한 유홍림 · 양승일(2009)의 연구는 정치흐름에서 정책선도자로서의 역할을 강조하였다. 정책선도자들은 대개 관료 또는 정치인의 지위를 가지고 있다. 이는 일정한 공적 지위가 부여되어야만 정책과정에 영향력을 미칠 수 있는 한국적 특징이 반영된 것으로 분석하였다.

본 연구의 분석대상인 과학기술정책 분야에서 다중흐름모형을 적용한 선행연구는 드문 편이다. 관련 연구로 생명윤리법을 중심으로 정책의 형성과 변동과정을 분석하여 과학기술정책과정을 설명한 김인자 · 박형준(2011)의 연구는 실현 가능성 있는 정책대안 도출과 정책흐름을 결합하고 정책을 산출하는데 정책선도자가 중요한 역할을 하고 있다고 분석하였다.

다중흐름모형 연구들을 종합해 보면 다음과 같다. 첫째, 정책변동에 영향을 미치는 요인 중 정권교체에 의한 정치흐름이 가장 큰 영향을 주고 있다. 둘째, 정책형성과정에서 정책선도자의 역할이 중요하며, 비가시적 참여자보다는 가시적 참여자인 고위관료 등의 역할이 크게 작용한다. 이상과 같은 다중흐름모형은 정권교체와 함께 정책변동이 잦고 아직도 정책결정 관련 문화에 비합리적이며 권위주의적인 성향을 뚜렷이 지닌 우리나라의 정책변동을 설명하는 데 보다 적합하여(유홍림 · 양승일, 2009), 본 연구에서도 이러한 점을 강조하게 될 것이다.

### 2) 정책변동의 유형과 선행연구들

정책변동의 유형은 변동의 정도와 형태에 따라 여러 가지 유형으로 구분할 수 있으며, 다음의 〈표 2〉는 학자들의 정책변동 유형을 분류한 것이다(정용남, 2013).

〈표 2〉 정책변동 유형분류

| 구 분 | 변동 유형 분류 |
|---|---|
| Hogwood & Peters (1983) | 정책혁신(대규모 변화), 정책유지(변화 없음), 정책승계(중소규모 변화), 정책종결(대규모 변화) |
| Hall (1993) | 1수준(정책도구의 수준), 2수준(정책도구 자체), 3수준(패러다임 변화) |
| Howlett & Ramesh (1998) | 급속한 패러다임적 변화, 완만한 패러다임적 변화, 급속한 점진적 변화, 완만한 점진적 변화 |
| Pollitt & Bouckaert (2009) | 점증적 변화, 급격한 회귀변화, 점증적이나 근본적인 변화, 급격하고 근본적인 변화 |

자료: 정용남(2013)에서 인용

이러한 정책변동의 유형중 정부개입의 정도에 따라 정책변동의 유형을 분류하는 것으로서 Hogwood와 Peters(1983)의 정책변동유형 이론이 본 연구에 부합된다고 판단하여 이를 적용하고자 한다. 다음의 〈표 3〉은 Hogwood와 Peters가 논의하는 정책변동의 유형과 내용을 정리한 것이다.

〈표 3〉 Hogwood와 Peters의 정책변동 유형

| 구분 | 정책혁신 | 정책유지 | 정책승계 | 정책종결 |
|---|---|---|---|---|
| 기본성격 | 의도적 성격 | 적응적 성격 | 의도적 성격 | 의도적 성격 |
| 법률측면 | 기존 법률 부재 | 기존 법률 유지 | 제정 및 기존 법률의 개정 | 기존 법률 폐지 |
| 조직측면 | 기존 조직 부재 | 기존 조직 유지, 정책상황에 따라 조직보완 기능 | 기존 조직의 개편 | 기존 조직 폐지 |
| 예산측면 | 기존 예산 부재 | 기존 예산 유지 | 기존 예산 조정 | 기존 예산 폐지 |

자료: Hogwood와 Peters(1983: 27)에서 인용

첫째, 정책혁신(policy innovation)은 정부가 이때까지 개입하지 않던 분야에 개입하여 새로운 정책을 결정하는 것을 의미한다. 이제까지 그 분야에 대한 정부의 개입이 없었기 때문에 하나의 정책이 완전히 새로 만들어지는 것이며, 따라서 이러한 정책변화는 보통 의도적(purposive)으로 수행되는 것이 일반적이다. 왜냐하면 정부가 새로운 분야에 우연히 개입하는 경우란 없기 때문이다(Hogwood & Peters, 1983: 45). 둘째, 정책유지(policy maintenance)는 현재의 정책을 바꾸지 않고 계속 추진하는 것을 말한다. 얼핏 보면 정책이 변동되지 않는 것으로 보이나 정책대상이나 정책내용은 문제와 환경변화에 따라 적응적(adaptive)으로 계속적인 미세 조정과정을 거치고 있다. 기존정책을 장기적으로 유지만 하려는 경우에도 인구의 변동이나 경제상황의 변동에 따라 정책을 조정할 필요가 발생한다(유훈, 2009: 199). 그러나 Hogwood와 Peters는 정책혁신이나 정책승계에 비해 변동의 질적 중요성은 덜할 수 있으나 정책유지에서 나타나는 적응적인 변동의 폭이 정책의 혁신이나 승계보다 더 클 수 있다고 하였다. 셋째, 정책승계(policy succession)는 현존하는 정책의 기본적 성격을 바꾸는 것으로서 정책의 근본적인 수정을 하는 경우, 정책을 없애고 새로이 완전히 대체하는 경우 등을 포함하는데 어느 경우이든 기본 정책목표는 변하지 않기 때문에 정책승계라고 부르게 되고 정책종결과 차이가 나는 부분이다. 정책목표는 변화하지 않으나 사업(program)이나 담당조직, 예산항목에서도 중대한 변화가 일어난다는 점이 정책유지와 다르다(정정길 외, 2005: 706). 넷째, 정책종결(policy termination)은 기존정책을 전제로 특정한 정책을 의도적으로 종결 또는 중지 시키는 것을 의미하며 기존 정책과 관련된 조직축소, 법령삭제, 예산지출 등의 중지로 나타난다. 정책종결에 대해서 국내학자 중 허범(1979)은 기존 정책의 의도적인 종식을 결정 · 집행하는 것이라고 했다. 그리고 유훈(2009)은 특정한 정책을 의도적으로 종식시키거나 중지시키는 것이라고 정의했다.

이러한 정책변동의 유형 구분이 용이하고 세분화되어 설득력이 높게 평가되는 Hogwood와 Peters의 정책변동유형 이론을 적용하여 정책특성을 분석한 사례연구는 많지 않은 실정이다. 최근의 연구사례로 양승일(2015)은 4대강 정비사업에 시기별로 나타나는 정책변동유형을 각각 도출하고, 시기별 변동유형이 정책변동유형 이론에서 시사하고 있는 결과와 합치되는지 여부, 합치되지 않는다면 모형수정은 어떠한 방향으로 진행되어야 하는지 등을 시사점으로 조명하였다.

정책변동 연구들을 종합해 보면 정책변화에 관한 초기의 연구에서는 정책종결과 정책집행 등 주로 정책과정과 관련하여 정책변화의 시야를 국한시키다가 최근으로 오면서 점차 연구의 영역이 정책의 전(全) 과정(결정, 집행, 평가; 목표와 수단; 내용과 과정 등)으로 확대되어 가는 경향이 있다(박호숙, 2005). 본 연구에서도 연구회 제도에 관한 정책변동을 정책의 전(全) 과정의 의미로 논의하고자 한다는 관점에서 본 연구의 정책적 · 학술적 의미를 찾고자 한다.

## 2. 연구회제도에 관한 선행연구

연구회제도가 도입된 이후의 선행연구들을 살펴보면 연구회제도의 운영성과에 대한 연구로서 이석희(2004)의 연구는 공공 연구기관 개혁정책의 성과를 경쟁성, 자율성 및 산학연 협동연구의 3가지 범주로 나누어 분석 · 평가하고 있다. 연구결과는 연구회제도의 도입 자체는 상황 적합성이 높아 성공한 것으로 평가하고 있으나, 연구기관 개혁정책의 목표달성도는 일률적이지 않아 부분 성공 또는 부분 실패로 제시하고 있다. 김이교(2005)의 연구는 연구회제도의 도입과정을 시계열적으로 설명하고 있을 뿐 평가적 의견은 제시하지 않고 있다. 나태준(2005)의 연구는 집행과정에서의 기관설립을 통한 정책목표 달성 여부를 분석하고 있는데, 우리나라 과학기술계 3개 연구회는 적절한 집행수단을 구비하지 못함으로써 실패한 사례로 평가하고 있다. 김용훈 · 오영균(2008)의 연구는 출연(연)의 지배구조에 있어서 Haldane Principle[4]에 부합하는 구조가 바람직스러우나 정부부처 소관으로 변화했다고 지적하고 있다. 정용남(2010)의 연구는 연구회제도 도입에서부터 정책결정 이슈들을 분석하여 정책이 표류하였다는 결론을 내리고 정책목표를 달성하기 위한 제도의 전면적인 개편을 제안하였다.

한편 연구회제도에 대한 또 하나의 선행연구로서 이찬구(2010)는 정책이전 이론을 이용한 연구회제도 도입의 정책결정 과정을 분석한 결과로, 정책의제 설정에서의 외환위기 상황의 급박성과 외부인 주도, 정책형성에서의 이해관계 조정 미흡 및 저해요인의 극복 실패, 정책집행 과정에서의 핵심사항 누락 및 결여 등으로 미완의 제도라는 결론으로 설명하고 있다. 또한 기존의 연구는 연구회와 소관 출연(연)을 동시에 분석대상으로 하고 있거나, 정책결정 과정 전체를 분석하지 않고 정책형성 단계나 정책집행 단계에 치중되어 있다고 분석하였다.

전체적으로 연구회제도 도입의 운영성과에 대한 기존 선행연구는 1999년도 연구회제도 도입 시기를 전후로 당시 상황의 정책결정과정에서 여러가지 요인들을 분석한 연구로서 기여를 하고 있지만, 정책형성 이후 매 정부별로 변화해 온 연구회제도의 변동 과정을 분석한 연구는 드문 실정이다. 이에 본 연구는 선행연구들을 바탕으로 하여 연구회제도의 정책변동이 당초 법률에서 정한[5] 연구회 설립취지인 출연(연)의 자율성과 책임성을 향

---

4 영국에서 1918년 발간된 Haldane Report에서 천명된 Haldane Principle은 '정부는 응용기술 분야이건 순수과학 분야이건 이를 통제하려는 시도를 하여서는 안된다'는 것으로 과학자에 의해 자금지원을 결정해야 한다는 연구원칙이다.

5 법률(과학기술분야 정부출연연구기관 등의 설립 · 육성에 관한 법률) 제1조(정의)에서 '... 과학기술분야 정부출연연구기관의 설립 · 지원 · 육성과 체계적인 관리 및 책

상시켰는가라는 정책목표 달성 정도를 비합리적이며 권위주의적 성향이 강한 의사결정으로 나타나는 우리나라의 과학기술 정책결정과정의 관점에서 알아보고자 다중흐름모형(MSF)을 이용하여 분석하고 향후 정책적 시사점을 도출해보고자 한다.

## 3. 분석틀

선행연구의 분석과 같이 Kingdon의 다중흐름모형은 정치와 밀접한 관련이 있고 정권 변동시 정책이 급격하게 변동하는 동태적 모습을 잘 설명해주고 있다. 그러므로 본 연구에서는 연구회제도의 정책변동에 대한 설명으로 다중흐름모형에서 설명하는 의사결정의 비합리성과 변동의 원인으로서 정치의 흐름 및 정책선도자의 역할의 강조가 부합된다고 판단되어 과정변수로서 적용하고자 한다. 아울러 정책변동의 결과로서 정부개입의 정도에 따라 정책변동의 유형을 분류하는 Hogwood와 Peters의 정책변동 유형 이론을 적용하여 논의할 것이다.

이러한 다중흐름모형을 기본 분석틀로 하여 매 정부별 정책변동 과정을 분석하고 그 결과인 정책산출물을 정책변동유형으로 분류하며, 정책목표 달성 정도를 분석하기 위해 〈표 4〉의 구체적인 분석변수와 (그림 2)와 같은 분석 흐름도의 내용으로 구성된 분석틀을 제시하여 기존 선행연구들과 차별화 하고자 하였다.

---

임경영에 관한 기본적인 사항을 정함으로써....'로 책임경영에 대해 언급하고 있으며, 제10조 1항에서는 '연구기관은 연구와 경영에서 독립성과 자율성이 보장된다'고 자율적 경영의 보장을 언급하고 있다.

〈표 4〉 분석변수의 내용

| 구분 | 변 수 | 분석내용 |
|---|---|---|
| 다중흐름 모형(MSF) (과정) | 정책문제의 흐름 | -지표의 변화, 중요한 사건, 환류, 문제의 정의 |
| | 정책대안의 흐름 | -기술적 실현가능성, 가치 일치성, 기술 |
| | 정치의 흐름 | -국가의 분위기, 여론, 정권교체, 이익집단 등 (선거에 의한 정권교체, 국회의 구도 변화, 정치 주도 권 변화 등) |
| | 정책선도자 및 정책의 창 | -흐름의 결합에서 핵심 역할자<br>-창의 개 · 폐, 창이 열리는 흐름 (세 가지 흐름의 결합이 어떻게 이루어 지는가) |
| 정책변동 유형 (결과) | 유형분류 (혁신, 유지, 승계, 종결) | 기본성격, 법률, 조직, 예산 측면 |
| | 정책목표 달성 정도 | 자율성 및 책임성의 확보 정도 |

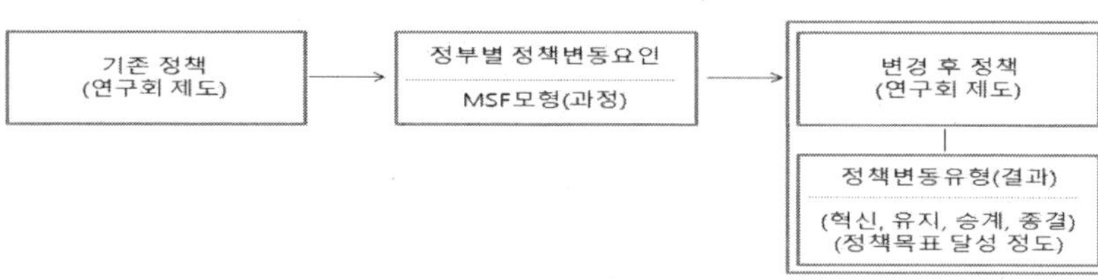


(그림 2) 연구의 분석 흐름도

본 연구에서 적용하는 Kingdon의 다중흐름모형은 정책흐름에 따라 우연적으로 이루어지는 정책변동 현상을 이해하는데 있어 정책과정 참여자들의 행동동기와 병합해서 분석하는데 효과적이다. 다중흐름모형의 정책흐름(정책문제흐름 · 정책대안흐름 · 정치흐름)중에서 특정 흐름이 촉발기제가 되어 정책변동의 창을 열게 되면 그 창 안에서 다양한 참여자들 간에 치열한 경쟁이 나타나는데, 이 과정에서 흐름들의 결합이 이루어지면 정책변동이 야기될 수 있다.

또한 정책산출 결과인 정책변동 유형은 Hogwood와 Peters가 제시한 정책혁신, 정책유지, 정책승계, 정책종결의 네 유형중 하나에 해당되며, 아울러 정책목표 달성 정도는 자율성(예산권 및 기관장 인사권 등) 및 책임성(성과중심의 평가 등) 확보 정도를 비교하여 분석하고자 한다.

## Ⅲ. 연구회제도의 정부별 정책변동 분석

이하의 장에서는 2장에서 제시된 분석흐름도 및 분석변수들을 적용하여 연구회제도 출범 시부터 현재 단일연구회로 변동되기까지의 과정을 분석한다. 특히 정책혁신 시기부터 정책유지와 정책승계 시기를 거치는 정책변동 설명요인 분류에 맞추어 주요원인을 살펴본다. 또한 정책변동 유형에 비추어 결과적 차원에서 정책변동 특성의 유형과 정책목표 달성 정도를 탐색하고자 한다.

### 1. 연구회제도의 변화 개관

출연(연)을 지원 · 육성하는 연구회는 1999년도 김대중 정부에서 출범 이후 매 정부마다 정부조직 내지는 출연(연)의 혁신방안이 도입되어 〈표 5〉에서와 같은 변화과정을 거치게 된다.

〈표 5〉 연구회 제도의 변화(지배구조 관련)

| 일자 | 추진주체 | 결정사항 | 주요내용 |
|---|---|---|---|
| 1999. 3.15. | 정부<br>(김대중정부) | 연구회 체제 출범 | -국무조정실<br>-3개연구회(기초, 산업, 공공) |
| 2004.10.24. | 정부<br>(노무현정부) | 정부조직 개편에 따른 연구회 감독관청 변경 | -국무조정실 → 과학기술부(혁신본부)<br>-3개연구회(기초, 산업, 공공) 유지 |
| 2008. 2.29. | 정부<br>(이명박정부) | “<br>연구회제도 변경 | -과학기술부→교육과학기술부, 지식경제부<br>-2개연구회(기초, 산업)로 변경 |
| 2011. 3.28. | 정부<br>(이명박정부) | 국과위 출범<br>(상설 행정위원회 형태) | -국가과학기술위원회 위상 및 기능 강화<br>-2개 연구회(기초, 산업) 유지<br>-(가칭)국가연구개발원 설립을 추진하였으나 정책산출은 없었음 |
| 2013. 3.23. | 정부<br>(박근혜정부) | 정부조직 개편에 따른 연구회 감독관청 변경 | -교육과학기술부, 지식경제부→미래창조과학부<br>-2개연구회(기초, 산업) 유지 |
| 2014. 6.29. | 국회 및 정부<br>(박근혜정부) | 연구회통합 | -단일연구회(국가과학기술연구회) |

자료: 국가과학기술연구회 내부자료(2016)

2004년도 노무현 정부에서는 국가혁신체제 정립을 위한 과학기술부 혁신방안으로서 과학기술부총리 체제의 출범과 더불어 과학기술계 3개연구회는 과학기술부 산하로 이관되는 연구회제도의 변화가 있었다[6]. 과학기술 정책을 주관하는 부처와 출연(연)의 육성 · 지원을 하는 부처의 정합성을 위한 것이었다.

2008년도 이명박 정부의 출범과 더불어 연구회 제도는 다시 한번 변화를

6 감독관청의 변경으로 관련 법률은 「정부출연연구기관 등의 설립 · 운영 및 육성에 관한 법률」(정출연법)에서 「과학기술분야 정부출연연구기관 등의 설립 · 운영 및 육성에 관한 법률」(과기분야 정출연법)으로 명칭이 바뀌어 새롭게 제정되었다.

겪게 되었다. 이 시기에 있어서 출연(연) 육성을 위한 연구회제도 정책은 연구회 자체보다는 과학과 기술의 분리라는 정부의 정책기조 하에서 출연(연)의 역할에 관심이 있었던 것으로 보인다. 정부조직 개편에 부수하여 연구회 제도도 함께 변화되었다. 공공기술연구회가 해체되고 기초기술연구회와 산업기술연구회로 통합되면서 각각 교육과학기술부와 지식경제부 산하로 이관되었다. 이어서 2011년도에는 국가과학기술위원회가 상설 행정위원회 형식으로 출범하면서 '출연(연) 선진화 정책'을 추진하였으며 통합법인인 (가칭)국가연구개발원을 설립하여 연구회 소관의 출연(연)을 통합하고 강화된 연구회 모형을 도입하려 했으나 2012년 선거를 앞두고 국회의 입법통과가 보류되기도 하였다.

다시 2013년도 박근혜 정부 출범과 함께 정부조직이 개편되면서 과학기술 기능 및 국가과학기술위원회의 기능과 정보통신 기능이 흡수된 미래창조과학부가 설치되면서 연구회도 미래창조과학부 산하로 편입되었으며, 이후 2014년도 기초 및 산업기술연구회에서 통합된 단일연구회로 국가과학기술연구회가 출범하였다. 이는 출연(연)이 창조경제의 견인차 역할을 수행하기 위한 실천과제의 하나로 정부, 연구회 및 출연(연) 간 역할 재정립하기 위한 방안이었다.

연구회제도를 통한 출연(연)의 관리 및 운영방식은 우리나라의 과학기술 행정체제의 중심 화두가 되는 대상이다. 출연(연)을 관료주도로 운영할 것인지 혹은 자율과 책임경영 메커니즘을 강화할 것인지에 따라 관리방식과 조직형태가 달라지는데 김대중 정부에서 연구회제도를 도입한 이후 역대 정부에서 계속 변화되어 왔다. 자율성이 강조되었지만 부분적인 자율성 확보가 이루어지거나, 책임성이 강조되는 형태로 변화되거나 또는 정부개입의 강화로 책임성만 강조되어지는 변화가 이루어진 것이었다.

## 2. 정부별 연구회제도의 정책변동 분석

### 1) 김대중 정부에서의 정책변동: 정책혁신

#### (1) 정책산출까지의 상호작용 과정

김대중 정부에서의 연구회제도 도입에 대한 정책산출 과정을 살펴보면, 먼저 정책문제의 흐름으로서 당시 IMF 경제위기로 인한 공공기관의 구조조정과 출연(연)에 대한 정부간여의 최소화를 들 수 있다. 출연(연)은 산업기술 개발 지원을 위해 출범한 한국과학기술연구소(KIST)를 효시로 하여 70~80년대 출연(연)들이 경쟁적으로 설립되어 각 부서의 국가연구개발 정책의 품질을 제고하는데 기여한 바가 적지 않지만, 1990년대 중반 이후에 정부 부처와 개별 연구기관들의 관계는 연구기관의 정부 부처에의 종속화가 점차 심화되는 상태로 나타나게 된다. 즉, 연구개발비를 지원하는 정부부처들은 산하 연구기관들을 국가 전체적인 차원에서 정책목표의 합리적인 달성을 위한 유용한 정책수단이라기보다는 자신들의 부처이익을 극대화하는 하부 조직으로 인식하는 경향이 강하게 나타나고 있다(이찬구, 2010). 이런 현상은 중복된 연구, 각 부처를 대변하는 부처 이기주의적 연구, 부처의 과도한 간섭으로 인한 연구원들의 사기 저하, 운영상의 경직적 관료주의화 등 다양한 문제점들이 노정되기 시작했다. 이러한 이유로 1998년에는 대대적인 출연(연) 지원체제의 개편 작업이 시작된다.

이처럼 출연(연)의 연구생산성 증진과 국가 공동자원으로서의 활용 증대를 위한 방안으로, 연구기관들을 개별 정부 부처의 직접적인 통제와 관리로부터 분리할 중간조직의 필요성이 강하게 제기되었다(정선양, 1999; 국가과학기술자문회의, 1999; 이석희, 2004; 이찬구, 2010).

정책대안의 흐름으로서는 당시 우리 실정에 맞는 중간조직의 새로운 형태를 모색하기 위하여 여러 선진국의 관련 제도에 대한 조사 · 분석이 사전적으로 상당 부분 이루어져 있는 상황이었다(민철구, 1996; 정선양, 1999). 즉, 독일과 영국을 중심으로 유럽의 선진국들은 정부와 연구기관들 사이에 연구회(research council)라고 하는 중간 조직을 설치 · 운영함으로써 정부의 연구기관에 대한 직접적인 간섭을 최소하면서도 연구생산성과 효율성을 제고하는 제도로 운영되어지고 있으며(이찬구, 2002; 정선양, 2003), 특히 독일의 경우는 공공 연구기관들이 특정 부처(BMBF, 교육과학연구기술성) 산하에 집중되어 있으며 우리나라의 연구회 역할을 하는 연합 이사회 제도를 도입하고 있다는 점에서 우리의 모델이 되었다(김이교, 2008). 한편으로는 정부 입장에서는 과거와는 비교할 수 없을 정도의 대규모 연구 집단으로 바뀐 출연(연)을 효율적으로 관리하기 위한 방안의 하나로 단순하고 일관성 있는 관리체계의 도입이 필요하였던 상황이었다(기획예산위원회, 1999).

행정개혁위원회에서 제시한 대안[7]으로는 첫째, 현행 체제를 유지하고 운영 시스템 개선을 통해 효율성을 극대화하는 방안, 둘째, 연구기관을 연구기능별로 재편하고, 특성별로 구분된 그룹 내에는 연합 이사회를 두고 정기적인 연구 방향 정립, 연구기관간 업무 조정, 예산 편성 및 집행, 연구성과 확산 방안, 셋째, 민간연구소와 유사 · 중복되는 연구기관은 민영화·민간위탁을 확대하고, 공공성이 큰 연구기관은 국 · 공립 연구기관화하고, 시장실패가 일어나는 연구 분야(기초 과학 연구 등)는 출연(연)으로 존속하되, 연구 분야별로 재편하여 연합 이사회를 두는 방안 등이었다.

당시의 정치의 흐름으로서는 IMF 경제위기와 정권교체를 들 수 있다. 대통령직 인수위원회, 집권 정당, 기획예산위원회(행정개혁위원회)에 의하여 출연(연) 개혁에 대한 필요성이 제시되었다. 1998년 4월 3일 기획예산위원

---

7 행정개혁위원회가 1차 공청회에서 제시한 안이다(기획예산위원회, 1999).

회는 출연(연) 체제를 개선하기 위해 '정부출연(연) 경영혁신 추진지침'을 제시하였으며, 이를 추진하기 위하여 4월 15일 기획예산위원회 위원장 자문기구로 행정개혁위원회를 설치하였다. 이후 1, 2차 공청회를 통하여 각계의견을 수렴한 출연(연) 경영혁신방안을 국무회의에 보고하였다(기획예산위원회, 1999: 179-201).

이 시기에 있어서의 정책선도자는 정부 기획예산위원회와 그 산하의 행정개혁위원회[8]라 할 수 있다. 김대중 정부 개혁 과정에서 가장 손쉽게 이룰 수 있는 개혁 대상으로 출연(연) 개혁을 선정하였고, 감독관청인 정부부처의 의견보다는 개혁 주도 집단인 대통령직 인수위원회, 행정개혁위원회가 주도적 역할을 하였다. 행정개혁위원회가 수도적으로 출연(연) 지원체제의 혁신을 위한 정책안을 작성하였고, 정부부처인 기획예산위원회가 이를 받아들여 개혁안을 확정하였다(김이교, 2008).

여야 정권교체, IMF 경제위기 및 이로 인한 공공기관의 구조조정이라는 정책의 흐름속에서 정책의 창이 열렸으며, 당해 7월에 20일간의 입법예고를 통해 11월 국회에 법률안(정출연법)이 제출되어 1999년 1월 5일 국회 본회의에서 의결되고, 이후 시행령 안이 국무회의에서 의결되었으며, 법률 및 시행령이 공포되어 발효하였다. 법률에 따라 연구회별로 이사장, 이사(14인), 그리고 감사를 임명하였고, 1999년 3월 15일에 연구회가 정식으로 출범하였다.

과학기술 환경변화 및 정부기능 변화에 따른 출연(연)의 국가차원의 전략적 위치와 운영방식에 대한 변화의 필요성을 인식하여 정부는 새로운 법률에 따라 국무총리산하에 과학기술분야 3개 연구회를 설치하고, 각 출연(연)을 전문 연구분야에 따라 적게는 4개 연구기관, 많게는 8개 연구기관 등 총 19개

---

8 김이교(2008)의 연구에 의하면 행정개혁위원회는 민간인으로 구성되어 있으며, 그 중에서도 김인수 위원장이 출연(연)의 혁신에 관해 주도적 역할을 한 것으로 분석하였다.

의 연구기관을 각 연구회에 소속시키는 연구회 제도가 도입된 것이다.

### (2) 정책변동 결과

김대중 정부에 있어서의 연구회제도의 정책산출은 여야 정권교체에 따른 과학기술 정책기조의 변화, IMF 경제위기 및 이로 인한 공공기관의 구조조정 및 해외 선진사례라는 정책흐름의 결합속에서 행정개혁위원회 위원장의 핵심적인 역할을 통하여 연구회제도가 마련되었으며, 정책변동유형은 새로운 정책을 결정하는 의미의 정책혁신이라 할 수 있다. 기본성격은 의도적이며, 법률 측면에서는 「정출연법」이 새롭게 만들어졌다. 조직 측면에서는 국무총리실 산하에 중간조직인 3개 연구회(기초기술 · 산업기술 · 공공기술연구회)가 만들어졌으며, 예산 측면에서도 3개 연구회에 새롭게 정부예산이 편성되어졌다.

### (3) 정책목표의 달성 정도(자율성과 책임성)

우리나라 연구회제도의 운영시스템은 1999년 이전 정부부처 소관 체제 운영에 비하여 진일보한 제도이다. 이러한 내용으로는 첫째, 정부 부처의 직접적 간섭과 통제로부터 출연(연)에 자율권을 부여하는 의도가 표현된 것으로 연구회라는 중간조직에 의하여 연구기관의 운영 방향을 기획하고 지도·관리하도록 하였다. 둘째, 연구회의 이사장을 국무총리가 임명[9]함으로써 연구회의 위상과 독립성을 강화하였다. 셋째, 연구회에 소관 출연(연)에 대한 기획기능, 기관장 인사권과 경영목표 및 예산 승인권, 기관평가 및 기능조정 권한 등을 부여함으로써 정부 부처로부터의 간섭을 배제하고 연

---

9 「정출연법」에 의거 법 제정이후에는 대통령이 이사장을 임명하고 있다.

구기관을 독립적으로 지도하고 관리하도록 하였다. 넷째, 연구기관의 연구와 경영에 있어서 독립성과 자율성을 보장하였다(유성재, 2002).

당시의 연구회제도의 운영성과로는 연구회가 출연(연)의 기본적인 관리 · 통제 기능만을 담당하고 각 연구기관은 연구와 경영의 자율성을 최대한 보장하여 실질적으로 업무의 독립성을 갖게 하려는 정책목표에 부합되게 정부의 경영간섭은 줄게 되었으나, 연구과제 중심 운영제도(Project Based System) 등으로 인해 출연(연)의 실질적인 자율성을 한계를 가지고 있었다(유성재, 2002). 또한 연구회제도가 진일보한 운영제도임에도 불구하고 실제로는 예산권과 인사권을 행사하지 못하는 구조로 계속되어 왔다. 즉, 연구회는 소관 출연(연)에 대한 실제적인 예산배분 권한을 갖지 못하고 정부에 제출하기 이전에 이사회에서 승인하는 권한만을 행사했었다, 또한 정부부처가 여전히 영향력을 행사하는 관행이 계속되어, 출연(연)의 기관장 인사권도 충분히 발휘할 수 없는 상황이었다(이찬구, 2010: 43). 김대중 정부에서의 연구회제도는 자율성과 책임성이 동시에 강조되었으나 결과적으로는 부분적인 자율성만 확보되었던 상태라고 할 수 있을 것이다.

### 2) 노무현 정부에서의 정책변동: 정책유지

#### (1) 정책산출까지의 상호작용 과정

김대중 정부에서의 연구회제도는 출연(연)이 정부부처로부터의 소속관계를 탈피하여 자율성과 독립성을 보장하려한 정책목표는 어느 정도 성공한 것으로 보이나, 한편으로는 예산권 및 인사권한의 부재, 업무 합리화 실행의 어려움, 조직의 구조적 한계성 등에 대한 문제제기가 있었다(유성재, 2001, 2002; STEPI · (주)기술과가치, 2004). 또한 국가혁신체계(NIS)내에서 출연(연)의 기능 강화가 정책문제의 흐름으로 나타나고 있다.

정책대안의 흐름으로서는 당시의 연구회의 주무부처인 국무총리실에서는 '정부출연연구기관의 전략적 발전방안'이라는 주제로 출연(연) 및 연구회제도의 전반적 검토[10]가 있었으며, 출연(연)의 운영방안에 대한 대안으로서는 첫째, 미래핵심연구소화, 둘째, 대학부설 연구기관화, 셋째, 지자체 이관, 넷째, 국공립 연구 기관화, 다섯째, 민영화(CRO)[11] 등이 있었다. 또한 연구회의 지배구조에 대한 대안으로서 첫째, 연구회소속으로 현 국무총리실 체제 유지, 둘째, 국가과학기술위원회로 이관, 셋째, 연구기관을 수요부처로 이관하는 방안이 있었으며, 연구회제도 자체에 대해서는 첫째, 1~2개 연구회로 통합하는 방안, 둘째, 현행 국무총리실 체제 유지하는 방안, 셋째, 5~6개의 전문연구회로 세분화하는 방안에 대한 검토가 있었다.

정치의 흐름으로서는 연구회제도에 대한 상위 지배구조 내지는 과학기술정책 측면에서 과학기술기본계획(2003)에 나타난 과학기술 비전은 '과학기술중심사회 구축을 통한 제2의 과학기술 입국 실현'이었으며, 이를 통해 지식기반사회를 선도하고 신산업창출과 성장을 견인하고자 하였다. 또한, 국가과학기술위원회(국과위)의 강화, 과학기술부총리제의 도입, 과학기술혁신본부의 신설, 과학기술혁신본부에 대한 실질적인 예산배분권 부여 등을 통해 과학기술정책의 조정 문제를 해결하려 하였다(천세봉 · 하연섭, 2013).

이 시기에 있어서 정책선도자의 역할은 대통령이었다. 노무현 대통령의 과학기술에 대한 인식을 살펴보면 취임사[12]와 청와대 조직[13]에서 잘 나타나

10 국무총리실은 연구 용역을 통하여 출연(연)의 발전방안을 제시하였다(2004. 4.30).

11 민영화(CRO)는 Contract Research Organization의 약자로 R&D 전문기업으로의 민영화를 뜻한다.

12 취임사(2003. 2): "...과학기술을 부단히 혁신해 제2의 과학기술입국을 이룩하겠습니다...".

13 청와대 조직에 정보과학기술보좌관제를 신설하였다.

고 있다. 이는 과학기술의 중요성을 대통령이 정책적으로 확인하고 과학기술정책에 대한 대통령의 의지를 강하게 반영하겠다는 의미로 볼 수 있다.

대통령이 과학기술의 중요성을 강조하면서 정책의 창을 통한 정책산출물로서 연구회제도가 변화되었다. 이는 과학기술 정책목표와 출연(연)의 육성 · 지원을 연계하고 국가 과학기술 혁신체제를 정립하기 위하여 연구회 및 출연(연)에 대한 감독권을 국과위의 부위원장이 되는 과학기술부장관(부총리)에게 이관하는 내용이었다.

### (2) 정책변동 결과

노무현 정부에서의 연구회제도 정책변동으로 인한 정책산출은 정권교체에 따른 과학기술 정책기조의 변화속에서 대통령에 의한 국가혁신체계의 강조, 출연(연) 및 연구회 기능의 강화라는 정책흐름의 결합을 통하여 연구회제도가 지속 되었기에, 정책변동 유형은 정책유지라 할 수 있다. 기본성격은 적응적이며, 연구회제도의 관련 법률은 「정출연법」에서 「과기분야 정출연법」으로 새롭게 제정되었으나 감독관청이 국무총리실에서 과학기술정책을 주관하는 과학기술부로 변경되는 성격이었다. 조직 측면에서는 3개 연구회(기초기술 · 산업기술 · 공공기술 연구회)가 그대로 유지되었으며, 예산 측면에서도 기존대로 유지되었다.

### (3) 정책목표의 달성 정도(자율성과 책임성)

당시의 연구회제도의 변화는 정책목표의 변경 없이 감독관청의 변화만 있는 정책유지의 성격이었으나 내용적으로는 과학기술분야 연구개발정책의 집행경험과 전문성을 보유한 과학기술부로 하여금 연구회를 관할하도록 한 것은 국가적인 차원의 정합성을 확보하기 위한 것이라 할 수 있다. 연구회는 출연(연)의 경영목표 및 예산승인권 등 기존의 기능에 부가하여 성과확산 지원 및 경쟁력 강화를 위한 정부에의 정책제안 기능이 추가적 부여됨으로서 역할 강화가 이루어져 출연(연)의 자율성 확보를 위한 기반은 더욱 공고해졌다 할 수 있다.

이러한 자율성 확보 기반이 튼튼해졌음에도 불구하고 실제로는 과학기술혁신본부가 더 큰 맥락에서 R&D 예산 · 기금에 대한 실질적인 조정기능을 수행하였으므로, 연구회가 부여받은 예산승인권 등은 형식적인 것이며 정부부처의 개입이 연구회 설립 이전 상태로 회귀하게 된 것으로 평가되었다(김용훈 · 윤지웅, 2008).

그러므로 출연(연)의 자율성 확보라는 연구회제도 운영원리는 그대로 유지되면서도 과학기술부총리 체제로의 관할 변경으로 인한 연구회의 역할에 대한 논란이 지속되었다. 이는 연구회의 기능강화를 통하여 출연(연)의 자율성 확보가 강조되었으나 지나친 정부개입으로 인해서 자율성이 위축된 결과로 나타난 것이다.

### 3) 이명박 정부에서의 정책변동: 정책승계

#### (1) 정책산출까지의 상호작용 과정

이명박 정부에서의 연구회제도의 변화는 전격적으로 이루어졌다. 여야 정권교체라는 특성[14]으로 대통령직 인수위에서 짧은 기간 동안에 결정되었다.

이 시기에 있어서 정책 문제의 흐름은 연구회제도 자체보다는 과학과 기

14 정권교체로 인한 이전 정부와 다른 성향 정부의 출현은 정치적 이데올로기의 차이에 의한 정강정책의 급격한 변화가 없더라도 전임 정부와의 차별화를 통한 국민지지 확보 차원에서 국정운영 방식 등에 있어서 커다란 차이를 보이게 될 수 있다(양홍석, 2015).

술의 분리라는 정부의 정책기조 하에서 출연(연)의 역할에 관심이 있었던 것으로 보인다. 노무현 정부의 과학기술부총리 중심의 과학기술 육성 전략에서 탈피, 과학기술정책을 '대학과 출연(연)의 융합을 통한 기초과학육성'으로 의미를 축소하고, 연구개발은 '산업현장에서 응용·활용될 수 있는 산업기술 육성'에 무게중심을 두었다(천세봉 · 하연섭, 2013).

정책대안의 흐름으로서 대통령직 인수위원회에서는 경제 살리기와 산업경쟁력 활성화 패러다임에 국정의 무게중심이 쏠리고, 일본, 영국 및 독일 등의 해외 사례에서 벤치마킹한 '교육과 과학의 융합으로 인한 시너지 창출'이라는 아이디어가 정부조직 개편으로 나타난 것이다. 정부조직 개편과 더불어 연구회는 공공기술연구회를 폐지하면서 기초기술연구회는 교육과학기술부 소속으로 산업기술연구회는 지식경제부 소속으로 변경하는 안이 제시되었다. 한편으로는 정책대상 집단인 연구회에서는 연구용역을 통하여 연구회 운영체계에 관한 여러 가지 대안[15]을 제시하였으나 관철되지 못하였다. 또한 과학기술관련 공동체에서도 과학기술부를 폐지하는 내용의 인수위원회의 안을 반대하는 여론[16]이 있었으나 수용되지 못하는 형국이었다.

정치의 흐름으로는 연구회제도에 대한 상위 지배구조 내지는 과학기술정책 측면에서 살펴보면 정권교체에 따른 정부조직의 개편이었다. 대통령직 인수위원회에서는 과학과 기술의 분리라는 정책기조를 통하여 글로벌 경제위기 속에서 경제 살리기를 국정의 최우선 순위로 두었다. 이명박 정

---

15 다음의 네 가지 대안을 제시하였다: 1)통합연구회 체제, 2)이원적 연구회 체제, 3)기존 체제, 4)기술분야별 연구회체제(기초 · 산업기술 연구회, 2008. 3월).

16 "40년간의 과학기술 발선을 한 순간에 무너뜨릴 역사적 우를 범하지 말라."는 과학기술계가 한목소리로 이명박 차기 정부의 과학기술 정책과 조직개편 방안에 대한 우려의 메세지를 전했다. 과학기술계 정부출연기관장 일동, 한국과학기술단체총연합회(과총)와 정부출연연구기관 연구발전협의회(연발협), 전국민주공무원노동조합 과학기술부지부, 바른 과학기술사회 실현을 위한 국민연합(과실연) 등은 10일 일제히 성명서를 내고 과학기술부 해체 논의에 대한 반대 의사를 표명했다(대덕넷, 2008. 1.10).

부의 트레이드마크인 경제 살리기의 모범을 보인다는 취지에서 '작지만 유능한 정부'를 모토로 정부조직을 슬림화하면서 '대부처 대국주의'를 추진하였다. 이에 따라 교육과 과학기술 행정활동을 결합하고자 과학기술부와 교육부를 통합하여 교육과학기술부를 출범시켰으며, 산업육성과 기술혁신 행정을 결합한 지식경제부를 만들어 산업기술혁신을 위한 정책을 담당하게 하였다.

이명박 정부에서의 정책선도자의 역할은 대통령 및 대통령직 인수위원회였다. 정치의 흐름에서 나타난 정부부처의 변화가 출연(연)의 관리체계에도 영향을 미쳤다. 노무현 정부에서 과학기술부총리 중심의 과학기술 육성 전략으로부터의 탈피를 통해 지난 정부와 역사적인 단절 시도를 의미하는 것이었다(한국행정연구원, 2012).

여야 정권교체라는 정책의 창을 통한 정책산출물로서, 연구회제도가 변화되었다. 정부조직 개편과 동시에 연구회제도가 변화된 것으로, 기초기술연구회는 교육과학기술부가, 산업기술연구회는 지식경제부가 관리하도록 추진하였다. 연구회제도는 유지하되 부처의 관리를 받도록 하는 정책변동이 이루어졌다.

이후 이명박 정부에서는 출연(연) 개편과 과학기술계의 콘트롤타워 복원 시도로서 2011년 3월 국가과학기술위원회의 출범과 함께 3년(2009.1-2011.12)에 걸친 장기적 검토와 논의 끝에 제8차 위기 관리대책회의[17]에서 '과학기술분야 출연 연구기관 선진화 방안'을 확정하고 발표하였다. 정부가 발표한 추진방안은 출연(연) 발전 민간위원회에서 제시한 안[18]을 상당부분 수용한 것

---

17 기획재정부장관 주재 위기관리 대책회의(2011.11.24).

18 민간위원회(위원장: 윤종용)에서 제시한(2010년 7월) 안은 기초기술연구회와 산업기술연구회로 양분되어 운영되던 27개 과학기술 관련 출연(연)을 국가과학기술위원회 소속 (가칭)국가연구개발원(19개 출연(연)과 부처 직할기관(8개 출연(연)) 체제로 전환하는 것이었다(국회 입법조사처, 2011).

이었다.

연구회제도 변화를 촉발할 수 있는 또 한 번의 정책의 창[19]이 열렸으나 법률안을 통과시키지 못함으로서 정책산출로 까지는 이어지지 못하였다. 이는 정책변동이 정권후반기 보다는 정권초기에 효과[20]가 있음을 반증하는 것이라 할 수 있다.

### (2) 정책변동 결과

이명박 정부에서의 연구회제도 정책변동으로 인한 정책산출은 여야 정권교체에 따라 대통령직 인수위원회에서 과학과 기술의 분리라는 과학기술 정책기조를 택함에 따라 출연(연)의 역할론(책임성)이 강조되어 연구회의 주무부처가 분리되는 정책흐름의 결합을 통하여 연구회제도가 변화 되었으며, 정책변동유형은 정책승계라 할 수 있다. 기본성격은 의도적이며, 관련 법률은 「과기분야 정출연법」이 유지되었으나 3개 연구회에서 공공기술연구회가 폐지되어 기초기술 및 산업기술, 2개 연구회로 재편되었으며 감독관청도 과학기술부(과학기술혁신본부)에서 기초기술연구회는 교육과학기술부로 산업기술연구회는 지식경제부로 소속이 변경되었다. 예산 측면에서는 마찬가지로 기초 및 산업기술연구회로 재 배분되었다.

### (3) 정책목표의 달성 정도(자율성과 책임성)

이명박 정부에서는 공공기술연구회를 폐지하여 소관 출연(연)을 기초기

19 본 연구에서는 정책산출이 이루어지지 않았기에 구체적인 결정과정 내용은 제외한다.

20 Hogwood & Peters(1983)의 연구 결과 중 하나로서 '최고관리자가 원하는 정책변동 유형을 이루기 위해서는 정권후반기보다는 전반기가 유리하다'고 하였다(양승일, 2014: 317).

술 및 산업기술연구회로 이관하고 각각 교육과학기술부와 지식경제부의 관리를 받도록 하였다. 연구회제도 자체는 유지되지만 부처의 직접적인 관리를 받는 방식으로 변화된 것이다. 또한 연구회 제도의 변화를 통한 출연(연) 관리방식의 변화라기보다는 환경변화에 유연한 연구기관 육성을 위한 재배치를 구상하여 대학의 학문적 연구와 출연(연)의 기초 · 융합연구를 결합하여 과학기술 발전의 시너지 효과를 유도하고자 하였다(한국행정연구원, 2012).

이러한 정책변동은 1999년 김대중 정부에서 출연(연)을 소속 정부부처로부터 독립시켜 자율성과 책임성을 향상하기 위하여 연구회제도가 출범한 배경을 고려하면 이명박 정부에서의 개편은 과거로 회귀한 측면이 있어 출연(연)의 자율성확보에 저해요인이라 할 수 있다. 따라서 출연(연)이 부처의 관료주의적 통제의 문제점을 어떻게 탈피할 수 있을지가 관건이 될 것이라는 우려가 있었으며(김성수. 2008), 한편으로는 출연(연)은 대표적인 기초·원천기술 및 공공연구 수행기관으로서 이의 활용은 전 부처가 하되, 지원은 일원화하는 것이 안정적인 연구환경 조성과 연구개발 투자 효율화에 더욱 적합하다는 견해도 지속되었다(국회, 2008). 이명박 정부에의 연구회제도는 성과중심의 책임성만 강조되었으며, 정부 부처의 개입 강화로 인한 자율성의 한계로 나타난다.

### 4) 박근혜 정부에서의 정책변동: 정책승계

#### (1) 정책산출까지의 상호작용 과정

2013년도 박근혜 정부의 출연(연) 관리체제는 기존에 교육과학기술부 산하의 기초기술연구회 및 지식경제부 산하의 산업기술연구회 소관 출연(연)은 미래창조과학부에서 관장하고 관련된 R&D 사업은 관련부처에서 관장하도록 하고 있다. 연구회의 주무부처만 물리적으로 바뀌었고 실질적인 혁신체제의 구성에 질적인 변화는 없다고 할 수 있다. 그러나 이후 정부 및 국회에서 출연(연) 활용에 대한 논의가 시작되었으며, 정부(미래창조과학부)는 출연(연)의 활용 제고방안을 마련하여 국회에 개정 법률안을 제출하고자 하였다. 이전에 출연(연) 자체의 혁신방안이 도출되었으나, 이는 정부주도의 방안으로 이해될 수 있을 것이다.

당시 제기된 문제의 흐름으로는 첫째, 기초기술 · 산업기술 양 연구회는 각각 연구회별로 출연(연)의 예산심의나 경영평가 등 관리형 업무중심으로 인력과 조직이 배치되고 있었으며, 둘째, 출연(연)에 대한 지원과 관리가 연구회 단위로 이루어져 다른 연구회 소관 출연(연) 간 상호 소통의 기회가 부족하며 협력이 미흡하여 협동연구가 미흡하다고 지적하고 있으며, 셋째로, 개방형 협력 생태계를 조성하는데 있어서 분리된 연구회 체제로는 능동적인 대응이 미흡하며, 넷째로, 양 연구회 소관 출연(연)의 구분이 뚜렷한 기준이 없이 혼재 편성되어 있어 연구회의 미션과 기관 고유임무의 특성이 불일치한다는 지적이었다(미래창조과학부, 2013).

정책대안의 흐름으로서는 입법 배경으로 2013년 7월 국무회의에 보고된 출연(연)의 창조경제 견인차 역할 수행을 위한 실천과제의 하나로 정부-연구회-출연(연) 간 역할 재정립 과제[21]를 언급할 수 있다. 이러한 실천과제 중 하나로 연구회 기능을 예산심의와 평가 등 '관리형'에서 출연(연) 간 협력확대와 정책 기획 등을 강화하는 '지원형'으로 전환하는 내용이 포함되어 있다. 그러므로 출연(연) 개방형 협력 생태계 조성을 차질 없이 추진하기 위해 연구회의 기능에 대한 검토 및 바람직한 운영방안의 모색이 필요한 상황이었다. 2013년 12월 미래창조과학부는 기초기술연구회와 산업기술연구회

21 미래창조과학부는 출연(연) 개방형 협력 생태계 조성 방안을 국무회의에 보고하였다 (2013. 7.30).

로 구분 · 운영되고 있는 연구회의 출연(연) 지원 · 육성 기능을 강화하고, '출연(연) 간 협력지원 및 연구회 운영의 효율성 제고를 위한 방안'(미래창조과학부, 2013)을 수립하여 국가과학기술심의회에 보고하였다. 다른 한편에서는 국가 R&D를 수행하는 관련 정부부처 사이의 이해관계가 달랐으며, 연구회의 통합을 반대하는 부처의 입장에서는 성격이 다른 두 연구회 통합 시 분야별 전문성 및 기획 · 조정 기능의 약화를 우려하는 입장을 표명했다[22]. 결론적으로는 국무총리 주재의 관계 장관회의에서 정부부처 간 이견을 조율하여[23] 기존 2개 연구회는 통합하고 아울러 융합연구에 대한 기획시스템을 마련하며 출연(연) 및 연구원의 평가방식을 개선하는 등 운영시스템 혁신을 병행해 추진하는 것으로 조정되었다. 미래창조과학부는 출연(연)의 변화와 혁신을 주도하고 있었으며, 이러한 정책목표를 연구회를 통해 달성하고자 하였다[24]. 이에 대한 내용으로는 출연(연)의 변화된 모습으로 첫째, 연구기관별 맞춤형 연구 포트폴리오를 설정하여 연구분야별 강화방안을, 둘째로, 출연(연)의 실질적 융합연구를 촉진하기 위한 방안, 셋째 중소 · 중견기업의 R&D 전진기지화를 제시하였으며, 더불어 성과지표의 질적지표로의 성과관리 체제를 변화시키며, 이를 통해 국민이 체감하는 성과를 창출하겠다는 혁신방안을 추진하였다.

연구회제도 변화에 대한 정치의 흐름으로서는 정권교체에 의한 정부조직 개편으로서 연구회의 감독관청인 미래창조과학부의 정책의지가 가장 크다고 할 수 있을 것이다. 정부는 출연(연)이 자체적인 발전전략을 수립하여 혁신방안을 제출하도록 유도하였다[25].

---

22 통합을 반대하는 부처(산업부, 농림부, 국토부 등)의 입장표명 이외에도 업무담당부처와 밀접한 관련이 있는 출연(연)을 해당부처로 이관을 주장하였다.

23 국무총리주재 관계장관회의에서 과기분야 정출연법 개정안에 대한 이견을 조정하였다(2013.11.19, 국무총리실 보도자료).

24 국가과학기술연구회 출연(연)의 변화와 혁신(2014. 7월, 미래창조과학부).

정부(미래창조과학부)는 정부입법에 대한 어려움으로 의원입법을 추진하고자 국회의원 협조를 받아 정책의 창이 열렸다 할 수 있으며, 2013년 7월 국회 민병주 의원이 연구회 단일화 내용을 담은 「과기분야 정출연법」 일부 개정안을 대표 발의하였다. 이어서 각 부처의 관련 출연(연) 활용 제고방안을 마련하였다.

한편 연구회제도의 정책변동에 대한 정책선도자의 역할로서 국회(민병주 의원) 및 정부였으며, 출연(연) 등 이해관계자와의 이해가 맞아 떨어졌다고 할 수 있다. 국회에서 「과기분야 정출연법」을 대표 발의했던 민병주 의원은 출연(연) 출신으로서 출연(연) 구성원과 이해관계를 같이 한다고 볼 수 있었으며, 연구회 및 출연(연)의 감독관청인 미래창조과학부는 지난 정권에서 출연(연)의 지배구조가 2개 부처로 운영된 것에 대한 변화요인을 제거하고 싶었던 것으로 보여 진다. 또한 출연(연)은 2012년도 (가칭)국가연구개발원의 형태는 각 연구기관이 법인격이 없어지는 형태이었기에 이를 피하고 싶어 현재와 같은 단일 연구회체제를 원했을 것이다.

### (2) 정책변동 결과

박근혜 정부에서의 연구회제도 정책변동으로 인한 정책산출은 정권교체에 의한 과학기술 정책기조의 변화 속에서 융합연구 활성화를 위한 출연(연)의 역할이 강조되어 연구회가 통합되는 정책흐름의 결합을 통하여 연구회제도가 변화 되었으며, 정책변동유형은 정책승계라 할 수 있다. 기본성격은 의도적이며, 법률은 「과기분야 정출연법」이 유지되었으나 2013년도 정권 출범과 함께 정부조직 개편으로 감독관청이 미래창조과학부로 변

25 'TF 활동을 바탕으로 출연(연)별로 발전전략을 만들었고, 미래부도 생태계 조성방안을 만들 수 있었다'(2013. 8.30, 대덕넷).

경이 되었으며, 이후 2014년도에 기초 및 산업기술연구회 2개 연구회에서 통합되어 국가과학기술연구회가 출범하였다. 예산 측면에서도 마찬가지로 국가과학기술연구회로 편입되었다.

### (3) 정책목표의 달성 정도(자율성과 책임성)

통합연구회의 설계과정에 제시된 연구회의 역할에 관한 변화의 방향으로는 첫째, 출연(연) 지원 · 육성 및 미래전략수립 기능, 둘째, 출연(연) 간 협동연구 기획 및 지원 기능, 셋째, 하향식 · 관리형 예산 · 평가제도 개선 및 넷째, 출연(연) 공통애로사항 해결로 되어있다. 이를 위해서 「과기분야 정출연법」에 반영되어 있다.

그럼에도 불구하고 출연(연)의 자율성과 책임성 확보를 위한 연구회제도의 운영에 관하여 지속적으로 문제가 제기되고 있다(국회, 2014). 그 문제점을 정리해보면, 첫째, 실질적인 권한이 부족하고, 둘째, 독립성 확보가 미흡하며, 셋째, 자체 역량이 부족하다고 지적하고 있다. 이러한 문제점을 해결하기 위한 정책목표의 변경은 없었으며, 정책수단으로서 통합된 조직의 자체 역량을 확보하기 위한 인력 규모 등 기본적인 조건은 갖추었으나 시간이 필요한 상황이며, 실질적인 권한과 독립성 확보 및 정부와 출연(연)의 연결고리로서의 역할에 대한 연구회제도의 개선 과제는 현재진행형이라 할 수 있다. 박근혜 정부에서도 연구회제도는 성과중심의 책임성만 강조되는 것으로 나타났다.

## 3. 정책변동 비교 · 분석의 종합

앞에서 분석한 바와 같이 연구회제도의 정부별 정책변동에 관해 설명한 다중흐름모형의 내용과 정책변동유형 결과는 다음의 〈표 6〉과 같다.

〈표 6〉 정부별 연구회제도의 정책변동 비교 · 분석

| 구분 | 김대중 정부 (1998-2002) | 노무현 정부 (2003-2007) | 이명박 정부 (2008-2012) | 박근혜 정부 (2013-2017) |
|---|---|---|---|---|
| 정책문제의 흐름 | IMF 경제위기 공공기관 구조조정 정부간여 최소화 | 연구회 기능 (예산권 · 인사권) 출연(연) 기능강화 | 출연(연) 역할 (과학과 기술의 분리) | 융합연구 활성화, 출연(연) 애로사항 해결 |
| 정책대안의 흐름 | 선진 연구회 사례 (출연연 법인격) 연합이사회 | 정부안(현행유지, 1~2개통합, 5~6개 세분화) | 인수위안(2개, 부처분할) 정책공동체(현행) | 정부안 의원안 (1개로 통합) |
| 정치의 흐름 | 정권교체 (과학기술입국) | 정권교체 (과학기술중심사회) | 정권교체 (실용화) | 정권교체 (창조경제) |
| 정책 선도자 | 정부내 혁신세력 (행개위 위원장) | 혁신세력 (대통령) | 인수위 (대통령) | 정부 및 국회 (민병주의원) |
| 정책의 창 | IMF+선진국 사례+ 여야 정권교체 | 연구회 기능강화 + 정권교체 | 과학과기술의 분리+여야 정권교체 | 연구회 기능 변화(융합연구활성화)+정권교체 |
| 정책산출 | 연구회제도 도입 (기초.산업.공공) | 3개연구회 유지 | 2개연구회 (기초, 산업) | 통합연구회(1개) 국가과학기술연구회 |
| 정책목표* | 출연(연)의 자율성 및 책임성 | 변동없음 | 변동없음 | 변동없음 |
| 정책변동의 유형 | 정책혁신 | 정책유지 | 정책승계 | 정책승계 |
| -기본성격 | 의도적 | 적응적 | 의도적 | 의도적 |
| -법률측면 | 정출연법 | 과기분야 정출연법 | 과기분야 정출연법 | 과기분야 정출연법 |
| -조직측면 | 3개연구회(신설) | 3개연구회 | 2개연구회 | 1개연구회 |
| -예산측면 | 신규예산 편성 | 예산 유지 | 예산 승계 | 예산 승계 |

| 정책목표의 달성정도 (자율성 및 책임성) | 자율성 및 책임성 강조 ↓ 자율성의 한계 (정부부처의 배제 부분적 달성) | 자율성 강조 ↓ 정부개입으로 인한 자율성 한계 | 성과중심의 책임성강조 ↓ 정부부처의 통제가 심화되어 책임성만 강조 | 성과중심의 책임성강조 ↓ 자율성의 한계는 지속된 상태에서 책임성만 강조 |
|---|---|---|---|---|
| -운영성과 | 출연(연)에 대한 정부의 경영간섭 일정부분 줄어듬 | 정부와의 정합성 확보 | 출연(연) 강소형 (임무중심형) 조직으로의 개편 | 연구회는 관리형에서 지원형으로의 변화과정임 |
| -문제점 | PBS 등으로 인한 실질적인 자율성 한계 | 형식적 예산승인권 정부부처의 개입 | 정부부처의 통제 심화 | 정부부처의 통제 지속 |
| -개선방안 (문제의 흐름) | 실질적 자율성 (예산배분권, 기관장 인사권) | 연구회의 기능 강화 | 출연(연)의 활용은 전부처가 하되, 지원은 일원화 | 자율성 · 독립성 확보의 문제 지속 |

* 연구회제도의 정책목표는 네 번의 정책변동이 있었음에도 변화가 없었다.

한편으로 연구회제도는 정책목표의 변동은 없었으나 매 정부별로 정권 초기의 국정운영 철학이나 정책기조에 의해 정책수단의 변화가 이루어진 정책변동이라 할 수 있다. 이러한 정책목표의 달성정도를 정부별로 살펴보면, 먼저, 김대중 정부에서는 연구회제도에 있어서 출연(연)의 자율성 및 책임성을 정책목표로 하여 일정부분 자율성이 이루어졌으나 실질적인 자율성의 한계가 드러났으며, 이는 다음 정부에서의 정책문제의 흐름으로 나타난다. 노무현 정부에서의 정책변동은 정책유지로서 부처와의 정합성을 통한 자율성이 강조되었으나 정부부처의 개입으로 인한 자율성의 한계를 드러냈으며, 이 또한 다음 정부에서의 문제의 흐름으로 나타나는 것으로 여겨진다. 그러나 이명박 정부에서는 지난 정부와의 단절을 통하여 출연(연)의 역할을 강조하여 출연(연)을 임무중심형 조직으로 개편하면서 책임성만을 강조하였으며, 정부부처의 통제가 심화된 것으로 나타났다. 박근혜 정부에서도 자율성 중심의 운영체제보다는 성과중심의 운영체계로서 융합연구를 통한 성과창출이 강조 되었으며, 정부부처의 통제는 지속된 것으로 나타난다. 탄핵정국으로 2017년에 새롭게 출범한 문재인 정부에서는 과학기술 혁신본부를 부활하여 과학기술 혁신체계를 재정비 하였으며, 출연(연) 지원 · 육성을 위한 연구회제도 역시 또 다른 변화가 형성될 수 있는 시기라 할 수 있을 것이다. 또한, 새로운 정부에서의 연구회제도에 관한 인식수준과 운영철학을 어떻게 전개할 것인가가 과학기술계의 당면과제중 하나이다.

## Ⅳ. 결 론

본 장에서는 앞에서의 분석결과를 토대로 이론적 · 정책적 함의를 도출하고 시사점을 제시할 것이며, 연구의 한계를 언급하고자 한다.

지금까지 다중흐름모형 및 정책변동 유형 이론을 활용하여 연구회제도 정책의 변화과정과 결과의 유형을 정부별로 살펴본 결과, 정책흐름(다중흐름) 중 정치흐름이 주요흐름으로서 정권교체가 촉발기제로 작용하여 정책변동의 창을 열었으며, 정책산출이 있었음을 알 수 있었다. 아울러 정책변동의 결과로서 정책변동의 유형을 살펴볼 수 있었다.

이러한 분석을 통해 Kingdon의 주장들을 다시 확인할 수 있었다. 첫째, Kingdon은 정책형성에 가장 큰 영향을 미치는 요인은 정책문제흐름, 정책대안흐름 그리고 정치흐름으로 구성되어 있는 정책흐름이며, 그 중 정치흐름이 정책변동의 창을 여는 결정적인 기제로 작용한다고 했다. 실제 분석결과, 정치흐름이 연구회제도 변화에 대한 주요 원인이 되어 정책변동을 일으키는 결과를 확인하였다. 둘째, 정권교체에 의한 정치흐름이 촉발기제가 되는 경우가 많다는 주장 역시 확인되었다. 셋째, 정책형성과정에서는 정책선도가의 역할이 중요하다고 했는데, 실제 사례에서도 정부별로 기획예산위원회(행정개혁위원회 위원장), 대통령, 대통령직 인수위원회 및 국회의원 등 공적 지위가 부여된 가시적 참여자들의 입장이 강하게 작용한다는 결론으로 도출되었다. 특이 사항으로는 김대중 정부에서의 정책선도자는 가시적 참여자 뿐만 아니라 비가시적 참여자인 행정개혁위원회 위원장의 역할이 큰 것으로 나타나 또 다른 의미를 부여할 수 있을 것이다.

또한 Hogwood & Peters의 정책변동의 요인들을 정부별로 정부개입의 정도를 나타내는 기본성격과 법률, 조직 및 예산측면에서의 변화내용으로서 정책변동 유형으로서 정책혁신, 정책유지 및 정책승계의 형태로 나타남을 확인할 수 있었다.

출연(연)의 자율성과 독립성 확보를 통하여 출연(연)이 실질적인 경쟁력 향상이라는 정책목표를 달성하기 위한 정책수단으로서 연구회제도가 관료사회의 과도한 개입을 차단하는 제도적 장치로서 기능할 수 있으려면 전문가 사회의 주도적인 참여를 촉진하는 역할을 수행하여야 했으나, 이를 위한 실질적인 권한과 역량을 부여받지 못함으로 말미암아 연구회의 설계의도를 충분히 발휘하지 못하였다.

그러므로 출연(연)에 대한 성공적인 지배구조 구축은 정부부처와 연구회의 역할간에 정합성을 확보하는 여부에 달려 있다(김용훈 · 윤지웅, 2008)는 것에 근간을 둘 필요가 있을 것이다.

이러한 지배구조의 정합성 확보와 더불어 연구회 설립이후의 출연(연) 운영체계에 있어서 20여 년간 강조되어 왔던 자율성 강화(예산권, 기관장 인사권 등) 및 책임성 강화(성과중심의 평가 등)를 이루기 위해서 연구회의 실질적 권한 부여와 독립성 확보 및 자체역량 강화 등을 통하여 출연(연)이라는 연구공동체에서 스스로 결정하고 책임질 수 있는 과학기술 혁신 생태계 확립이 향후의 과제라 할 수 있을 것이다.

이러한 연구회제도가 1999년 성립이후 네 번의 정권교체와 맞물려 정책의 변화가 이루어지면서 진행되었으나 정책목표 달성에 있어서 여전히 미흡한 측면이 있으며, 2017년 새로운 정부가 들어서면서 4차 산업혁명 시대에서의 출연(연)의 자율성 및 책임성을 어떻게 이루어 나갈지가 연구회제도 성패의 새로운 첫걸음이라 여겨진다.

마지막으로, 본 연구에서는 다양한 수준의 외적변수들에 대해서 다중흐름모형(MSF)을 이용하여 제한된 변수로 분석 · 제시했다는 점에서 이에 대한 보완작업이 이루어져야 할 것이다. 아울러 정책결정에 참여한 정책입안자들에 대한 면접 인터뷰를 통하여 좀 더 객관화 시키는 노력들과 정책대상집단인 출연(연) 구성원들의 의견이 반영된 연구회 운영방향에 관한 개선사항이 향후 과제로 남아 있다고 하겠다.

## 참고문헌

STEPI · (주)기술과가치 (2004), 「국민소득 2만 달러 시대 대비 정부출연연구기관의 전략적 발전방안: 과학기술계」, 서울: 5개 연구회.

강근복 · 김재관 · 박근후 · 박정택 (2016), 「정책학」, 서울: 대영문화사.

과학기술 출연(연) 발전 민간위원회 (2010), 「새로운 국가과학기술시스템 구축과 출연(연) 발전방안」, 서울: 기초기술 · 산업기술 연구회.

국가과학기술자문회의 (1999), 「국가 과학기술 연구체계의 문제점과 개선대책: 연합이사회의 발족과 출연연의 운영 효율화 방안」.

국회 과학기술정보통신위원회 (2008), 「과학기술정보통신위원회 전문위원 검토보고서」, 271회국회(임시회) (2008.2.4).

국회 입법조사처 (2011), 「과학기술분야 정부출연 연구기관 개편의 방향과 과제」, 국회 입법조사처, 정책보고서 제9호.

국회 입법조사처 (2014), 「과학기술분야 연구회 통합 현황과 향후 과제」, 국회 입법조사처, 「이슈와 논점」(2014. 2.25).

기획예산위원회 (1999), 「정부출연(연) 경영혁신 자료집」, 서울: 기획예산위원회.

김성수 (2008), "과학기술 행정체제 개편의 특성 및 정책운영 쟁점 분석", 「한국공공관리학보」, 22(1): 49-75.

김용훈 · 오영균 (2008), "정부출연연구기관의 지배구조에 관한 연구", 「한국행정연구」, 17(3): 279-297.

김용훈 · 윤지웅 (2008), "과학기술행정체제의 변화와 정합성", 「행정논총」, 46(4): 175-199.

김이교 (2005), "정부출연연구기관 개혁과정의 예비적 고찰", 「한국공공관리학보」, 19(1): 41-67.

김이교 (2008), "정부출연연구기관 지원체제 도입에 관한 연구: 거버넌스 이론을 중심으로", 중앙대학교 대학원 박사학위 논문.

김인자 · 박형준 (2011), "과학기술 규제 정책의 형성과 변동 과정분석: 『생명 윤리 및 안전에 관한 법률』을 중심으로", 「한국정책학회보」, 20(1): 111-149.

나태준 (2005), "기관 설립을 통한 정책목표 달성의 한계와 대안: 과학기술계 연구회 사례", 「한국행정연구」, 14(4): 71-94.

남궁근 (2012), 「정책학: 이론과 경험적 연구」, 파주: 법문사.

미래창조과학부 (2013), 「출연(연) 개방형 협력 생태계 조성을 위한 과학기술분야 연구회 기능 재정립 방향(안)」, 2013 국가과학기술심의회 제4회 제7호.

미래창조과학부 (2014), 「국가과학기술연구회 출연(연)의 변화와 혁신」.

민철구 (1996), 「이공계 출연연구기관의 운영현황과 정책과제」, 서울: 과학기술정책관리연구소, 연구보고 96-10.

박균열 (2012), "Kingdon의 정책흐름모형을 적용한 교원능력개발평가제 정책변동 분석", 「교육문제연구」, 42: 41-71.

박해룡 (1990), "정책변동에 관한 연구(II)", 「대구 · 경북행정학회보」, 2: 119-130.

박호숙 (2005), "정책변동의 유형에 대한 재평가와 정책변동원인", 한국행정학회 「학술대회 발표논문집」, 2005. 2.

성욱준 (2013), "개인정보보호법 입법 과정에 관한 연구: 정책흐름모형을 중심으로", 한국행정학회 「학술대회 발표논문집」, 2013.12: 1614-1634.

양승일 (2014), 「정책변동론」, 서울: 박영사.

양승일 (2015), "정책변동유형흐름모형의 검증 분석", 「한국행정학보」, 49(2): 507-530.

양홍석 (2015), "한국의 정책평가제도 변동에 관한 정부별 비교연구: 정부성향과 국무총리 위항을 중심으로", 연세대학교 대학원 박사학위논문.

유성재 (2001), 「연구예산 지원 시스템의 개선방안: 출연연의 역할 및 운영체제 개선방안」, 전국과학정보기술인협회.

유성재 · 손태원 · 이정원 (2002), 「연구회 및 출연연구기관의 새로운 경영모형」, 서울: 5개연구회.

유홍림 · 양승일 (2009), "정책흐름모형(PSF)을 활용한 정책변동 분석: 새만금간척사업을 중심으로", 「한국정책학회보」, 18(2): 189-218.

유훈 (2009), 「정책변동론」, 서울: 대영문화사.

이광수 · 김도기 (2010), "Kingdon의 모형을 적용한 교장공모제 정책변동 분석", 「교육행정연구」, 28(3): 133-155.

이석희 (2004), "정부출연 연구기관 경영혁신과 연구회체제의 정립", 「한국정책학회보」, 13(5): 279-304.

이찬구 (2002), 『영국의 연구회 및 산하 공공 연구기관의 운영시스템 분석 연구』, 서울: 과학기술정책연구원.

이찬구 (2010), "과학기술 정책결정에서의 정책이전 연구: 연구회 도입 사례", 「사회과학연구」, 26(1): 27-54.

이철원 (2007), "과학기술계 정부출연연구기관의 새로운 도약을 위한 당면과제", 기술경영경제학회, 「31회 학술발표회」.

임기철 (2001), "출연(연)의 임무와 역할 및 전략적 연구과제 수행", 전국과학정보기술인협회, 「출연연의 역할 및 운영체제 개선방안 세미나」.

정선양 (1999), "새 모습 갖춘 정부출연 연구기관 연합이사회: 주요 선진국의 운영사례(독일, 미국, 일본, 영국)", 「과학과 기술」, 32(3): 49-60.

정선양 (2003), 「독일 공공 연구기관의 연구회 체제 분석연구」, 서울: 과학기술정책연구원.

정용남 (2010), "과학기술계 연구회 제도의 표류 원인에 관한 연구: 결정과정 분석을 중심으로", 「한국행정연구」, 20(3): 163-200.

정용남 (2013), "정부변동과 정책변동 관계 이해 연구: 영국 사례를 중심으로", 「한국사회와 행정연구」, 23(4): 103-141.

정정길 · 최종원 · 이시원 · 정준금 (2005), 「정책학원론」, 서울: 대명출판사.

천세봉 · 하연섭 (2013), "과학기술정책 거버넌스 변동에 관한 신제도주의 분석: 노무현 정부와 이명박 정부를 중심으로", 「한국정책학회보」, 22(4): 87-113.

최병선 (2008), 『과학기술계 연구회의 거버넌스 구조에 관한 연구』, 서울: 기초기술 · 산업기술 연구회, 연구보고.

최성락 · 박민정 (2012), "Kingdon 정책흐름모형 적용의 적실성에 대한 연구", 「한국정책연구」, 12(1): 119-137.

한국행정연구원 (2012), 「이명박정부 주요정책의 성과와 과제」, 서울: 한국행정연구원, 연구보고서 2012-46.

허 범 (1979), "정책종결의 본질과 전략", 「사회과학」, 17: 91-109.

황성수 · 김경대 · 오유미 (2015), "정책과정, 정책변동에 관한 연구논문 분석: 우리나라 옹호연합모형 및 관련연구의 흐름과 특징에 관한 논의", 「한국정책과학학회보」, 19(4): 1-26.

Birkland, Thomas A. (1997), *After Disaster: Agenda Setting, Public Policy and Focusing*

*Events.* Washington, DC: Georgetown University Press.

Birkland, Thomas A. (2006), *Lessons of disaster: Policy Change after Catastrophic Events.* Washington, DC: Georgetown University Press.

Hall, P. A. (1993), "Policy Paradigms, Social Learning and the State: The Case of Economic Policymaking in Britain", *Comparative Politics*, 25(3): 275-296.

Hogwood, B. & Peters, B. G. (1982), "The Dynamics of Policy Change: Policy Succession", *Policy Sciences*, 14(1982): 225-245.

Hogwood, B. & Peters, B. G. (1983), *Policy Dynamics*, New York: St. Martin's Press.

Howlett, M, M. Ramesh & Perl. A. (2009), *studying Public Policy: Structure, Policy Cycles & Policy Subsystems*, 3rd edition, Oxford University Press.

Kingdon, John W. (1997), *Agendas, Alternatives, and Public Policies*, Longman Publishing Group, 2nd edition.

Kingdon, John W. (2002), *Agendas, Alternatives, and Public Policies* (Longman Classics Edition), Longman; 2nd edition (August 31, 2002).

Zahariadis, N. (2007), *The Multiple Streams Framework: Structure, Limitations, Prospects*, In Theories of the Policy Process, 2nd edition, Paul A. Sabatier, ed. Boulder, CO: Westview Press, 65–92.

# 제 3 장 과학기술 공공관리

4 키워드 네트워크 분석을 통한 원자력 관련 사회 과학 연구경향 분석

김영준 외

5 Eco-Efficiency of Government Policy and Exports in the Bioenergy Technology Market

염명배 외

# 4

# 키워드 네트워크 분석을 통한 원자력 관련 사회과학 연구경향 분석*

김영준 외


초록

본 연구는 사회연결망 분석이론을 통해 원자력 과학기술에 대한 사회과학 연구의 경향적 특징을 파악하고, 동 분야의 주요 연구주제와 세부 연구분야를 도출하기 위해 수행되었다. 연구대상은 1957년부터 2016년까지 국내 학술지에 게재된 원자력 관련 사회과학 분야 연구논문 605건으로, 저자가 제시한 키워드간 관계망 형성을 통해 네트워크 분석을 수행하였다. 분석결과 첫째, 원자력에 대한 사회과학 연구는 1957년부터 시작되어 꾸준히 수행되다가 2011년을 기점으로 급격히 증가했으며, 주로 법학, 행정학, 정책학, 정치학 분야의 연구논문이 발표되었다. 둘째, 지식 네트워크 구성결과 국내 원자력에 관한 사회과학 지식 네트워크는 무척도 네트워크로, 연결중심성이 높은 소수의 연구주제들을 중심으로 네트워크가 확대되어 왔다. 한편, 2011년 후쿠시마 사고 이후 '탈핵', '독일' 등의 키워드가 부상하면서 새로운 연구주제들이 부상했다. 셋째, 지식 네트워트의 세부 연구분야 도출결과, 밀도가 가장 높은 법학 관련 연구주제들은 상호간 연계되어 거의 독립적 연구분야로 자리매김해왔으며, 핵안보 분야는 북핵문제를 중심으로 양자간 혹은 지역 내 문제를, 핵비확산 분야는 주로 국제 제도적 차원의 연구주제들로 구성되었음을 확인했다. 본 연구는 과학계량학적 차원에서 문헌정보를 기반한 네트워크 분석틀을 특정 분야의 연구경향 분석에 적용함으로서 거시적 차원의 연구경향 특징을 실증적으로 도출하였으며, 원자력을 바라보는 대중의 시선이 아닌 학자들의 인식을 그들의 연구성과물을 통해 간접적으로 파악하고자 했다는 점에서 의의가 있다.


**주제어**: 원자력, 원자력 사회과학 연구, 과학계량학, 키워드 네트워크 분석, 지식지도

---

* 이 글은 「기술혁신학회지」 제20권 4호(2017: 1057-1088)에 게재된 내용입니다.

# Ⅰ. 서 론

본 연구는 1957년에서 2016년 간 국내에서 발표된 사회과학 학술논문 중 원자력 과학기술을 다루는 연구의 경향 분석을 목적으로 수행되었다.

사회과학 연구대상으로서 원자력은 타 과학기술 분야와 달리 특수한 성격을 갖고 있다. 원자력은 장기간 고비용이 소요되는 거대과학의 대표 분야로서, 기술개발 초기부터 국가의 직접적 개입을 통해 발전해왔다. 또한, 핵물질을 다루는 특성상 원자력은 타 분야에 비해 안전과 안보에 대한 국내외 민감성이 매우 높다. 이로 인해 원자력에 관심을 갖는 사회과학자들은 국가의 정책적 현안을 다룬다거나, 사회적 수용성 혹은 여론의 인식 변화를 분석하는 등의 다양한 연구를 수행해왔다.

이와 같은 사회과학자의 역할은 앞으로 더욱 주목을 받게 될 전망이다. 최근 한반도를 둘러싼 원자력 환경이 급변하고 있기 때문이다. 국내 차원에서는 지난 2017년 6월 고리1호기 퇴역식에서의 대통령 탈핵선언을 기점으로 원자력에 대한 근본적 정책기조가 변화될 조짐을 보이고 있다. 이에 따라 신규 원전건설, 사용후핵연료 등 원전산업 현안 뿐만 아니라, 파이로프로세싱, 미래원자력시스템개발 등의 연구개발 사업도 재검토 대상이 되고 있다(연합뉴스, 2017.8.9.). 여기에 북한의 연이은 핵실험과 미사일 발사는 동북아시아 안보뿐만 아니라 국제적인 핵비확산 체제에 대한 불확실성을 가중시키고 있다.

이에 따라 지난 2016년에는 원자력 기술의 사회적 현안에 해법을 제시할 '원자력정책연구센터'가 출범했으며(연합뉴스, 2016.11.4.), 원자력 분야의 최상위 정부계획인 「원자력진흥종합계획」의 최근 5차 계획을 통해, 정부는 융합기술 기반 마련을 강조하는 한편 국민 신뢰를 위한 정책소통과 상생협력 추진을 천명한 바 있다(미래창조과학부, 2017). 지난 6월 대통령의 탈핵선언 이후에는 신규원전 건설 중단여부에 대한 검토를 위해 과학기술 분야 전문가뿐만 아니라 법학, 사회학, 행정학 등 인문사회 학자들로 구성된 다학제적 성격의 공론화위원회가 출범하기도 했다(연합뉴스, 2017.7.24.).

따라서 본 연구는 향후 원자력 관련 사회과학 담론확대에 기여하고자, 1957년부터 2016년까지 국내에서 축적된 지식의 규모와 구조적 특징을 실증적으로 분석하고자 한다. 이를 위해 과학계량학(Scientometrics) 차원에서 사회연결망 분석기법을 적용하여 원자력에 대한 사회과학 지식을 네트워크 구조화 및 분석함으로서, 동 연구방법론에 대한 이론적 검증을 시도하고자 한다. 또한, 무엇보다 원자력을 다루는 사회과학 연구분야에 있어 장기간 축적된 지식 네트워크의 종단적 분석을 통해 단기적으로는 과거로부터 축적된 지식의 구조를 파악함은 물론, 장기적으로 원자력에 대한 사회과학 연구 확대에 기여할 수 있는 실증적 기초자료를 제공하고자 한다.

연구방법은 사회연결망분석 이론에 기반을 둔 키워드 동시출현 네트워크 분석방법을 활용한다. 연구범위는 1957년부터 2016년 12월까지 국내 사회과학분야 학술지에 게재된 605개의 연구논문이며, 각 논문에서 추출한 문헌정보를 기반으로 원자력에 관한 사회과학의 기술통계적 특징과 함께 지식 네트워크를 구성하고, 각각 네트워크 속성 분석, 중심성 분석, 하위 커뮤니티 분석을 수행한다. 분석도구는 사회연결망분석 소프트웨어인 사이람(주)의 NetMiner 4.2를 활용하였다.

본 논문은 총 5장으로 구성되었으며, 서론과 결론을 제외한 각 장의 주요 내용은 다음과 같다. 우선, 2장에서는 연구경향 분석에 대한 이론적 검토와 함께 관련 선행연구를 통해 본 연구의 차별화 및 의의를 논의하고, 3장에서는 데이터의 속성과 네트워크 구성을 통한 연구절차 및 방법을 제시한다. 이후, 4장은 사회과학 연구대상으로서 원자력 과학기술에 대한 축적된 지식 지도를 구성하여 지식 네트워크의 특징, 주요 연구주제, 세부 연구분야를 각각 실증적으로 분석, 그 결과를 정리한다.

## II. 이론적 배경 및 선행연구 검토

### 1. 원자력의 사회과학적 특성

원자력은 타 과학기술 분야와 달리 사회과학 연구대상으로 오랜 기간 자리매김 해왔다. 정치학, 행정학, 법학, 경제학, 언론학 등 사회과학의 다양한 학제적 접근은 원자력의 영향을 실증적으로 분석하고, 문제를 제기하거나 혹은 대안 탐색을 수행해왔다. 이와 같은 사회과학자의 원자력에 대한 높은 관심은 원자력만이 갖고 있는 특수한 성격에 기인한다.

사회과학 연구대상으로서 원자력이 갖는 특성 중 첫 번째는 원자력의 정치적 특징이다. 원자력은 막대한 자본, 다학제적 지식융합, 거대한 연구시설과 장기간의 개발기간이 소요되는 대표적 거대과학 분야로서 국가의 개입 여지가 매우 높다. 게다가 원자력 기술은 다양한 요소기술들 간 상호 연계체계 구축에 대한 비용이 높고 이에 시장실패 가능성이 높아(임홍탁 외, 2012; 홍덕화, 2016), 한번 원자력을 도입하기로 결정했다면 정부의 장기간 지속적인 공적자원 투입이 불가피하다. 국가의 역할은 비단 기술도입과 진흥에 국한하지 않는다. 원자력은 사고 피해의 범위가 광범위하여 불특정 다수의 대중에게 위해가 가해질 수 있다는 점에 따라, 사전에 이를 방지하기 위한 엄격한 규제 정책이 매우 중요하다(김효정, 2012). 원자력 안전규제 정책은 진흥정책과 달리 별도의 독립성을 갖춘 체계를 수립[1]하고, 원자력 관련 민간의 활동에 대해 전문적인 안전기준과 독립적인 감시감독 역할을

1 국제원자력기구(IAEA)는 '원자력안전협약(CNS: Convention on Nuclear Safety)' 7조와 8조를 통해 원자력 안전규제의 독립성과 전문성 보장을 위한 독립된 법령체계를 갖춰야 한다고 천명한 바 있다(IAEA, 1994)

보장해야 한다. 이와 같이 원자력의 거대과학기술적 성격으로 말미암아 원자력의 도입과 개발, 그리고 안전관리에 있어 국가의 역할은 지대할 수밖에 없다. 따라서 국가의 역할과 공적자원 투입 목적과 범위, 절차를 다루는 정치학, 행정학, 정책학 연구자들의 학문적 관심을 받아오게 된 것이다.

사실 2차 세계대전 이후 미국의 사례처럼[2], 원자력을 도입한 국가는 모두 정부의 적극적 지원 하에 원자력 기술을 개발해왔다. 한국의 원자력도 한국전쟁의 상흔이 가시기 전인 1956년 정부 내 원자력과 신설을 기점으로 지속적인 정책적 지원을 통해 성장해왔다(주성돈, 2011). 특히, 한국의 원자력 정책은 쓰리마일, 체르노빌 원전사고로 인해 세계적 원전산업이 쇠퇴를 하는 와중에도 오히려 진흥정책 위주의 경로가 강화되어 왔으며, 이를 통해 한국의 원자력 과학기술이 타 후발국들보다 상대적으로 빠르게 자리매김할 수 있었다(진상현, 2009; Choi et al, 2009).

둘째, 원자력은 타 과학기술 분야와 달리 높은 사회적 민감성을 갖고 있다. 핵분열물질을 다루는 원자력 과학기술은 일반 대중의 시각에서 "그 원리를 잘 알 수 없지만 한번 사고가 나면 영향력이 광범위한 특별한 공포의 대상"으로 인식되어 왔다(Fischhoff et al., 1978). 따라서 원자력 정책을 추진하는 당국은 일반 대중의 원자력 기술에 대한 인식과 수용성 여부에 관심을 기울일 수밖에 없다. 민주화 이전에는 국가의 원자력 진흥정책 추진은 문제가 되지 않을 수 있으나, 다원화된 사회에서는 '잘 알려지지 않은 공포의 대상'으로 원자력에 대한 정부의 일방적 정책 추진은 대중의 반발을 낳을

---

2 미국의 원전시장은 처음부터 민영화된 것이 아니다. 미국은 1954년 1월 원자력법(Atomic Energy Act)을 제정하고 미국 내 첫 상용원전인 시핑포트(Shippingport) 원자력 발전소를 승인하였다. 시핑포트 원전 프로젝트는 미국 원자력위원회(AEC: Atomic Energy Commission)가 총 건설비용의 90%를 정부예산으로 지원하였고, 미국 해군의 핵잠수함 개발 책임자인 하이만 리코버 제독을 총괄 프로젝트 관리자로 임명하는 등 정부의 적극적 지원 하에 시작되었다(Beaver, 1987).

수 있다. 조성경 · 오세기(2002)는 기존의 원자력 정책 추진방식인 '결정-발표-방어(DAD: Decide-Announce-Defend)'의 하향식 접근방식은 새로운 사회 환경에 따라 변화될 필요가 있다고 지적한 바 있다.

실제로 사회가 다양화되면서 정부주도의 일방적 정책집행의 효율성은 낮아지고, 심지어 정책자체가 불가능해질 수도 있다. 1990년대 들어 방사성 폐기물처분장 건설부지 관련 안면도, 굴업도, 부안 등지에서 벌어진 원자력 관련 사회적 갈등은 실제 시설지정을 포기하게끔 하였다. 이와 같은 사건들은 원자력 정책의 집행 차원에 있어 대중의 특수한 위험인식 상황에서의 효율적 대안을 모색하게끔 하였다. 또한, 다양화된 사회에서 정책수용성, 위험인식, 커뮤니케이션 연구와 같은 다양한 사회과학적 접근을 견인한 동기로도 작용했다. 사회가 우려할만한 원자력 시설이 존재하는 한, 대중의 인식변화와 그 영향을 다루는 사회과학적 연구 수요는 지속 발생할 것으로 전망된다.[3]

마지막으로 원자력은 국제관계적 특성이 매우 높은 분야이다. 앞서 살펴봤듯이 원자력은 거대과학기술로서 높은 진입장벽으로 인해 후발국은 선진국과 국제 기술협력을 통한 기술이전 수요가 높다. 하지만 원자력 기술은 군사적 전용이 가능하기에, 원자력 기술과 장비, 물질의 국제이전은 핵확산에 대한 우려를 높일 수 있다. 이에 국제사회는 원자력 과학기술에 대한 국제법적 체계를 마련하고, 평화적 이용은 장려하면서도 그 외 활동에 있어 엄격한 감시체계를 마련해왔다.[4] 이와 같은 원자력의 국제적 특징은

---

3 2011년 후쿠시마 원전사고 이후, 원자력에 대한 인식은 꾸준히 변화되고 있다. 최근 조사에 의하면 원자력 발전에 대한 긍정적 인식은 2005년 95.4%에서 2011년 87.8%, 2016년에는 78.6%로 점차 낮아지고, '원자력은 위험하다'는 인식도 확대하고 있다(한국원자력문화재단, 2017).

4 핵무기는 2차 세계대전 종전에 기여했지만, 이후 핵전쟁에 대한 전 지구적 공포를 야기했다. 이른바 '공포의 균형(Balance of Terror)'은 국제사회로 하여금 핵분열물질에 대한 통제와 감시를 할 수 있는 국제법적 체제를 마련하게 하였다. 원자력에 대한 국제

국제법과 국제레짐을 다루는 법학 및 국제관계학의 연구에 있어 주요하게 다루는 연구대상으로 오랜 기간 다양하게 연구되어 왔다(Baylis · Smith, 2005). 특히, 국제법적 차원에서 체르노빌 원전사고를 기점으로 원자력 사고가 갖는 초국경적 영향력을 고려하여, 손해배상과 함께 공해상 등지에서의 원자력 활동에 대한 법적 논의도 주요하게 다뤄지고 있다(함철훈, 2009). 최근에는 북핵문제를 중심으로 핵무기의 개발과 확산 방지에 대한 기존의 전통적 핵비확산 현안과 함께, 테러리즘과 연계한 핵물질의 확산, 더티밤(dirty bomb) 문제, 원자력 시설에 대한 사이버테러 등 소위 탈냉전적 위협이 가중되면서(Graham, 2010), 원자력에 대한 국제관계적 연구범위는 한층 확대되고 있다.

## 2. 문헌정보 네트워크와 연구경향 분석

특정 분야의 연구경향 분석은 다양한 학문분야에서 주요하게 다뤄왔던 연구주제 중 하나이다. 연구경향 분석은 과거에 축적된 정보와 지식의 흐름을 전반적으로 검토하고 특성을 분석하여 미래 연구방향을 가늠하고 전망하는, 즉 '연구에 대한 연구(analysis of analysis)'라고 할 수 있다(Glass, 1976).

연구경향 분석의 방법은 지속적으로 보완되고 개선되어 왔다. 이는 경향분석이 장기간에 걸친 방대한 양의 정보와 지식에 대한 체계적, 객관적 분석을 수행해야 한다는 점에서 현실적 한계가 존재하기 때문이다. 기존 분석 방법은 크게 질적 차원의 델파이 분석, 시나리오 분석을 통한 접근과, 양

---

체제는 1970년 발효된 핵비확산금지조약(NPT: Treaty on the Non-Proliferation of Nuclear Weapons)을 중심으로 규범과 방향이 설정되었다. NPT는 원자력의 평화적 이용을 장려하는 한편, 핵무기와 핵물질의 국제이전을 금지하는 이중적 성격을 띠고 있다. 한편, NPT 3조는 국제원자력기구(IAEA)의 안전조치(Safeguard) 활동을 보장함으로서, IAEA로 하여금 국제사회의 모든 원자력 활동의 핵확산성 여부를 감시하는 권한을 위임하게끔 하였다(IAEA, 1972).

적 차원의 메타분석(meta-analysis), 빈도분석 등의 방법이 활용되어 왔다(윤병운 외, 2005). 양적연구방법은 연구결과에 영향을 주는 다양한 변수를 통제함으로서 일반화된 계량적 수치화를 통한 신뢰도를 확보할 수 있다는 점이 장점이나(김영곤 외, 2015), 지나친 단순화와 일반화를 통해 연구결과가 추상적이거나 혹은 현실을 반영하지 못할 수도 있다. 질적 연구방법의 경우에도 복잡한 연구흐름에 있어 연구자의 이해를 바탕으로 내재적 의미를 해석할 수 있다는 장점이 있으나, 주관적 의식이 연구결과에 개입할 수 있는 여지가 있다는 점에서 비판을 받아왔다(이현철 외, 2013). 무엇보다 학술 데이터의 양이 늘어나면서, 연구자 개인의 정보 획득과 처리의 인지적 한계로 전체 데이터의 내용을 분석하는 것이 어려워졌고 또한 주관적 편향성이 발생 여지가 더욱 커졌다(Lau et al., 2007; 이기헌 외, 2015).

이와 같은 한계로 인해 다양한 연구경향 분석 방법이 개발되고 발전되어 왔는데, 최근에는 방대한 규모의 소위 빅데이터 분석이 가능한 사회연결망 분석기법이 주목을 받고 있다(고재창 외, 2013; 박성제 외, 2016; 이성신, 2016). 사회연결망분석(SNA: Social Network Analysis)은 의사소통집단 내 개체의 상호작용에 관심을 두고, 개체 간 연결 상태 및 연결 구조의 특성을 계량적으로 파악하여 네트워크 모델링을 통해 시각적으로 분석하는 기법이다(김용학 · 김영진, 2016). 기존 통계적 접근 방법이 환원론적 인식하에 속성 간 상관관계를 분석했다면, 네트워크 분석 방법은 전체주의에 입각해서 속성 간 관계의 패턴을 분석한다(이수상, 2012).

사실 연구경향에 대한 최근 경향은 Santonen · Conn(2015)이 과학계량학 관점에서 아래 (그림 1)와 같이 제안하듯이, '인지도 기반(popularity-based)', '사회연결망분석 기반(SNA-based)'의 두 가지 접근으로 구분할 수 있다(Santonen · Conn, 2015). 여기서 인지도 기반 접근은 일반적으로 주로 연구 커뮤니티의 맥락에서 파생된 특정 용어의 빈도를 중심으로 연구의 흐름을 분석(Choi et al., 2011) 하는 반면, 사회연결망 기반 접근은 '정보와 정보' 간의 연결 관계를 통한 지식 네트워크의 현주소를 구조적으로 분석할 수 있다(이성신, 2016). 특히 문헌정보를 활용한 지식 네트워크에 있어 분석 대상은 대상 분야의 연구결과물로, 오랜 기간 축적된 연구성과와 연구주제에 대해 연구자 간 관계 구현은 물론, 특정분야의 연구 편향도, 세부 연구분야를 분석할 수 있다.

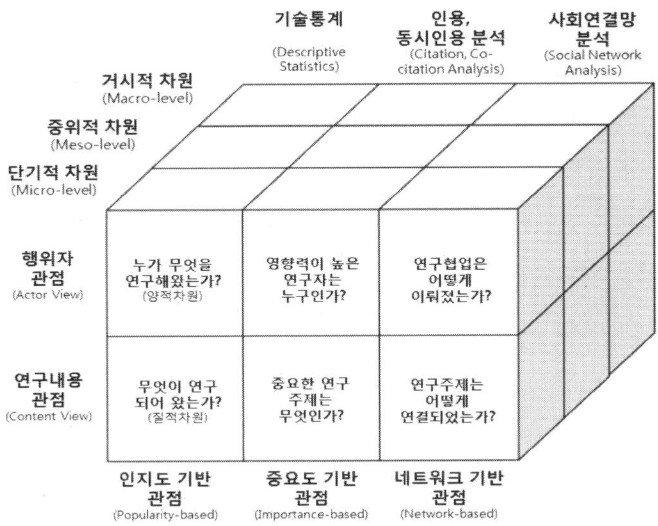


※ Santonen · Conn(2015, 3)에서 재구성

(그림 1) 과학계량학 관점에서의 연구경향 분석 패러다임 구조

네트워크 기반 연구경향 분석은 분석대상에 따라 공저자(co-authorship), 동시인용(co-citation), 동시출현(co-occurece) 관계에 초점을 맞추는 방법으로 분류할 수 있다(Newman, 2001; Morlacchi et al., 2005; Vidgen et al., 2007). 공저자 관계 분석은 연구자 간 관계를 분석하여 소속 국가 혹은 기관, 연구자 개인의 특정 지식분야에 있어 네트워크적 영향력을 살펴볼 수 있고(Su

・Lee, 2010), 동시인용 관계 분석은 문헌 간 인용 관계를 통해 특정 문헌의 영향도 측정과 지식의 전수 흐름을 파악하는데 용이하며, 동시출현 빈도 관계는 연구논문에서 추출된 핵심 키워드 간 관계를 분석하여 특정 분야의 연구 경향을 거시적으로 분석하는데 적합하다(고재창 외, 2013: 102).

## 3. 선행연구 검토

본 연구는 국내에서 지난 60년 간 수행된 원자력 관련 사회과학 연구의 지식 네트워크 구조화를 위해, 각 논문에서 수집한 저자 제시 주제어(keyword)를 활용하고자 한다. 저자 제시 키워드는 후속 연구자 및 사용자에게 연구를 통해 습득한 정보와 지식을 함축적으로 전달할 수 있는 기준으로서 의의가 있다(Gil-Leiva・Alonso, 2007). 특히, 각 키워드는 특정 연구에 대해 이를 수행한 연구자 본인이 강조하고자 하는 특정 연구주제를 대표하기 때문에, 이를 기반으로 네트워크를 구성한다면 지식의 구조적 특징뿐만 아니라 해당 연구를 수행한 사회과학자의 인식을 간접적으로나마 유추할 수 있다. 본 연구는 키워드와 키워드 네트워크가 지식의 근원적인 운반체로서의 유용성이 있다는 점을 전제하고(Su・Lee, 2010), 키워드로 구성된 네트워크의 구조와 특징을 해제함으로서 연구경향 분석을 수행하고자 한다.

저자 제시 키워드를 활용한 네트워크 연구경향 분석 기법은 다양한 분야에서 검증되고 적용되어 방법론적 발전이 광범위하게 이루어지고 있다(He, 1999; Ding et al., 2001; Besselaar・Heimeriks, 2006; 임도빈 외, 2013; 고재창 외, 2013; Wang et al., 2014; Ravikumar et al., 2015; 이주연 외, 2015; 박성제 외, 2016; 이재혁・손용훈, 2016; 이성신, 2016; 장세은・이수호, 2016).

우선 해외 선행연구 동향을 살펴보면, He(1999)는 동시출현단어의 중심성을 파악함으로서 특정 연구분야의 연구경향을 파악할 수 있음을 제시했다. 이후 방법적 차원에서 장기간 축적된 연구의 양적, 질적 수준이 높은 분야에 대한 경향성 분석을 위해 키워드를 활용한 네트워크 분석 방법의 타당성 검증 연구가 잇따랐다(Ding et al., 2001; Besselaar · Heimeriks, 2006). 이와 같은 키워드 네트워크 분석방법은 다양한 분야의 연구 사례에 적용되는데, 동시출현 특성을 활용한 네트워크 분석에 있어 Wang et al.(2014)은 중국 내 지식발견(knowledge discovery)의 네트워크를 구현, 요인 분석과 클러스터 분석을 사용하여 핵심 키워드그룹을 도출하기도 했다. Ravikumar et al.(2015)의 연구는 국제학술지 「Scientometrics」에 게재된 959개의 연구결과물 대상으로, 텍스트마이닝 기법을 통해 키워드 데이터를 확보하고, 이후 키워드 동시출현 네트워크를 구현 및 분석함으로서 정보분석학의 지적 구조, 연구경향, 그리고 방법론적 패턴을 확인한 바 있다.

국내에서도 다양한 선행연구들이 연구목적에 따라 연결중심성과 매개중심성 등의 네트워크 분석 지표를 적용하여 중심 연구주제를 도출하거나(이주연 외, 2015; 이성신, 2016), 학제 간 융복합적 성격을 갖는 분야에 있어 세부 연구분야를 분류해왔다. 임도빈(2013)은 국제개발행정학의 메타분석을 위해 클러스터링을 수행하였고, 이재혁 · 손용훈(2016)은 군집분석을 통해 녹색기술 분야의 연구경향과 주요 연구주제를 제시하였다. 한편, 고재창 외(2013)은 기술경영 분야에 있어 컴포넌트 및 중심성을 분석을 수행하였는데, 특히 주요 시기별 변화를 비교함으로서 기술경영 분야의 핵심 선호연구 주제의 흐름을 살펴보았다.

본 연구는 아직 선행되지 않은 원자력 분야에 대한 사회과학 연구경향 분석을 수행함에 있어, 거시적 관점의 네트워크 분석 기법을 적용하고자 한다. 사회과학 연구대상으로서 원자력이 갖는 특수성을 고려했을 때, 과거 수행된 다학제적 연구 경향을 실증적으로 분석하는 것은 원자력에 대한 사회과학의 역할 확대에 있어 유의미한 기초자료를 제공할 수 있다. 따라서 본 연구는 지난 60년 간 국내에서 수행된 원자력에 관한 사회과학연구들의 결과에 대해 '어떤 연구주제들이 주로 연구되었는가?'라고 묻고, 이에 대한 답을 제시하기 위해 특정 키워드의 동시출현 관계를 활용한 네트워크 분석 방법을 적용한다. 이를 통해 원자력에 대한 사회과학 연구분야의 지식구조를 분석함은 물론, 또한 네트워크 기법을 활용한 연구경향 분석론에 있어 새로운 분석사례를 더하고자 한다.

## Ⅲ. 연구방법

### 1. 연구절차 및 범위

본 연구는 원자력에 관한 사회과학 연구논문의 연구경향 분석을 위해 키워드 네트워크 분석방법을 활용한다. 분석 절차는 우선, 학술정보 데이터베이스를 통해 분석 대상 논문과 문헌정보를 수집하고, 기술통계적 접근을 통해 데이터의 특징을 도출한다. 논문 데이터는 한국연구재단의 한국학술지인용색인(KCI)과 한국교육학술정보원의 학술연구정보서비스(RISS) 두 곳의 통합검색 기능을 활용, 사회과학으로 분류된 국내 등재지 및 등재후보지에 게재된 연구논문 중 검색어 '원자력'에 해당되는 논문 605건을 수집했다[5].

기 수집된 논문에서 키워드를 추출 및 정제 과정을 거쳐 원자력 융합 지식에 대한 네트워크를 구성하고, 각각 네트워크 속성 분석, 중심성 분석, 응

---

5 KCI와 RISS 시스템에서 검색결과가 상이했기에, 상호 중복 및 누락을 방지하기 위해 두 시스템에서 검색한 논문데이터를 상호 교차검토를 수행했다. 데이터 수집방법은 각 DB 시스템의 통합검색 기능을 통해 검색어 '원자력'을 입력, 추출된 논문데이터를 수집했다. DB 운영기관(한국연구재단, 한국교육학술정보원) 담당자에 따르면, 통합 기능 검색어 기능은 논문의 제목, 저자이름, 저자소속, 주제어(키워드), 초록에서 검색어와 동일한 단어를 포함한 논문을 제시하는데, 이때 본문은 검색에서 제외된다. 단, 논문의 목차는 한국연구재단 KCI DB는 제외된 반면, 교육학술정보원 RISS는 검색대상에 포함한다.

집성 분석을 통한 세부 연구분야 도출을 수행한다. 마지막으로 분석 결과에 대한 시사점을 정리한다.

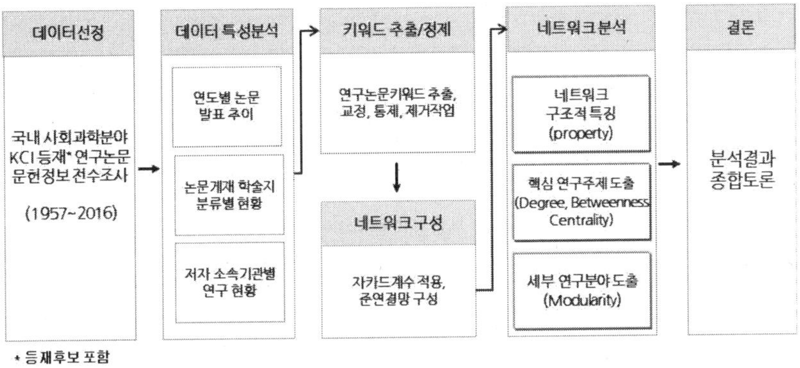


(그림 2) 연구절차

## 2. 데이터 구성 및 특징

분석대상으로 수집한 원자력 관련 사회과학 국내 학술논문 데이터는 기술통계적 관점에서 다음과 같은 특성을 지닌다. 첫째, 1957년 국내 원자력 관련 사회과학 연구논문이 최초 발표된 이후, 원자력 관련 사회과학 연구논문은 (그림 3)과 같이 2011년을 기점으로 대폭 증가했다. 2011년은 동일본 대지진으로 인해 후쿠시마 원자력발전소 사고가 발생한 시점이다. 둘째, 논문이 게재된 학술지의 학제적 분류[6]에 따르면, 원자력 관련된 사회과학

---

6 한국연구재단의 사회과학 학술지 분류는, 대분류는 사회과학, 중분류부터 각 세부학제로 구분된다. 이때 중분류의 경우, '사회과학일반', '기타 사회과학' 등과 같이 모호한 분류기준이 일부 확인하였다. 따라서 학제적 기준을 보다 명확하게 하기 위해, 기존 분류가 모호한 분류 기준을 갖고 있는 논문의 경우, 우선 해당 논문의 내용과 제1저자의 전공을 고려하여 해당 논문을 재분류했다. 또한, '정치외교학'은 '정치학'과 '국제관계학'으로 세분화하였고, '신문방송학'과 '광고홍보학' 및 '언론학'은 모두 '커뮤니케이션학'으로 통합 분류했다.

연구논문을 가장 많이 발표한 분야는 법학(33%)이다. 이후 행정학 및 정책학(26%), 정치학(10%), 국제관계학(7%), 커뮤니케이션학(6%), 경제학(5%), 경영학(4.8%), 사회학(4.1%), 교육학(4%) 순으로 원자력에 대한 연구가 수행되었다. 셋째, 논문 제1저자의 소속기관을 중심으로 원자력 관련 사회과학 연구를 수행한 기관 현황을 살펴보면, 지난 60년 간 대학에서 주로 연구가 수행되었던, 반면 제1저자가 정부 출연기관 소속인 연구논문은 65편으로 나타났다.

이후, 네트워크 분석을 위해 저자제시 키워드 데이터는 수집한 논문에서 다시 키워드를 확보하고 정제하는 과정을 거쳐 마련했다. 우선, 논문 데이터 605건 중 2개 이상의 저자제시 키워드를 포함한 528건의 논문에서 총 2,751개의 키워드 데이터를 추출했다. 추출된 키워드는 다시 국문을 기준으로 표준화 교정과정을 거쳤다. 다의어는 유사 키워드 간 클러스터링(clustering) 정제과정을 거쳐 용어를 통일했다. 예를 들어 원전을 통한 전력원(電力原)으로서 사용된 '핵발전', '원자력에너지'와 같은 용어는 모두 '원자력발전(發電)'으로 변경했다. 이 과정을 거쳐 총 2,751개의 키워드 중 1,818개의 키워드를 도출했다. 키워드 데이터는 연구논문 간 동시출현 빈도 분포를 살펴본 결과, 약 80%의 키워드가 1개의 논문에 1번 출현하는 멱함수 분포를 나타내고 있음을 확인했다.

도출된 키워드 데이터의 빈도수 분포[7]를 살펴보면 전체 기간 중 가장 높은 키워드는 '원자력발전'으로 나타났다. 1957년에서 2010년까지 기간 중 가장 높은 동시출현 빈도를 갖고 있는 키워드는 '과학기술'인데, 2011년에서 2016년 기간에는 '원자력발전'으로 변화되었다. 두 번째 특징은 2011년을 기준으로 주로 핵비확산, 핵안보, 관련 키워드가 다양한 논문에서 다뤄졌던

---

7 저자제시 키워드 빈도수 목록은 별첨 〈부록-1〉 참조.

것에 반해, 후쿠시마 사고가 발생한 2011년 이후 본격적으로 원자력 안전과 사회수용성 관련된 키워드가 주로 다뤄졌다. 세 번째 특징은 원자력 관련 연구의 다양성이 확대되었다. 2011년 이전과 이후 동안 신재생에너지의 동시출현 빈도는 7에서 18로 증가 되었으며, 연관 키워드인 '녹색성장'이 상위 20개 목록에 추가되었다. 또한, 1957년에서 2010년 간 '거버넌스', '바이돌법(Bayh-DoleAct)'과 같이 국내 과학기술 정책 관련 키워드들이 상위에 분포했던 것과 달리, 2011년 이후부터는 기술의 해외수출과 관련된 '프로젝트파이낸스' 키워드가 등장하였고, '사용후핵연료', '핵테러리즘'과 같은 원자력계 최근 현안도 다뤄졌다.

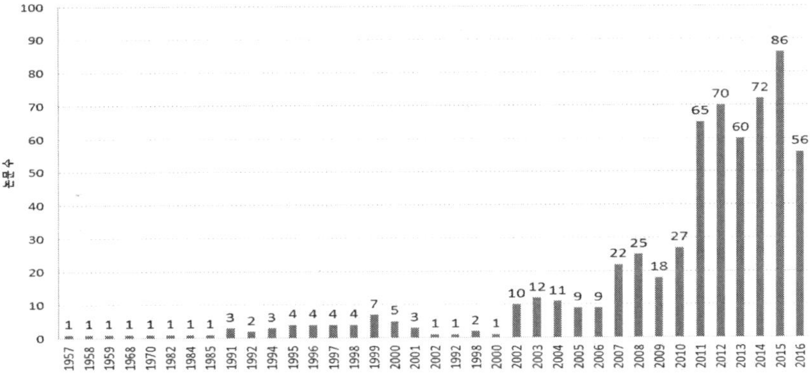


(그림 3) 국내 원자력 관련 사회과학 연구논문 발표 추이 (1957-2016)

## 3. 지식 네트워크 구성 및 분석방법

상기한 과정을 거쳐 수집된 키워드는 네트워크 구성을 위한 기본 데이터로 활용했다. 구성 절차는 각 논문의 키워드 빈도에 따라 작성된 이원행렬(two-mode matrix)를 다시 키워드와 키워드 간 일원행렬(one-mode matrix) 기반으로 전환하여 준연결망(quasi network)를 구축 하였다. 이는 논문과 논문 사이에는 직접적 관계는 없으나, 키워드의 동시출현을 매개로 논문 간 인위적 관계를 부여하여 네트워크를 구성하기 위한 필수 절차다(김용학·김영진, 2016).

준연결망 행렬의 데이터 값은 키워드 간 동시출현 여부에 따른 유사성 측정값으로, 본 연구는 다양한 유사성 측정 알고리즘 중 자카드 계수(Jaccard Coefficient)를 적용했다. 자카드 계수는 방향성을 고려하지 않는 문헌정보 네트워크 분석에 유용한 알고리즘으로, 동시출현 관계에 있는 두 키워드에 대해 유사도 값을 0~1 사이로 수치화하여 관계 속성을 산출 하는데 사용한다(Niwattanakul et al., 2013). 두 키워드가 논문에 함께 등장한 경우가 많을수록 1에 가까우며, 전혀 함께 등장하지 않은 경우 두 키워드 사이 연관도는 0이 된다. 값이 클수록 두 키워드가 서로 연관성이 높다는 것을 의미한다.

$$Jaccard\ Coefficient\ (A, B) = P(A \cap B)/P(A \cup B)$$

※ P=논문(Paper); A, B는 특정 키워드가 동시 출현한 논문의 수

각 키워드 데이터에 자카드 계수를 통해 부여된 네트워크 속성값은 네트워크 구성의 근간일 뿐 아니라, 키워드 동시출현 관계에 따른 링크(link) 수의 증감을 조정할 수 있는 기준이 된다. 즉, 키워드 간 관계를 측정한 연관도 점수의 경우에도 0~1사이의 연속적인 값으로 모든 키워드 쌍에 대해 존재하기 때문에, 기준점을 정하여 연관도가 낮은 키워드 간 관계는 제외하는 과정을 거쳐야 서로 연관성이 높은 키워드들 중에서 핵심과 주변 위치를 판별할 수 있다. 본 연구에서는 자카드 계수 0.1 이상을 적정 값으로 설정, 네트워크 링크 구성 비율을 설정하였다.

위와 같은 절차를 거쳐 지식 네트워크가 구성되면, 네트워크의 구조적 특징을 도출하기 위한 네트워크 속성(property) 분석, 영향도가 높은 연구주제

도출을 위한 중심성(centrality) 분석, 마지막으로 응집성(cohesion) 분석을 통한 세부 연구분야(community) 도출을 각각 수행하였다. 우선, 지식 네트워크의 구조적 특징은 사회연결망 이론의 네트워크 속성 지표인 노드 간 연결정도(degree), 밀도(density), 평균연결정도(average degree), 집중도(centralization), 파당수준(clique)을 통해 살펴보았다. 연결정도는 특정 노드에 대해 동시출현 관계에 따른 연결가능 링크의 수이며, 이후 평균 연결정도, 연결정도 분포를 각각 산출하여 전체 네트워크의 구조적 특성을 유추하고자 했다(이수상, 2012). 밀도는 네트워크 내 노드들 간 연결된 정도로서, 밀도가 높은 키워드 네트워크는 그 만큼 특정 연구주제 간 동시출현 관계가 많다는 것을 의미하며, 연구주제 및 분야에 대한 연구가 밀접한 관계를 맺고 있음을 의미한다. 밀도 값은 실제 연결된 링크수를 연결 가능한 전체 링크수로 나눈 값으로 계산되는데, 키워드 동시출현 관계는 링크의 무방향성을 전제로 하는 $L/n(n-1)/2$ (L은 전체 연결 수)의 산출식을 바탕으로 0에서 1의 범위 내 값을 가지게 된다. 네트워크의 응집성 관련 속성은 집중도과 파당 분석을 통해 살펴본다. 집중도는 소수의 노드들 사이 존재하는 연결에 따라 집중하는 정도를 표현하며, 밀도의 높고 낮음에 따라 소수에 집중되는 경향을 살펴보는데 유용하다(이수상, 2012). 파당은 모든 노드 쌍이 직접 연결된 최대 규모의 완전연결 네트워크로서, 본 연구에서는 최소 3개 노드의 완전 연결을 기준으로 파당의 개수를 도출했다.

둘째, 중심성 분석은 Freeman(1978)이 제시한 연결중심성(Degree Centrality)와 매개중심성(Betweenness Centrality)의 지표를 활용한다. 연결중심성은 특정 노드가 네트워크 내 일정 수준의 높은 링크수준(degree)를 보유한지 여부를 확인할 수 있으며, 이를 통해 네트워크 내 영향력이 높은 키워드, 즉 중점적으로 다뤄졌던 연구주제를 도출할 수 있다. 특정 노드 n의 연결중심성은 d(ni)/전체노드수-1 로서, d(ni)는 노드 n의 연결정도로 계산된다. 본 연구에서 각 노드의 링크는 동시출현을 전제로 하는 만큼 무방향성을 전제로 중심성을 산출한다(사이람, 2016).

$$Degree\ Centrality(\mathrm{n}) = \frac{d(n_i)}{\#nodes - 1}$$

반면, 매개중심성은 국지적 차원의 밀도가 높은 군집집단들을 매개하는 노드를 분별하는데 사용된다(Prell, 2012). 매개중심성 개념은 특히 키워드 네트워크 분석에서 중요한데, 이는 지식네트워크 내 세부 연구분야 간 연결하는 다학제적(multi-disciplinary) 연구주제를 나타낼 수 있기 때문이다. 매개중심성 값은 각각의 노드쌍의 최단 경로상 특정 노드가 포함될 확률의 누적합을 네트워크 내 모든 경로의 수로 나눈 결과이며, 산출식은 아래와 같다(사이람, 2016).

$$Betweeness\ Centrality(\mathrm{n}) = \frac{\sum_{j<k} g_{jk}(n_i)/g_{jk}}{[\frac{(g-1)(g-2)}{2}]}$$

※ $g_{jk}$ = 노드 j와 k를 연결하는 최단경로 개수; $\sum_{j<k} g_{jk}(n_i)/g_{jk}$ ; j와 k 간 최단 경로상 노드 i가 포함될 확률의 누적값, $(g-1)(g-2)/2$ ; $n_i$를 포함하지 않는 모든 노드쌍의 수

셋째, 각 노드 간의 응집성을 기준으로 네트워크의 세부 연구 분야를 제시한다. 응집성 분석은 주로 전체 네트워크 내부에서 일정 수준의 응집성을 갖춘 하위 커뮤니티를 검출하기 위해 활용되는데, 키워드 네트워크 분석을 통한 지식 네트워크의 하위 커뮤니티는 곧 세부 연구 분야라고 볼 수 있다. 본 연구에서는 CNM 알고리즘을 기반으로 하는 NetMiner 4.2의 모듈라리티(modularity) 기능을 통해 세부 연구분야를 도출했다(Clauset et al., 2004). 이후 도출된 세부분야는 다시 네트워크 응집성을 중심으로 계량적

비교분석을 수행했다. 분석 지표는 각각 SMI(Segregation Matrix Index), 응집지수(cohesion index), 그리고 E-I 지수(External-internal Index)를 활용하였다. 먼저, SMI는 각 그룹들의 분리정도를 나타내는 지수로, 그룹 내 상호작용 대 그룹 외 상호 작용의 상대적 수와 강도를 기준으로 그룹 외 링크 밀도와 그룹 내 링크 밀도를 표현하며, 이 비율이 1에 가까울수록 그룹 내 링크 밀도가 높다는 것을 의미한다(Fershtman, 1997). 또한, 응집지수는 각 집단의 응집 강도 및 동질성을 계산하는 지수로서, 한 집단을 응집력 있는 의미단위로 신뢰할 수 있는지 여부를 결정할 수 있도록 도와주는 지수이다. 집단 내 링크 밀도를 집단 외 링크 밀도로 나눈 값을 표현하며, 1보다 크다면 그룹 내 링크의 밀도가 높다는 것을 의미한다(Aviv et al. 2003). E-I 지수는 네트워크에서 식별된 집단 간의 내부 및 외부 관계의 수를 비교하기 위해 그룹에 속한 노드에 연결된 링크가 그룹 내부 혹은 외부에 많은지 여부를 측정하며, -1에 가까울수록 그룹 내 링크가 많고, 1에 가까울수록 그룹 외 링크가 많음을 의미한다(Hill, 2008).

다음 장에서는 상기한 연구방법을 적용하여 원자력에 대한 사회과학 연구의 그간 축적된 지식의 전체 네트워크 지도를 구현하고, 이를 네트워크 분석기법을 적용하여 지식의 구조적 특징, 중심 연구주제, 그리고 세부 연구분야의 특징을 파악한다.

## Ⅳ. 분석결과

### 1. 네트워크 속성 분석

전체 네트워크에 대한 분석 결과, 국내 원자력 관련 사회과학 지식 네트워크는 117개 노드와 199개 링크로 구성되었다. 동 네트워크는 연결정도

566, 밀도 0.065, 평균 연결정도 4.3이며, 중앙 집중도 5%에 파당 33개로 구성된 무척도 네트워크(scale-free network)로 나타났다. 상술한 자카드 계수를 기반으로 유사성이 높은 키워드들 간의 응집패턴, 즉 개별 노드들의 네트워크 지도상에서의 상대적 위치가 파악되고 이들을 연결함으로써 다음의 (그림 4)와 같은 전체 네트워크 지도를 도출했다. 본 연구에서 유사도 임계치는 자카드 계수가 0.1 이하인 것으로 설정하였으므로, 임계치 이하의 연결성을 갖는 키워드들은 제거하고, 이상의 연결성을 갖는 키워드만을 지식 네트워크 시각화에 활용하였다.

※ 매개중심성 수치 상위 20개 키워드 강조

(그림 4) 원자력 과학기술에 대한 국내 사회과학 지식 네트워크 지도

〈표 1〉 2011년 전후 원자력 관련 사회과학 지식 네트워크 규모 비교

| 구분 | 1957-2010 | 2011-2016 |
|---|---|---|
| 연결정도 | 26 | 363 |
| 밀도 | 0.137 | 0.083 |
| 평균 연결정도 | 1.3 | 3.9 |
| 집중도 (%) | 14 | 9.7 |
| 파당 개수 (최소 연결노드: 3) | 5 | 25 |
| 네트워크 지도 (circular map) | 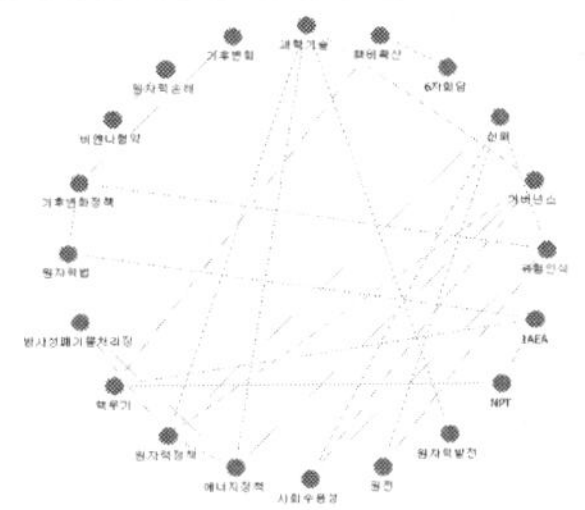 | 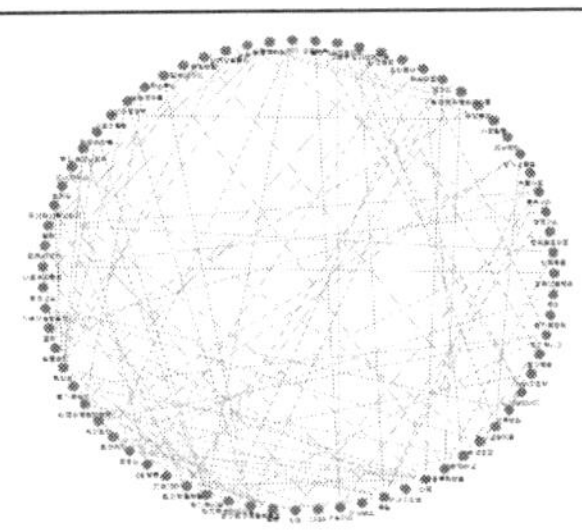 |

국내 원자력 관련 사회과학 지식 네트워크 규모는 〈표 3〉에서 보이는 바와 같이, 1957년 최초 연구논문 발표 이후 지속적으로 확대 되었는데, 특히 2011년 후쿠시마 사고 이후 연구논문 생산이 급증하는 시점부터 본격적으로 성장했다. 1957년에서 2011년 간 형성된 지식 네트워크는 이후 연결정도가 26에서 363으로 증가했으며, 밀도는 0.137에서 0.083으로 낮아져 보다 다양한 주제를 다루는 후속연구가 수행되어 왔음을 알 수 있다. 이와 같은 경향은 평균 연결정도의 차이에서도 발견되는데, 이는 1957-2011년 간 1.3이던 값이 2011-2016년 간 3.9로 상승하면서 네트워크 규모가 점차 확대되었다. 또한, 군소 네트워크 집합체인 파당의 수도 5개에서 143개로 확대된 점을 볼 때, 지식 네트워크 규모 확대에 따른 세부 연구분야가 형성되고 있음을 추정할 수 있다.

## 2. 중심성 분석

중심성 분석은 두 가지 중심성 지표를 통해 분석했다. 우선, 연결중심성 분석은 지식 네트워크에서 어떤 연구주제가 가장 주목을 받아왔는지 확인하기 위해, 매개중심성 분석은 세부 연구분야 간 매개를 통해 네트워크 성장에 영향을 미친 연구주제를 확인하기 위해 적용하였다.

우선, 연결중심성이 가장 높은 연결주제는 '갈등관리'로서 원자력에 관한 사회과학 연구자들의 가장 높은 관심과 연구를 이끌어 온 것으로 확인되었다. '갈등관리'에 대한 연구는 각각 '정책수용성', '주민투표', 방사성폐기물 처분장'의 연구주제로 연결되었다. 또한, '원자력손해배상법', '국제핵비확산체제', '프랑스', '손해배상', '책임집중', '비엔나조약', '원자력손해', '핵안보', '파이로프로세싱'의 순으로 연결중심성 상위 10개의 연구주제가 구성되었다. 3장에서 상술했듯이, 원자력 관련 사회과학 연구논문은 법학분야의 논문이 가장 많이 발표되었는데, 네트워크 연결중심성 분석 결과 상위 10위 내 원자력 법제 관련 손해배상법, 책임집중, 비엔나조약[8]과 같은 연구주제들이 다뤄졌음을 확인하였다.

'NPT', '핵안보', '파이로프로세싱' 등 핵비확산 관련 연구주제들이 국내 원자력 관련 사회과학 연구에 있어 중심성이 높은 점은 주목할 만하다. 국제사회는 원자력 과학기술의 이중성에 기인하여 군사적인 전용을 방지하기 위한 일련의 제도를 구축해왔다. 원자력을 도입하려는 전 세계 모든 국가

---

8 비엔나조약은 원자력손해배상에 관한 국제조약 중 하나이다. 원자력 사고는 자국의 국경을 넘어 국제적 피해 가능성이 높기 때문에, 자국 및 타국의 피해자 보호라는 문제가 발생되기 마련이다. 이에 유럽을 중심으로 국제사회는 원자력 사고에 따른 손해에 대한 민사책임 관련 조약체계를 마련해왔다. 대표적 원자력손해배상 국제 조약은 '파리조약'과 '비엔나조약'이 있다 (함철훈, 2013).

는 1970년 발효된 NPT를 근간으로 국제사회가 IAEA의 안전조치(safeguard) 활동을 협조하여 군사적 전용을 방지해야 한다. 또한, 한미원자력협력협정과 같은 국가 간 양자협정, 원자력공급국그룹(NSG: Nuclear Supply Group) 등과 같은 국제 수출입통제체제에 의거하여 기술의 해외이전과 확산 활동에 대한 국제적 제약을 따라야 한다. 원자력 관련 사회과학 연구 네트워크에서 이와 같이 핵비확산과 이에 대한 국제체제가 다수 다뤄져 왔다는 점은 원자력이 갖고 있는 국제관계적 특수성을 잘 나타내고 있다고 볼 수 있다.

한편, '프랑스'가 연결중심성이 높은 연구주제로 도출된 점은 매우 흥미롭다. 프랑스는 전체 전력생산량의 75%를 원자력에 의존하는 대표적 친 원자력국가이며(World Nuclear Association, 2017), 원전산업의 다양한 이해관계자가 공기업 및 기관으로 구성된 독점시장이며 정부 주도의 원전산업 구조[9]를 갖고 있다. 이는 원전시장이 민영화된 미국, 독일, 일본과 달리, 정부의 공적기금이 투입되는 원전운영 독점기업인 한국수력원자력(주)과 정부출연 연구기관인 한국원자력연구원이 중심이 되는 우리나라 원자력 구조와 매우 유사하다(김형국 · 김영준, 2014). 따라서 프랑스는 국내의 다양한 원자력 정책 연구에 있어 비교국가 사례로 주요하게 다뤄져 온 것으로 사료된다.

---

9 프랑스의 원자력 산업구조는 우리나라와 매우 유사하다. 프랑스의 원전산업은 전체 58기 원전을 모두 프랑스전력공사(EDF: Électricité de France)가 운영하는 독점구조인데, EDF는 전체 지분의 약 85% 이상을 정부가 소유한 원전운영 공기업이다. 프랑스의 원자력연구개발은 출연기관인 원자력청(CEA: Commissariat à l'énergie atomique et aux énergies alternatives)이, 안전규제는 원자력안전청(ASN: L'Autorité de sûreté nucléaire)이 수행한다.

〈표 2〉 원자력 관련 사회과학 지식 네트워크의 중심성 상위 10개 키워드

| 시기 | 1957-2010 | | 2011-2016 | | 전체 (1957-2016) | |
|---|---|---|---|---|---|---|
| 순위 | 연결중심성 | 매개중심성 | 연결중심성 | 매개중심성 | 연결중심성 | 매개중심성 |
| 1 | NPT | NPT | 원전해체 | 원전해체 | 갈등관리 | 원자력시설 |
| 2 | 원자력정책 | 원자력정책 | 독일 | 독일 | 원자력손해 배상법 | 핵비확산 |
| 3 | 신뢰 | 신뢰 | 프랑스 | 프랑스 | 국제핵비확 산체제 | 핵안보 |
| 4 | IAEA | IAEA | 한국수력 원자력㈜ | 원자력시설 | 프랑스 | 네트워크 분석 |
| 5 | 과학기술 | 기후변화정책 | 핵안보 | 미국 | 손해배상 | 갈등관리 |
| 6 | 에너지정책 | 위험인식 | 미국 | 일본 | 책임집중 | 경제성 |
| 7 | 핵비확산 | 핵비확산 | 일본 | 에너지정책 | 비엔나조약 | 지식 |
| 8 | 거버넌스 | 비엔나조약 | 네트워크 분석 | 기후변화 | 원자력손해 | 핵안보 정상회의 |
| 9 | 핵무기 | 원자력법 | 원자력손해 배상법 | 네트워크 분석 | 핵안보 | 원전해체 |
| 10 | 위험인식 | 사회수용성 | 원자력시설 | 원자력손해 배상법 | 파이로 프로세싱* | 프랑스 |

* 전체기간의 연결중심성 10위 키워드는 '파이로프로세싱' 외, '핵비확산', '파리협약', '삼척시', '핵무기', '원전해체', '한국수력원자력㈜', '위험책임', '한미원자력협력협정', '네트워크분석', '원자력시설', '원자력사고'가 있다.

매개중심성이 가장 높은 상위 10개의 연구주제는 각각 '원자력시설', '핵비확산', '핵안보', '네트워크분석', '갈등관리', '경제성', '지식', '핵안보정상회의', '원전해체', '프랑스' 순으로 나타났다. 매개중심성이 연구주제 간 확장에 있어 교두보 역할을 하는 주제를 나타낸다는 점을 고려했을 때, 상기한 10개의 연구주제를 중심으로 지식 네트워크 규모가 확대 되었다는 점을 유추할 수 있다. '원자력시설'은 원자력발전소, 방사성폐기물처분장 등 원자력 관계기설을 총칭하는 용어로서 매개 중심성이 가장 높은 연구주제다.

원자력 시설은 다시 원자력 안전, 환경, 손해배상, 갈등관리 등의 연구로 연결되었다. 마찬가지로 '핵비확산' 연구주제는 '경제성', '파이로프로세싱', '한미원자력협력협정' 등의 연구주제들과 연결되었다. 상기 했듯이 핵비확산에 대한 국제적 특수성, 사용후핵연료 재처리 불가에 따른 원자력의 경제성 문제 등에 있어 사회과학 연구가 다양하게 확대되었음을 알 수 있다.

시대별 변화를 살펴봤을 때, 2011년 이전과 이후의 연구경향은 전반적으로 다양한 주제에 대한 연구가 수행되고 있으며, 특히 국가의 역할 측면에서 진흥적 측면 보다 안전규제 관련 연구가 확대되고 있다는 점을 확인할 수 있었다. 1957년에서 2010년 간 기간은 핵비확산, 사회수용성과 함께, 과학기술 정책 혹은 에너지 정책 분야가 주로 다뤄져왔다면, 2011년에는 '원전해체'와 같은 안전규제 관련 사회과학 차원의 연구가 수행되는 한편, '독일', '프랑스', '미국', '일본' 등이 중심성이 높은 연구주제로 자리매김하면서 비교국가 연구가 활성화 되었다. 이는 국내 원자력 정책 현안에 대한 다양한 연구접근을 통해 문제제기 및 대안제시를 위한 처방적 연구가 수행되고 있음을 시사한다.

## 3. 세부 연구분야 도출

앞서 언급했듯이, 원자력 관련 사회과학 지식 네트워크는 규모가 확대되면서 다양한 세부 연구분야가 형성되었다. 이를 확인하기 위해 네트워크 응집성 0.73을 기준값으로 하여 분석을 수행, 그 결과 (그림 5)와 같이 총 9개의 응집성이 높은 세부 연구분야를 도출하였다. 각 세부 연구분야의 비교를 위해 다시 각 커뮤니티를 연결정도, 밀도, SMI, 응집성, E-index를 활용하여 비교분석하였다.

분석 결과를 살펴보면, 우선 9개의 세부 연구분야의 밀도값이 높은 분야와 중심연구주제는 각각 세부분야2('원자력손해배상법'), 세부분야4('신재생에너지'), 세부분야1('지속가능발전'), 세부분야6('핵안보'), 세부분야3('삼척시 · 탈핵'), 세부분야7('갈등관리'), 세부분야5('지식'), 세부분야9('중국'), 세부분야8('국제핵비확산체제') 순서로 정리된다. 밀도가 높은 연구는 그만큼 특정 연구주제 간 동시출현이 높다는 의미로, 해당 세부 연구분야를 구성하는 연구주제 간 밀접한 관계 여부를 확인할 수 있다. 세부분야2는 주로 법학 분야 관련 연구주제로 구성되었는데 키워드 수가 8개로 상대적으로 적음에도 불구하고 밀도가 매우 높았으며, 또한 타 그룹과의 밀접연계를 판단하는 SMI, Cohesion Index 값에서도 보이듯이 법학 연구는 별개의 독립적 연구주제라 봐도 무방할 만큼 커뮤니티 내부 연구주제 간 연결정도가 매우 높았다.

타 세부연구 분야와의 연결정도를 나타내는 E-Index 값이 1과 가장 가깝게 나타난 분야는 세부분야9('중국'), 세부분야8('국제핵비확산체제')이다. 두 세부분야들은 각각 국내 차원(세부분야9)에서 '원자력법', '방사성폐기물', '주민참여', '전력산업', '기후변화정책', '에너지안보'를 포함하며, 국제 차원(세부분야8)에서 '원자력협력협정', '핵안보정상회의', 'IAEA', 'NPT' 등과 같은 연구주제를, '정책옹호연합모형', '정책결정과정', '역사적제도주의'와 같은 정책학 분야의 연구주제와 '미국', '일본', '중국', '인도' 등 비교국가 주제까지 포함하는 넓은 연구범위를 담고 있었다. 동 세부분야들은 밀도값이 낮은 반면 E-Index 값이 상대적으로 높게 나온 분야로, 포함하고 있는 연구주제들은 주로 사회과학 내 다학제적 연구가 이뤄져 왔음을 유추할 수 있다.

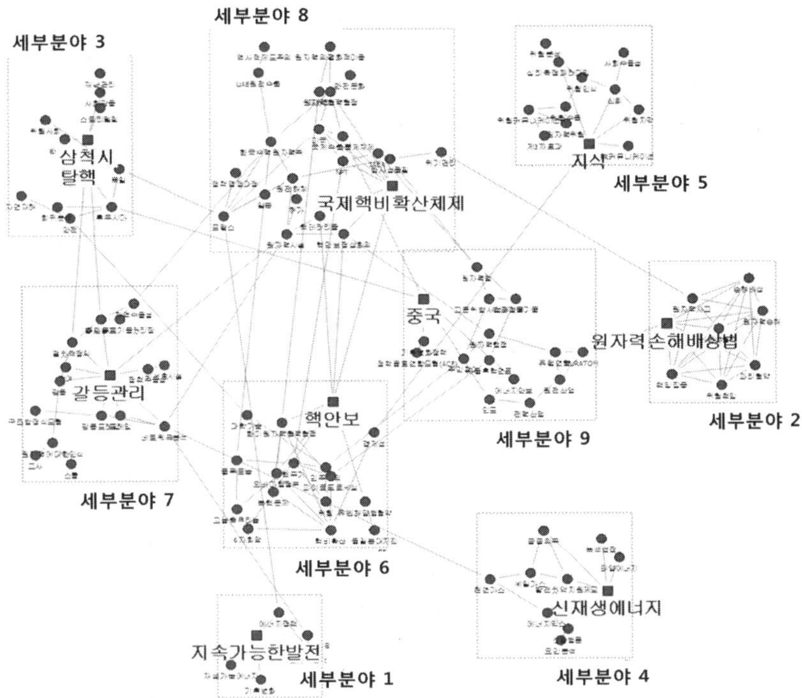


※ 각 세부분야 내 연결중심성이 가장 높은 키워드는 '□'로 표시

(그림 5) 국내 원자력 관련 사회과학 지식 네트워크 세부 연구분야 지도

한편, 핵비확산과 핵안보 관련되어 두 개의 세부 연구분야로 세부분야6('핵안보'), 세부분야8('국제핵비확산체제')가 도출되었다. 이 두 연구분야는 세부분야6이 주로 '6자회담', '핵무기', '한미원자력협력협정', '고농축우라늄', '북핵문제' 등 한반도에 국한된 연구주제들을 담고 있는 반면, 세부분야8('국제핵비확산체제')는 상술하였듯이 주로 국제레짐 관련 연구주제들을 담고 있었다. 이는 한반도의 핵안보 문제가 국제체제에 대한 연구와 별개로 특별한 관심을 갖는 주제로 다뤄져왔음을 확인할 수 있다. 핵안보에 대한 연구는 2009년 아랍에미레이트(UAE) 원전수출, 2012년 핵안보정상회담

개최, 2015년 한미원자력협력협정 개정 관련한 비교적 국제정세 변화에 대한 연구들이 연구되었다. 특히, 한미협정 개정에 따라 국내에서도 사용후 핵연료에 대한 연구가 일부 가능하게 되었고, 이에 원자력 관련 사회과학 지식 네트워크는 '파이로프로세싱'과 같은 기술개발 연구주제가 연결되는 점을 확인할 수 있었다. 즉, 사회과학 연구가 국제적 핵비확산과 핵안보 환경변화를 매개로 다양한 과학기술 연구활동의 정치사회적 파급효과에 대한 연구로 확산되고 있는 것이다.

〈표 3〉 국내 원자력 관련 사회과학 지식 네트워크 세부 연구분야 속성 비교

| 구분 | 중심주제* | 노드수 | 밀도 | SMI** | Cohesion Index** | E-I Index** |
|---|---|---|---|---|---|---|
| 세부분야 1 | 지속가능한 발전 | 6 | 0.047 | 0.982 | 55.5 | -0.429 |
| 세부분야 2 | 원자력손해배상법 | 8 | 0.297 | 0.995 | 202.429 | -0.857 |
| 세부분야 3 | 삼척시(탈핵) | 12 | 0.038 | 0.966 | 28.636 | -0.5 |
| 세부분야 4 | 신재생에너지 | 10 | 0.056 | 0.992 | 130.778 | -0.833 |
| 세부분야 5 | 지식 | 12 | 0.029 | 0.993 | 133.636 | -0.867 |
| 세부분야 6 | 핵안보 | 16 | 0.041 | 0.946 | 18.18 | -0.459 |
| 세부분야 7 | 갈등관리 | 16 | 0.031 | 0.956 | 22.124 | -0.533 |
| 세부분야 8 | 국제핵비확산체제 | 22 | 0.024 | 0.906 | 10.179 | -0.385 |
| 세부분야 9 | 중국 | 15 | 0.026 | 0.934 | 14.571 | -0.333 |

* '중심주제'는 각 세부분야 내 연결중심성이 가장 높은 키워드

** 'SMI': 비율이 1에 가까울수록 그룹 내 링크 밀도가 높음을 의미, 'Cohesion Index': 1보다 크다면 그룹 내 링크의 밀도가 높다는 것을 의미, 'E-I Index' -1에 가까울수록 그룹 내 링크가 많고, 1에 가까울수록 그룹 외 링크가 많음을 의미.

※ 각 세부분야별 키워드 구성 및 연결중심도는 〈부록-2〉 참조

그 외, 지식 네트워크의 세부 연구분야 도출결과, 탈핵운동이나 사회수용성, 에너지믹스 등 원자력 관련하여 비교적 최근 활발해지는 담론의 구성도 엿볼 수 있었다. 우선 탈핵 관련 세부분야3은 '삼척시'를 중심으로 '후

쿠시마', '독일', '사회갈등', '반핵운동', '자연재해'로 이어졌다. 동 분야에는 특히 방법론적 키워드로 '회귀분석'이 포함되었는데, 이는 국내에서도 삼척 신규원전 부지 문제나 탈원전과 같은 원자력 현안에 있어 원자력에 대한 특정요인이 대중의 수용성에 어떻게 영향을 주었는지에 대한 연구들이 국내에서 지속적으로 수행되어 왔음을 추정할 수 있다. 세부분야5('지식')는 특히 원자력에 대한 사회적 수용성에 대해 '신뢰', '위험인식', '심리측정패러다임', '위험커뮤니케이션', '위험지각' 등 커뮤니케이션학에서 다뤄지는 핵심 연구주제들로 구성되었다. '신재생에너지' 관련 세부분야4의 경우, '천연가스', '셰일가스', '에너지믹스', '발전차액지원제도', '녹색성장'과 같이 원자력과 새롭게 부상하는 에너지원 간 비교연구 담론의 핵심 연구주제들을 도출할 수 있었다.

## V. 결론

본 연구는 1957년부터 2016년까지 국내 사회과학 학술지에 게재된 원자력 관련 전체 사회과학 논문 605건에 대한 지식 네트워크 지도를 구성하고, 사회연결망 이론을 적용하여 네트워크의 변화와 구조적 특징을 실증적으로 분석하였다.

분석 결과 첫째, 국내에서 수행된 원자력 관련 사회과학 연구의 기술통계적 특징을 확인하였다. 국내의 원자력 사회과학 연구는 1957년부터 시작되어서 꾸준히 수행되었는데, 이후 2011년을 기점으로 논문발표가 급격히 증가했다. 논문이 발표된 학술지의 학제적 분류 기준으로, 가장 많은 연구를 수행한 분야는 법학이며 이후 행정학, 정책학, 정치학의 연구가 뒤따르고 있다. 또한, 원자력에 대한 사회과학 연구는 주로 대학에서 수행되었다. 원자력 기술 관련 연구개발이 정부출연 연구기관을 중심으로 수행된 반면, 사회과학 측면에서는 주로 대학이 원자력 과학기술의 정책연구를 포함한 사회과학 연구를 주도한 것이 확인되었다. 이는 향후 원자력 과학기술 분야의 융복합 연구에 있어 대학과 출연기관 간 역할분담이 필요함을 시사한다.

둘째, 국내 원자력에 관한 사회과학 지식 네트워크는 무척도 네트워크로 소수의 핵심적 연구주제들을 중심으로 대다수의 세부 연구주제들이 파생되어 왔음을 확인했다. 네트워크 연결중심성 분석을 통해 도출된 핵심 연구주제는 각각 '갈등관리', '원자력손해배상', '국제핵비확산체제' 등으로, 이는 2장에서 논의하였던 원자력의 사회과학적 특성과 관련있는 주제로 도출되었다. 즉, 원자력은 도입과 관리에 있어 국가의 역할이 막대하고 또한 사회적 민감성이 높으며 국제관계적 특성이 높다는 점을 반영하듯, 국내 사회과학 지식네트워크는 주로 국가의 원자력 정책 추진과 이에 따른 국내 사회적 '갈등관리'와 국제관계적 '핵비확산' 체제의 연구주제들을 중심으로 발전해왔다는 점을 유추할 수 있다.

한편, 후쿠시마 원전사고가 발생한 2011년을 기점으로 지식 네트워크는 규모면에서 본격적으로 확대되었다. 사고 이후 양적인 차원에서 원자력을 다루는 사회과학 연구논문 수가 급격히 증가함은 물론, 지식 네트워크의 규모가 확대하면서 보다 다양한 연구가 수행되었다. 이는 후쿠시마 이전의 사회과학 연구주제들이 주로 NPT, 원자력정책, 핵비확산, 과학기술정책 등 정책적 차원에서 국가의 역할 문제들이 중심적으로 다루어졌다면, 후쿠시마 이후에는 '원전해체'와 같은 기술적 분야에 있어 사회과학 차원의 연구가 수행되는 한편, '독일', '프랑스', '미국', '일본' 등이 중심성이 높은 연구주제로 자리매김하면서 비교국가 연구를 통한 문제제기 및 대안제시의 처방적 연구가 수행되었다. 뿐만 아니라 후쿠시마 이후 정부가 추진한 삼척시 신규원전 도입 등과 같은 사회적 문제는 탈핵, 신재생에너지 등과 같은 연구주제로 파생되면서 근본적 차원에서 원자력 사회과학 연구의 다변화가 이뤄졌다.

셋째, 전체 담론을 구성하는 각 세부 연구분야의 핵심개념들과 특징을 도출했다. 법학 관련 세부분야2의 경우 가장 밀도가 높으면서 타 세부 연구분야들과 연결도는 낮은 독립적 형태의 세부분야로 자리매김해왔는데, 주로 원자력사고와 관련한 국제법적 논의를 통해 국내법에 대한 연구가 진행되어 온 점을 확인했다. '방사성폐기물'과 '주민참여'를 포함한 세부분야9와 '국제핵비확산체제', 'NPT'를 포함하는 세부분야8은 다양한 성격의 연구주제들을 포함하여 밀도는 낮지만 반면 타 연구분야들과 연결성이 높게 나타났다. 또한, 북핵문제, 한미원자력협력협정과 같이 비교적 양자적, 혹은 지역적 차원의 연구주제들이 '핵안보'로 대표되는 세부분야를 형성한 것과 달리, 핵비확산 분야의 세부연구는 주로 다자적 차원의 국제레짐과 국제제도적 문제를 다루고 있었다. 탈핵운동, 사회수용성, 에너지 믹스의 문제들도 각각 밀접하게 연결된 관련 연구주제들과 함께 별개의 세부 연구분야를 구성하고 있었다. 이와 같은 세부분야의 담론 구조는 다시 국내 선행연구로 축적된 지식의 각 면면을 구성하는 핵심 개념으로서 의의가 있다.

본 연구는 원자력 관련된 사회과학 지식 네트워크를 구성 및 분석을 통해, 거시적 차원의 연구경향 분석을 실증적으로 수행하고자 하였다. 또한, 원자력을 바라보는 대중의 시선이 아닌 학자들의 인식을 그들의 연구성과물을 통해 간접적으로 파악하고자 했다는 점에서 또 다른 의의가 있다. 제시된 분석 결과가 추후 보다 다양한 사회과학 연구자들의 원자력에 관한 다학제적 연구 참여에 활용되기를 기대한다. 본 연구는 네트워크 분석에 있어 국내 한정되어 연구하면서, 네트워크 규모에 대한 평가 기준이 모호하다는 점에 한계가 있다. 이는 후속연구를 통해 보완되길 기대한다.

## 참고문헌

고재창 · 조근태 · 조윤호 (2013), “키워드 네트워크 분석을 통해 살펴본 기술경영의 최근 연구동향”, 「지능정보연구」, 19(2): 101-123.

김영곤 · 김주경 · 최일환 (2015), “원자력 갈등해결을 위한 수용성 확보에 관한 연구: 수용성 측정지표를 중심으로”, 「분쟁해결연구」, 13(2): 41-76.

김용학 · 김영진 (2016), 「사회연결망분석」, 서울: 박영사.

김형국 · 김영준 (2015), “한국형 원전해체 추진체계 구축방향에 관한 해외사례 비교 연구”, 「국제지역연구」, 9(1): 3-32.

김효정 (2012). 「원자력 안전과 규제」, 서울: 한스하우스.

미래창조과학부 (2017), “국민과 함께하는 원자력, 향후 5년 간의 국가 원자력 정책 청사진 제시”, 보도자료 (2017.1.26.).

박성제 · 이제욱 · 이현우 (2016), “스포츠 심리학 주제영역 키워드의 소셜 네트워크 분석 기반 학술지식지도(Knowledge map) 구축”, 「한국체육학회지」, 55(3): 187-198.

사이람 (2016), 「NetMiner Module Reference」, 서울: 사이람.

연합뉴스 (2017가), "신고리 공론화위 어떻게 구성했나…"전공 · 성별 · 세대 고려", (2017.7.24.)

________ (2017나), "지난해 확정 '사용후핵연료 관리 계획' 다시 공론화", (2017.8.9.)

________ (2016), "서울대 원자력정책센터 출범…"원자력 신뢰 높일 것", (2016.11.4.)

윤병운 · 이욱 · 박용태 (2005), “특허 인용 자료를 활용한 동북아 국가의 산업간 기술지식 흐름 및 구조 분석: 한국, 일본, 대만을 중심으로”, 「기술경영경제학회」, 13(3): 197-224.

이성신 (2016), “키워드 네트워크 분석을 통한 도서관마케팅 연구 경향 분석”, 「한국문헌정보학회지」, 50(3): 383-402.

이주연 · 한승환 · 권기석 (2015), “키워드 네트워크 분석을 통해 살펴본 최근 10년 법학연구 동향”, 「아주법학」, 8(4): 519-539.

이재혁 · 손용훈 (2016), “키워드 네트워크 분석을 활용한 생태관광 연구경향 분석”, 「농촌계획」, 22(2): 45-55.

임도빈 · 조원혁 · 차세영 · 정지수 · 이민아 (2013), “국제개발행정분야 연구동향에 관한 메타분석: 정부경쟁력 관점에서”, 「행정논총」, 51(2): 31-59.

임홍탁 · 김신 · 장진찬 (2012), “원자력 과학기술과공공기관: SCI 논문과 특허 분석”, 「한국정책학회보」, 21(3): 415-439.

이기헌 · 정효정 · 송민 (2015), “문헌정보학 분야 핵심 학술지들의 가중 주제-방법 네트워크분석”, 「한국문헌정보학회지」, 49(3): 457-488.

이수상 (2012), 「네트워크 분석 방법론」, 서울: 논형.

이현철 · 김영천 · 김경식 (2013), 「통합연구방법론:질적연구+양적연구」, 서울:아카데미프레스.

장세은 · 이수호 (2016), “키워드 네트워크 분석을 통한 세계 해운경제의 연구 주제와 동향에 대한 연구”, 「한국항만경제학회지」, 32(1): 79-95.

조성경 • 오세기 (2002), “원자력시설 및 정책의 수용성에 영향을 미치는 인식인자 도출에 관한 이론적 고찰”, 「에너지공학」, 11(4): 332-341.

주성돈 (2011). “원자력 발전정책의 변동과정 연구: 역사적 제도주의 관점에서”, 「한국사회와 행정연구」, 22(3): 153-182.

진상현 (2009), “한국 원자력 정책의 경로의존성에 관한 연구”, 「한국정책학회보」, 18(4): 123-145.

한국교육학술정보원 학술연구정보서비스(RISS), http://www.riss.kr.

한국연구재단 한국학술지인용색인(KCI), https://www.kci.go.kr.

한국원자력문화재단 (2017), “2016년 원자력 국민인식 정기조사 결과”, http://knea.or.kr/ bbs/board.php?bo_table=302020&wr_id=43 (접속일: 2017년 4월 9일).

함철훈 (2013), 「원자력손해배상법: 후쿠시마 원전사고와 배상실무」, 서울: 진원사.

______ (2009), 「원자력법제론」, 서울: 법영사.

홍덕화 (2016), “한국 원자력산업의 형성과 변형: 원전 사회기술체제의 산업구조와 규제양식을 중심으로, 1967-2010”, 서울대학교 박사학위 논문.

Aviv, Reuven., Erlich, Zippy., Ravid, Gilad., Geva, Aviva (2003). “Network Analysis of Knowledge Construction in Asynchronous Learning Networks”, *Journal of Asynchronous Learning Networks*, 7(3): 1-23.

Baylis, John., Smith, Steve (2005). *The Globalization of World politics: an Introduction to International Relations*, Oxford University Press: London.

Beaver, William (1987), "Duquesne Light and Shippingport: Nuclear Power is Born in Western Pennsylvania", *The Western Pennsylvania Historical Magazine*, 70(4): 345-346.

Besselaar, Peter van den., Heimeriks, Gaston (2006), "Mapping Research Topics using Word-reference Co-occurrences: a Method and an Exploratory Case Study", *Scientometrics*, 68(3): 377-393.

Choi, Jinho., Yi, Sangyoon., Lee, Kun Chang (2011), "Analysis of keyword networks in MIS research and implications for predicting knowledge evolution", *Information & Management*, 48(8): 371-381.

Choi, Sungyeol., Jun, Eunju., Hwang, IlSoon., Starz, Anne.,, Mazour, Tom., Chang, Soonheung., Burkart, Alex R. (2009), "Fourteen lessons learned from the successful nuclear power program of the Republic of Korea", *Energy Policy*, 37(12): 5494-5508.

Clauset, Aaron., Newman, Mark., Moore, Cristopher (2004), "Finding Community Structure in Very Large Networks", *Physical review*, E. 70(6): 066111.

Ding, Ying., Chowdhury, Gobinda G., Foo, Schubert (2001), "Bibliometric Cartography of Information Retrieval Research by using Co-word Analysis", *Information Processing and Management*, 37(6): 817-842.

Fershtman, Meir. (1997), "Cohesive Group Detection in a Social Network by the Segregation Matrix Index", *Social Networks* 19(3): 193-207.

Fischhoff, Baruch., Slovic, Paul., Lichtenstein, Sarah., Read, Stephen., Combs, Barbara (1978), "How Safe is Safe Enough? a Psychometric Study of Attitudes Towards Technological Risks and Benefits", *Policy Science*, 9(2): 127-152.

Freeman, Linton C. (1978), "Centrality in Social Networks Conceptual Clarification", *Social networks*, 1(3): 215-239.

Glass, Gene V. (1976), "Primary, Secondary, and Meta-analysis of Research", *Educational researcher*, 5(10): 3-8.

Gil-Leiva, I., Alonso-Arroyo, A. (2007), "Keywords given by Authors of Scientific Articles in Database Descriptors", *Journal of the American Society for*

*Information Science and Technology*, 58(8): 1175-1187.

Graham, Allison (2010), "Nuclear Disorder: Surveying Atomic Threats", *Foreign Affairs*, 89(1): 74-85.

He, Qin. (1999), "Knowledge Discovery through Co-word Analysis", *Library Trends*, 48(1): 133-159.

Hill, Victoria. A. (2008), "Collaboration in an Academic Setting: Does the network Structure Matter?", *Center for the Computational Analysis of Social and Organizational Systems (CASOS) technical report*. Retrieved from www.casos.cs.cmu.edu/publications/papers/CMU-ISR-08-128.pdf. (접속일: 2017년 8월 25일).

Lau, Annie. Y.S., Coiera, Enrico. W. (2007), "Do People Experience Cognitive Biases While Searching for Information?", *Journal of the American Medical Informatics Association*, 14(5): 599-608.

IAEA (1994), "Convection on Nuclear Safety", https://www.iaea.org/publications/documents/infcircs/convention-nuclear-safety. (접속일: 2017년 5월 8일).

_____ (1972), "The Structure and Content of Agreements between the Agency and States Required in Connection with the Treaty on the Non-Proliferation of Nuclear Weapons", IAEA INFCIRC/153, https://www.iaea.org/sites/default/files/publications/documents/infcircs/1972/infcirc153.pdf. (접속일: 2017년 5월 11일).

Morlacchi, P., Wilkinson, I. F. and Young, L. C. (2005), "Social networks of researchers in B2B Marketing: A case study of the IMP Group 1984-1999", *Journal of Business-to-Business Marketing*, 12: 3-34.

Newman, M. E. (2001), "The Structure of Scientific Collaboration Networks", *PNAS*, Jan 16, 2001, 98(2): 404-409.

Niwattanakul, Suphakit., Singthongchai, Jatsada., Naenudorn, Ekkachai., Wanapu, Supachanun (2013), "Using of Jaccard Coefficient for Keywords Similarity", *Proceedings of the International MultiConference of Engineers and Computer Scientists*, 1(6), 2013.

Santonen, Teemu, Conn, Steffen (2015), "Research Topics at ISPIM: Popularity-based Scientometrics keyword analysis", in Huizingh, Eelko; Torkkeli, Marko; Conn,

Steffen; Bitran, Iain (ed.). *The Proceedings of The XXVI ISPIM Innovation Conference*. 14-17 June, Budapest, Hungary.

Su, Hsin-Ning, Lee, Pei-Chun (2009), "Knowledge map of publications in research policy. in Management of Engineering & Technology", 2009. PICMET 2009. Portland International Conference on (pp. 2507-2516). IEEE.

Su, Hsin-Ning, Lee, Pei-Chun (2010), "Mapping Knowledge Structure by Keyword Co-occurrence: a First Look at Journal Papers in Technology Foresight", *Scientometrics*, 85(1): 65-79.

Prell, Christina (2012), *Social Network Analysis: History, Theory and Methodology*, Sage: London.

Ravikumar, S., Agrahari, Ashutosh., Singh, S. N. (2015), "Mapping the Intellectual Structure of Scientometrics: a Co-word Analysis of the Journal Scientometrics (2005-2010)", *Scientometrics*, 102(1): 929-955.

Vidgen, R., Henneberg, S. and Naudé, P. (2007), "What sort of community is the European Conference on Information Systems? A social network analysis 1993-2005", *European Journal of Information Systems*, 16: 5-19.

Wang, X.D., Liu, J. J., Sheng, F. S. (2014), "Analysis of Hotspots in the Field of Domestic Knowledge Discovery based on Co-word Analysis Method", *Cybernetics and Information Technologies*, 14(5): 145-158.

World Nuclear Association (2017), "Nuclear Power in France", http://www.world-nuclear.org/information-library/country-profiles/countries-a-f/france.aspx (접속일: 2017년 4월 9일).

〈부록-1〉 시기별 저자제시 키워드 빈도수 상위 20위 현황

| 시기 | 1957-2010 | | 2011-2016 | | 전체 (1957-2016) | |
|---|---|---|---|---|---|---|
| 순위 | 키워드 | 빈도 | 키워드 | 빈도 | 키워드 | 빈도 |
| 1 | 과학기술 | 18 | 원자력발전 | 79 | 원자력발전 | 83 |
| 2 | NPT | 16 | 후쿠시마 원자력사고 | 42 | 원전 | 46 |
| 3 | 부분적핵실험 금지조약 | 14 | 원전 | 37 | 후쿠시마 원자력사고 | 42 |
| 4 | 거버넌스 | 13 | 사회수용성 | 27 | 원자력법 | 33 |
| 5 | 원자력법 | 12 | 원자력법 | 21 | 사회수용성 | 27 |
| 6 | 핵분열물질생산 금지조약 | 11 | 신재생에너지 | 18 | 신재생에너지 | 25 |
| 7 | 원전 | 11 | 프로젝트 파이낸스 | 17 | IAEA | 19 |
| 8 | IAEA | 11 | 원자력안전 | 16 | 원자력정책 | 19 |
| 9 | 기후변화 | 10 | 에너지안보 | 15 | 과학기술 | 18 |
| 10 | 손해배상 | 8 | 사용후핵연료 | 15 | 기후변화 | 17 |
| 11 | 6자회담 | 8 | 원자력정책 | 14 | 프로젝트파이낸스 | 17 |
| 12 | 정책은유 | 7 | 핵테러리즘 | 13 | NPT | 16 |
| 13 | 신재생에너지 | 7 | 전력산업 | 13 | 녹색성장 | 16 |
| 14 | 핵폐기물관리 | 7 | 위험인식 | 13 | 일본 | 16 |
| 15 | 원자력책임 | 7 | 자연재해 | 12 | 원자력안전 | 16 |
| 16 | 21세기 | 6 | 안전문화 | 12 | 위험인식 | 16 |
| 17 | 환경법 | 6 | 일본 | 12 | 에너지안보 | 15 |
| 18 | 절차참가 | 6 | 녹색성장 | 11 | 사용후핵연료 | 15 |
| 19 | 핵제국주의 | 6 | 동일본대지진 | 11 | 부분적핵실험 금지조약 | 14 |
| 20 | Bayh-Dole Act | 6 | 에너지이행 | 8 | 거버넌스 | 13 |

### 〈부록-2〉 세부 연구분야별 키워드 및 연결중심성 현황

| 구분 (세부분야) | 중심주제* | 노드 수 | 키워드 구성 | 연결중심성 |
|---|---|---|---|---|
| 세부분야 1 | 지속가능 한 발전 | 6 | **지속가능한발전** | **0.025862** |
| | | | **에너지정책** | **0.025862** |
| | | | 원자력정책 | 0.017241 |
| | | | 정책네트워크 | 0.017241 |
| | | | 기후변화 | 0.008621 |
| | | | 재생가능에너지 | 0.008621 |
| 세부분야 2 | 원자력손 해배상법 | 8 | **원자력손해배상법** | **0.068966** |
| | | | 원자력손해 | 0.060345 |
| | | | 비엔나조약 | 0.060345 |
| | | | 책임집중 | 0.060345 |
| | | | 손해배상 | 0.060345 |
| | | | 원자력사고 | 0.051724 |
| | | | 위험책임 | 0.051724 |
| | | | 파리협약 | 0.051724 |
| 세부분야 3 | 삼척시 (탈핵) | 12 | **삼척시** | **0.051724** |
| | | | 후쿠시마 | 0.043103 |
| | | | 탈핵 | 0.034483 |
| | | | 독일 | 0.034483 |
| | | | 안전 | 0.034483 |
| | | | 사회갈등 | 0.025862 |
| | | | 반핵운동 | 0.017241 |
| | | | 회귀분석 | 0.017241 |
| | | | 스토리텔링 | 0.017241 |
| | | | 위험사회 | 0.008621 |
| | | | 재난관리 | 0.008621 |
| | | | 자연재해 | 0.008621 |

| | | | | |
|---|---|---|---|---|
| 세부분야 4 | 신재생에너지 | 10 | **신재생에너지** | **0.034483** |
| | | | 천연가스 | 0.025862 |
| | | | 발전차액지원제도 | 0.025862 |
| | | | 공급의무 | 0.025862 |
| | | | 셰일가스 | 0.025862 |
| | | | Q방법론 | 0.017241 |
| | | | 에너지믹스 | 0.017241 |
| | | | 요인분석 | 0.008621 |
| | | | 태양에너지 | 0.008621 |
| | | | 녹색성장 | 0.008621 |
| 세부분야 5 | 지식 | 12 | **지식** | **0.043103** |
| | | | 신뢰 | 0.034483 |
| | | | 위험인식 | 0.025862 |
| | | | 심리측정패러다임 | 0.025862 |
| | | | 위험수용 | 0.025862 |
| | | | 위험커뮤니케이션 | 0.025862 |
| | | | 원자력위험 | 0.017241 |
| | | | 위험지각 | 0.017241 |
| | | | 사회수용성 | 0.008621 |
| | | | PR커뮤니케이션 | 0.008621 |
| | | | 위험분석 | 0.008621 |
| | | | 제3자효과 | 0.008621 |
| 세부분야 6 | 핵안보 | 16 | **핵안보** | **0.060345** |
| | | | 한미원자력협력협정 | 0.051724 |
| | | | 핵무기 | 0.051724 |
| | | | 핵비확산 | 0.051724 |
| | | | 파이로프로세싱 | 0.051724 |
| | | | 민주주의 | 0.043103 |
| | | | 북핵문제 | 0.043103 |
| | | | 오바마행정부 | 0.034483 |
| | | | 위험 | 0.025862 |

| | | | | |
|---|---|---|---|---|
| | | | 플루토늄 | 0.025862 |
| | | | 고농축우라늄 | 0.025862 |
| | | | 6자회담 | 0.025862 |
| | | | 경제성 | 0.017241 |
| | | | 유엔해양법협약 | 0.017241 |
| | | | 과학기술 | 0.017241 |
| | | | 동일본대지진 | 0.008621 |
| 세부분야 7 | 갈등관리 | 16 | **갈등관리** | **0.077586** |
| | | | 네트워크분석 | 0.051724 |
| | | | 주민투표 | 0.043103 |
| | | | 절차적정의 | 0.043103 |
| | | | 갈등 | 0.034483 |
| | | | 갈등프레임 | 0.034483 |
| | | | 참여 | 0.025862 |
| | | | 원자력에대한인식 | 0.025862 |
| | | | 지역수용성 | 0.025862 |
| | | | 프레임 | 0.025862 |
| | | | 정책수용성 | 0.017241 |
| | | | 방사성폐기물처리장 | 0.017241 |
| | | | 소통 | 0.008621 |
| | | | 교사 | 0.008621 |
| | | | 구조방정식모형 | 0.008621 |
| | | | 비선호시설 | 0.008621 |
| 세부분야 8 | 국제핵비확산체제 | 22 | **국제핵비확산체제** | **0.068966** |
| | | | 프랑스 | 0.060345 |
| | | | 원자력시설 | 0.051724 |
| | | | 한국수력원자력㈜ | 0.051724 |
| | | | 원전해체 | 0.051724 |
| | | | 미국 | 0.043103 |
| | | | 원자력협력협정 | 0.043103 |
| | | | 국제수출통제체제 | 0.043103 |

| | | | | |
|---|---|---|---|---|
| | | | NPT | 0.043103 |
| | | | 핵안보정상회의 | 0.043103 |
| | | | 방사성물질 | 0.034483 |
| | | | 일본 | 0.034483 |
| | | | IAEA | 0.034483 |
| | | | 핵테러리즘 | 0.034483 |
| | | | 재처리 | 0.025862 |
| | | | 원자력의평화적이용 | 0.017241 |
| | | | 위기관리 | 0.017241 |
| | | | 허가 | 0.017241 |
| | | | UAE원전수출 | 0.017241 |
| | | | 정책결정과정 | 0.008621 |
| | | | 안전문화 | 0.008621 |
| | | | 역사적제도주의 | 0.008621 |
| 세부분야 9 | 중국 | 15 | **중국** | **0.043103** |
| | | | 원자력법 | 0.034483 |
| | | | 방사성폐기물 | 0.025862 |
| | | | EURATOM | 0.025862 |
| | | | 주민참여 | 0.025862 |
| | | | 원전산업 | 0.025862 |
| | | | 고준위방사성폐기물 | 0.025862 |
| | | | 유럽연합 | 0.025862 |
| | | | 원자력행정 | 0.025862 |
| | | | 사용후핵연료 | 0.017241 |
| | | | 인도 | 0.017241 |
| | | | 전력산업 | 0.017241 |
| | | | 기후변화정책 | 0.017241 |
| | | | 에너지안보 | 0.008621 |
| | | | 정책옹호연합모형(ACF) | 0.008621 |

5

# Eco-Efficiency of Government Policy and Exports in the Bioenergy Technology Market*

염명배 외

초록

This study investigates how the eco-efficiency of government policy—continuously implementing innovation-friendly policy based on both environmental and economic considerations—affects the export performance of bioenergy technologies, using panel data from 16 countries during 1995–2012. Various heterogeneous panel framework tests are conducted. Our panel unit root and co-integration tests, which allow for cross-sectional dependence in the panel, show that the time series data on the eco-efficiency of public support, exports, and gross domestic product (GDP) are integrated and co-integrated. We set up a panel vector error correction model (VECM) to empirically test the casual relationship among the variables examined. The long-term parameters of the variables were calculated using dynamic ordinary lease squares (DOLS). Panel difference generalized method of moments (GMM) estimations were conducted to test the short-term relationship among the variables. The results of this study therefore show that the eco-efficiency of government policy positively influences export performance in the long run, but not in the short run. The presented findings also indicate that efficiently implemented government policy plays a crucial role in achieving environmentally sound and sustainable development, showing path dependence among the eco-efficiency of government policy, exports, and GDP. We finally suggest policy implications based on the results.

**주제어**: bioenergy technologies; eco-efficiency of government policy; export performance; dynamic panel approach

---

* 이 글은 「Sustainability」 제9권 9호(2017: 1-18)에 게재된 내용입니다.

## Ⅰ. Introduction

Bioenergy technologies have been widely recognized as crucial for achieving environmentally sound and sustainable development in that they may meet all three areas of energy demand, namely heat, electricity, and transport fuels and chemicals [1]. This fact has forced governments to support the bioenergy technology sector to achieve environmental and economic goals by helping stem climate change and enhance exports in the growing international market. Despite such policy support, however, many bioenergy technologies remain relatively immature in that there is significant scope for further cost reductions through innovation. Hence, government policy that continuously provides incentives for firms to innovate is the most important factor behind enhancing global market performance.

The increased importance of government policy for the promotion of the renewable energy (RE) technology sector globally has created two research fields: an experimental setting for discussions about the efficiency of policy—the capacity of policy measures to induce continuous incentives for innovation creation (e.g., [2–6])—and empirical research into the link between government policy and exports (e.g., [7–12]). Although research on the measurement of the efficiency of government policy in the RE technology sector has improved our understanding of policy input and output factors by performing comparison, estimation, and descriptive analyses. (Comparison analysis (see [2,3,5,13–16]) focuses on the analysis of the innovation effects of RE technologies. It builds a theoretical framework for dynamic efficiency analysis and performs a comparative analysis of the dynamic efficiency of each policy measure (support scheme) based on various dimensions such as cost reductions, R&D investment, power capacity, electricity production, and power price. Estimation is used to calculate the effectiveness of policy measures in promoting electricity from RE sources, delivering RE technologies into the market, and encouraging efficient energy use [4,6,17]. Description analysis [18] uses surveys to assess the effectiveness of various policies in terms of stimulating interest in investing in innovative RE technologies.) An empirical gap remains in the current body of knowledge on this topic, which can be bridged in two ways. First, the literature tends to measure the efficiency of government policy at the conceptual level and thus does not provide quantitative indicators [19]. Second, studies fail to consider policy outputs from the environmental perspective (e.g., the reduction of the environmental burden) when evaluating the efficiency of government policy and tend to focus only on innovation issues that affect economic performance, such as cost reductions, power price cutting, power capacity enhancement, and electricity production.

Empirical studies that investigate how government policy influences biotechnology exports are traditionally based on four approaches: multivariate cross-sectional regression [10], country-level case study [20,21], descriptive analysis [9,22], and dynamic panel model [12]. (When considering the several empirical studies that tackle other RE sectors, namely wind, solar, and aggregated RE technologies [7,8,23–25], six approaches have emerged, including time series models and static and dynamic panel models.) By using these methods, studies have demonstrated the direct and positive role of government policy in export growth. However, they limit our ability to draw implications about the role of the efficiency of government policy in export growth. According to Costantini et al.

[26] and Johnstone et al. [27], export growth is triggered by innovation spurred by policy support on both the supply and the demand sides, which means that government policy (policy input) is a highly resilient catalyst that forces firms to make major efforts to foster innovation (policy output) when the government continuously provides incentives and creates favorable conditions for innovation in the RE technology sector. This fact suggests that the effects of policy support on export performance need to be examined by considering both policy support (policy input) and innovation triggered by policy support at the same time.

Motivated by these matters often ignored in the literature, the current study investigates how the efficiency of government policy affects the export of bioenergy technologies. In particular, considering that RE technologies play an important role in green growth and that industrial activities and policy support consider both environmental and economic issues, the efficiency of policy needs to be measured by taking into account both environmental and economic aspects. Hence, we measure efficiency by assessing the environmental and innovation outputs relative to policy inputs and subsequently use the term "eco-efficiency of government policy" herein.

Previous researchers have proposed a relationship between efficiency and exports from three viewpoints. First, the empirical evidence presented by Cohen and Leven [28], Cohen [29], Hall and Oriani [30], and Duqi and Torluccio [31] demonstrates no systematic relationships between the amount of policy inputted to support industrial activities (e.g., research and development (R&D) expenditure) and policy performance (e.g., market performance). This fact suggests that the efficiency of government policy is much more important than the amount of policy input in promoting industrial performance and growth [32].

Second, efficiency is closely related to productivity [33,34]. While productivity is simply the ratio of outputs produced to inputs, efficiency represents obtaining the maximum output from a given set of inputs or injecting the minimum set of inputs for a given output [35].

The highest productivity is thus achieved when the maximum output is obtained for a particular input level [34]. Hence, productivity growth encompasses changes in efficiency, and increasing efficiency raises productivity [36]. Third, studies based on heterogeneous firms trade theory (e.g., [37–39]), which originates from a dynamic industry model with heterogeneous firms [40] that focuses on the productivity premium derived from innovation in promoting export performance, states that export performance is positively affected by firm innovation.

The remainder of this paper is organized as follows. Section 2 proposes the theoretical background by reviewing the literature and contextualizing the relationship between the eco-efficiency of government policy and export performance of the biotechnology sector, and presents the empirical methodology for measuring the long- and short-run causal relationships between the two variables. Section 3 introduces the data used and presents the empirical results. Finally, Section 4 concludes as well as proposes policy implications and discusses the limitations of the study.

## II. Theoretical Background and Research Methodology

The underpinnings of efficiency started with the studies of Debreu [41] and Koopmans [42], who define "static efficiency" as minimizing inputs in physical terms (e.g., coal, and barrels of oil) to produce a certain outcome at a certain point. Farrell [43] shows an empirical example of static efficiency at the agricultural sector level and highlights its relevance for economic policymakers [35]. By contrast, "dynamic efficiency" is defined as the process that occurs over time and leads to progressive improvements. For example, Diamond [44] shows that a competitive economy can reach a steady state in which there is unambiguously too much capital and that such an economy consistently invests more than it earns in profit when it is said to be dynamically inefficient. The economic concept of dynamic efficiency was extended by Kirzner [45] and North [46]. From a dynamic standpoint, an individual, company, institution, or entire economic system will be more efficient if it continuously fuels the discovery and creation of new means and values [47]. Indeed, since efficiency that continuously enhances the ability or incentive to innovate is regarded as dynamic [32], dynamic efficiency enables industries or firms to improve their performance. In this context, it is directly affiliated with the concept of entrepreneurship, which leads to breaking the status quo, creating market change, and developing competitive advantage [47]. Entrepreneurship is thus regarded as a productive factor (economic input and resources) in the sense that it provides a systemic coordinating function that facilitates the deployment of resources to their most highly valued uses [48], leading to outcomes such as patents.

However, entrepreneurial outcomes depend primarily on the rules of the game, or public policies, under which entrepreneurs operate [30]. Innovative stakeholders, including firms, are unable to exploit their full innovation potential without public intervention and tend to pursue short-term strategies, which is especially relevant for immature technologies such as RE technologies [49].

Hence, when public policy cannot consistently provide incentives and create favorable conditions for innovation, this increases the risk perception of the market potential of the technology and decreases the probability that RE technology manufacturers can access the funds necessary to finance their investments [50]. This fact suggests that inefficiency in public policy may change the risk–return relationship in the RE technology investment sector, consequently affecting investors' behaviors [51].

Nonetheless, government policy can stimulate entrepreneurship development in a number of ways [52]. For example, it can strengthen the linkages between stakeholders by implementing special and innovative mechanisms that foster academia–research–industry partnerships and by facilitating the mobility of experts from academia to industry and vice versa. It can also promote the spread of scientific interest and understanding across society as well as emphasize risk sharing by the government to significantly increase private sector investment in R&D and technology development. Further, policy can provide a holistic approach to the complex innovation value chain by providing science and technology interventions at all levels of research, technology and manufacturing, and services in areas of socioeconomic importance.

In this context, eco-innovation, which is required to enhance economic performance while protecting the environment [53], can be promoted through government policy. According to Costantini et al. [26], both technology-push and demand-pull government support activities are drivers of eco-innovation in the biofuels sector. Eco-innovation thus leads to progress in eco-efficiency [54].

Hence, the eco-efficiency of government policy depends on simultaneously investing public resources in both technology-push activities to support R&D and demand-pull activities to create a market for the adoption and diffusion of new technology. These two policies that support such "upstream" and "downstream" activities can facilitate the deployment and dissemination of innovations by creating new products and processes as well as improving current ones [55,56]. RE technology innovation involves the manufacture of novel systems, products, or both [57], in which RE technologies are used both for technologies and for the products manufactured by them. Higher quality products (components) and technologies can often enhance efficiency by eliminating unnecessary tasks, automating certain tasks, and adjusting procedures and systems. In addition, innovation-friendly policy, which is crucial to reducing manufacturing and environmental costs, can contribute to improving a firm's competitiveness [54]. For example, it can enhance operational advantage thanks to greater resource efficiency, resulting in lower resource costs, commercialize innovations, and improve image, marketing, and stakeholder relations. This all means that the government can bolster the competitiveness of bioenergy technology enterprises in the global market by continuously implementing innovation-friendly policy based on both environmental and economic considerations. Hence, the eco-efficiency of government policy may directly and positively influence exports of bioenergy technologies.

To explore how the eco-efficiency of government policy affects exports of bioenergy technologies, the present study empirically measures changes in the efficiency of bioenergy technology policy from two main aspects. First, it considers suggestions from studies that have used Malmquist productivity growth index analysis [58], which is similar to the dynamic panel approach adopted herein, to consider the two policy instruments (technology-push and demand-pull) as input elements [2,53]. In addition, it calculates efficiency by considering economic and environmental outcomes to understand undesirable factors in efficiency evaluation [59,60]. Indeed, we consider eco-innovation by adding further sustainability attributes of innovations that allow bioenergy policies to reduce the environmental burden in the evaluation [61,62]. Further, this study measures the eco-efficiency of bioenergy technology policy based on Smith and Street's [63] notion of dynamic effects (i.e., path dependence), which means that contemporary inputs are, to some extent, invested for future outputs. Second, the study sets up a model to test the relationship between eco-efficiency and exports by considering the three driving factors that influence the direction and robustness of the empirical results in the existing literature. In particular, we use export performance rather than other export competitiveness indexes based on Costantini and Crespi [25], Jha [10], Sung and Song [23], and Sung [12], which show that export performance is significantly affected by public policy. We also set up dynamic models following Hirshleifer and coworkers' [64] argument that it takes time for a firm's performance growth to become evident following the enhancement of eco-efficiency. In addition, we adopt the view that path dependence processes (i.e., dynamic effects) include interactions among export performance, eco-efficiency, and GDP based on Sung [23], implying that most panel data are heterogeneous and non-stationary co-integrated. Finally, we include per-capita real GDP in the model to control for any omitted variables that may influence the relationships tested in the study.

Per-capita real GDP represents the relationships between higher income [65] and the increased demand preference for and demand for exports [7,24], increased sociopolitical pressure [66], and the increased home market size of RE technologies [67].

To investigate the relationships between the eco-efficiency of government policy and export performance of bioenergy technologies, the study uses the following panel vector autoregression (VAR) model for each case, which is expressed as

$$EX_{it} = \alpha_{1j} + \sum_{p=1}^{n} \beta_{i1p} EX_{it-p} + \sum_{p=1}^{n} \beta_{i2p} ECOE_{it-p} + \sum_{p=1}^{n} \beta_{i3p} GDP_{it-p} + \eta_{it} + \varepsilon_{it} \quad (1)$$

where $i = 1,\dots,N$ denotes the country and $t = 1,\dots,T$ denotes the time period. $\eta_{it}$ is the country-specific effect for the $i$th individual in the panel and $\epsilon_{it}$ is the disturbance term. *EX* is the natural log of export performance. *ECOE* is the natural log of the eco-efficiency of government policy. *GDP* is the natural log of per-capita real gross domestic product (GDP).

This study performs dynamic panel analysis to investigate the relationship between the eco-efficiency of government policy and export performance in five steps. It first confirms whether each individual time series has normality by performing the Jarque-Bera test. Next, it estimates whether the panel has structural breaks by conducting the cumulative sum of recursive residuals (CUSUM) and cumulative sum of recursive residuals of squares (CUSUMQ). Third, to detect the presence of cross-sectional dependence, this study employs the Lagrange Multiplier (LM) tests of Breusch and Pagan [68]. When $T > N$ (as is the case in this study), the test enjoys highly desirable statistical properties relative to other tests and can be used with balance and unbalanced panels alike. Fourth, this study performs panel unit root and panel co-integration tests taking into account the results of the structural break and cross-sectional dependence tests. Non-stationary panels have attracted considerable attention over the past decade in both theoretical and empirical research and a number of panel unit root tests have been proposed. Which test can be applied to test for the stationarity of panel data depends on whether the panel tests allow for structural breaks and/or cross-sectional dependence. Then, if the results of the panel unit root tests indicate that the series are non-stationary, it can be confirmed that a long-term equilibrium relationship among the variables in question is possible, by performing panel co-integration tests. In the last phase, the current study sets up an empirical model based on the results of the panel unit root tests and panel co-integration tests, whereupon panel causality tests are undertaken.

## III. Data and Empirical Analysis

### 1. Data Measurement and Sources

*EX* is the export value and *ECOE* is eco-efficiency, namely the change in the efficiency of government policy to support the bioenergy technology sector. Here, we use Malmquist productivity growth index analysis [58] and data envelopment analysis (DEA), a nonparametric method, under the assumption of variable returns to scale. DEA can easily handle multiple inputs and outputs and does not require assumptions about the specific functional form of the production function [69]. To estimate eco-efficiency, we use two policy input factors, namely technology-push and demand-pull activities [2,53], and two output factors, namely innovation outcomes [25,27,64] and the reduction in greenhouse gas (GHG) emissions [61,62]. Moreover, R&D expenditure, the contribution of bioenergy to total energy supply, and the number of patent applications are the respective proxies for technology-push policy [12,23,25,70], demand-pull policy [12,23], and innovation outcomes [27,71,72].

The study uses the number of patent applications and contribution of bioenergy to total energy supply measured in terms of flow. R&D expenditure is measure as stock. The R&D stock of country $i$ at time $t$ $(RADS_{it})$ is computed from public R&D expenditure by using the perpetual inventory model $RADS_{it} = (1-\delta) RADS_{i,t-1} + RAD_{i,t-x}$, where $\delta$ (the depreciation rate) is set at 10% and $x$ (the time lag) is set at five years [12]. Previous studies such as Bointner [72], Bosetti et al. [73], Jeon and Shin [74], Kobos et al. [75], Popp et al. [76], and Söderholm and Klaassen [77] find an appropriate depreciation rate of 2.5–20% with a 2–10-year R&D time lag for RE technologies. The current study assumes a five-year time lag and a depreciation rate of 10% for the R&D stock estimation. The initial stock value is calculated by dividing the average of the first four observations of R&D expenditure in bioenergy technologies by the sum of the R&D depreciation rate (in this case 10%) and an estimate of the R&D growth rate of each country during the period, from the year (when the R&D expenditure data are available in each country) to 2012.

To calculate eco-efficiency, this study uses country $i$'s patents granted in year $t$, the contribution of bioenergy to total energy supply in year $t$, and total carbon dioxide emissions excluding land use changes and forestry (divided by 1000 people) in year $t$. Country $i$'s R&D stock in fiscal year ending in year $t-2$ is used [27,64]. As the distributions of eco-efficiency measures (e.g., Malmquist productivity growth index) are often zero, we use *ECOE* as the natural log of one plus this index in the model [64]. *GDP* is the natural log of per-capita real GDP divided by 1000 people.

The data are annual measures for 18 years during 1995–2012 for 16 Organization for Economic Co-operation and Development (OECD) countries: Australia, Austria, Canada, Denmark, Finland, France, Germany, Italy, Japan, the Netherlands, Norway, Spain, Sweden, Switzerland, the United Kingdom, and the United States. The countries and periods were selected on the grounds of data availability. Data on bioenergy technology exports for each country were obtained from the PC-TAS database released by the International Trade Centre. R&D expenditure of bioenergy technologies for each country was taken from the Energy Technology Research and Development database of the International Energy Agency (IEA). The contribution of bioenergy to total energy supply for each country was calculated based on data taken from the IEA's Renewable and Waste Energy Supply database and the US Energy Information Administration's International Energy Statistics. Data on the patent counts for each country were obtained from the OECD Patent Statistical Database. Only patent applications deposited at the European Patent Office were included following Johnstone et al. [27]. Data on the carbon dioxide emissions for each country (i.e., divided by the real GDP of 100 million US$) were obtained from the OECD Economic, Environmental and Social Database. The variables *EX, GDP,* and *RAD* were calculated according to 2009 constant prices and the international PPP.

## 2. Panel Framework Tests

The results of the Jarque-Bera tests for normality demonstrate that virtually none of these of these series deviates substantially from the normal distribution, showing that the null hypothesis of normality cannot be rejected at the 10% significance level in each individual time series (for the results, refer to Table A1 of Appendix A). The results of the CUSUM and CUSUMQ tests conducted to confirm the stability of each individual series show that the null hypothesis of the absence of a structural break cannot be rejected at the 5% significance level in most individual time series (exceptions include the CUSUM test results of France, the Netherlands, and Switzerland and the CUSUMQ test results of Austria and Spain in Equation (1)) (for the results, refer to Figure A1 of Appendix A). Hence, most series are stable over time.

The results of Breusch and Pagan's [68] LM test based on the fixed-effect model revealed that the null hypothesis of cross-sectional independence is rejected at the 1% significance level (Breusch-Pagan LM test of independence = 314.341, $p$ = 0.000). The modified Wald test results demonstrated that the null hypothesis of homoscedasticity within cross-sectional units is rejected at the 1% significance level, showing that the modified Wald statistic for group-wise heteroscedasticity is 822.740 ($p$ = 0.000).

Having established that the series cross-sectionally correlate, the study carries out panel unit root tests that account for the presence of cross-sectional dependence proposed by Pesaran [78]. The results of Pesaran's [78] test that include an intercept as well as those with an intercept and a linear trend for *EX*, *ECOE*, and *GDP* reported in Table 1 indicate that the level variables are non-stationary and that the first difference of the three variables is stationary. The results of the panel unit root tests thus suggest a long-run relationship among the variables. Hence, the current study implements the panel co-integration tests proposed by Westerlund [79] that allow for cross-sectional dependence (see Table

2). The results of Equation (1) indicate significance for all four test statistics (Gt, Ga, Pt, and Pa) in the constant and for two cases (Gt and Pt) in the constant and the trend. Hence, the long-run relationship is confirmed, as the null hypothesis of no co-integrating relationship is rejected in those instances.

〈Table 1〉 Results of the panel unit root tests.

| Variables | | *EX* | Δ*EX* | *ECOE* | Δ*ECOE* | *GDP* | Δ*GDP* |
|---|---|---|---|---|---|---|---|
| Pesaran CADF test | (A) | 0.52 | −3.63 *** | 1.15 | −4.21 *** | 2.71 | −6.25 *** |
| (z[*t*-bar] statistic) | (B) | −1.16 | −4.31 *** | 0.49 | −6.73 *** | 1.25 | −7.29 *** |

Notes: The individual intercept and time trend are included in (A), and the individual intercept in (B). The test of the null hypothesis of non-stationarity is based on the mean of the individual Dickey-Fuller (DF) (or augmented Dickey-Fuller [ADF]) t-statistics of each unit in the panel. To remove the cross-sectional dependence, the standard DF (or ADF) regressions are augmented with the cross-sectional average of lagged levels and the first differences of the individual series (covariate augmented Dickey-Fuller [CADF] statistics). The lag lengths for the panel unit root tests are based on those employed in the univariate ADF test. The normalized z-test statistic is calculated by using the t-bar statistics. *** denotes significance at the 1% level.

〈Table 2〉 Results of the panel co-integration tests.

| Statistics | With Trend | | | Without Trend | | |
|---|---|---|---|---|---|---|
| | Value | *z*-Value | Robust *p*-Value | Value | *z*-Value | Robust *p*-Value |
| Gt | −3.633 | −5.253 | 0.010 | −3.667 | −7.134 | 0.001 |
| Ga | −4.646 | 4.903 | 0.825 | −7.681 | 0.961 | 0.050 |
| Pt | −10.917 | −1.958 | 0.063 | −11.955 | −4.942 | 0.002 |
| Pa | −3.315 | 4.341 | 0.871 | −6.100 | −0.168 | 0.096 |

Notes: All these distributed statistics are standard-normal. The lag and lead length are set to 1 and 0, respectively. Choosing too many lags and leads can result in the deterioration of the small-sample properties of the test. To control for cross-sectional dependence, robust critical values are obtained through 5000 bootstrap replications.

## 3. Model Specification and Empirical Test

In the last phase, dynamic panel causality tests are conducted based on the results of the panel co-integration tests. Evidence of co-integration implies that Engle and Granger's [80] approach can be used to estimate an error correction model. Hence, this study performs dynamic panel causality tests based on the VECM to evaluate the short- and long-run causality between the variables in question. The Granger causality model among the variables in question, based on the panel VECM, can be expressed as follows:

$$\begin{bmatrix} \Delta EX_{it} \\ \Delta ECOE_{it} \\ \Delta GDP_{it} \end{bmatrix} = \sum_{n-1}^{p=1} \begin{bmatrix} \beta_{11p} & \beta_{12p} & \beta_{13p} \\ \beta_{21p} & \beta_{22p} & \beta_{23p} \\ \beta_{31p} & \beta_{32p} & \beta_{33p} \end{bmatrix} \begin{bmatrix} \Delta EX_{it-p} \\ \Delta ECOE_{it-p} \\ \Delta GDP_{it-p} \end{bmatrix} + \begin{bmatrix} \gamma_{1i} \\ \gamma_{2i} \\ \gamma_{3i} \end{bmatrix} [ECT_{it-1}] + \begin{bmatrix} \Delta\varepsilon_{1it} \\ \Delta\varepsilon_{2it} \\ \Delta\varepsilon_{3it} \end{bmatrix} \quad (2)$$

where $\Delta$ is the first difference operator, *EX* is the log of exports, *ECOE* is the natural logs of one plus the Malmquist productivity growth index that represents eco-efficiency, *GDP* is the log of per-capita real GDP, $ECT_{it-1}$ is the error correction term lagged one period that comes from the lagged residuals derived from the long-run co-integrating relationship, $\beta_{ij}$s are the short-run adjustment coefficients, and $\varepsilon_{ij}$s are the disturbance terms assumed to be uncorrelated with each other and to have mean zero.

Having established a co-integrating relationship, it is necessary to estimate the long-run equilibrium relationship given by the error correction term. Various single estimators such as the fully modified OLS procedures (FMOLS) proposed by Pedroni [81], DOLS estimator of Kao and Chiang [82], and pooled mean group estimator (PMG) proposed by Pesaran et al. [83] can be used to estimate the long-run equilibrium coefficients. Kao and Chiang [82] demonstrate that DOLS outperforms the FMOLS estimator in terms of mean biases, while Banerjee [84] finds that despite the differences between the two methods, the estimates from both FMOLS and DOLS are asymptotically equivalent for more than 60 observations. Hence, the study performs Kao and Chiang's [82] DOLS and Pesaran and coworkers' [83] PMG procedures. The DOLS method allows for consistent and efficient estimators of the long-run relationship, which deals with the endogeneity of regressors and accounts for the integration and co-integration properties of data. The PMG procedure is an intermediate estimator that allows the short-term parameters to differ between groups while imposing the equality of the long-run coefficients between groups. We use both these techniques to obtain the parameter estimates of the panel error correction model for the relationship between eco-efficiency, export performance, and the control variables. In particular, we adopt DOLS to estimate the long-run parameters and PMG to estimate the long- and short-run parameters. The DOLS results can be interpreted as the long-run coefficients, expressed as the following equation (The numbers in parentheses are t-statistics, while the numbers in brackets indicate the standard errors):

$$\begin{aligned} & EX - 0.414ECOE - 0.863GDP = 0 \\ & (4.63)[5.32](0.63)[8.59] \end{aligned} \tag{3}$$

Equation (3) shows that all the estimated coefficients of *ECOE* and *GDP* are positive and statistically significant at the 1% level. Since the variables are expressed in natural logarithms, the coefficients can be interpreted as elasticities. The *ECOE* elasticity estimate is 0.414 and the *GDP* elasticity estimate is 0.863 for export performance, suggesting that the eco-efficiency of government policy and GDP have positive effects on export performance in these 16 OECD countries.

Given that the variables are co-integrated, the PMG estimator is used to perform Granger causality tests. Table 3 reports the results of the short- and long-run Granger causality tests for the eco-efficiency of government policy-export nexus.

〈Table 3〉 Panel causality tests.

| **Panel A: Arellano-Bond One-Step Difference GMM Estimation** | | | |
|---|---|---|---|
| **Independent Variables** | **Dependent Variables** | | |
| | $\Delta EX_{it}$ | $\Delta ECOE_{it}$ | $\Delta GDP_{it}$ |
| $\Delta EX_{it-1}$ | 0.476 (0.058) *** | −0.005 (0.054) | 0.008 (0.006) |
| $\Delta ECOE_{it-1}$ | 0.006 (0.044) | −0.050 (0.082) | 0.020 (0.012) * |
| $\Delta GDP_{it-1}$ | 0.963 (0.154) *** | 0.149 (0.203) | 0.922 (0.018) *** |
| $ECT_{it-1}$ | −0.101 (0.032) *** | 0.213 (0.080) *** | 0.033 (0.011) *** |
| Sargan test | 131.76 [0.166] | 110.33 [0.680] | 173.39 [0.001] |
| Hansen test | 14.81 [1.000] | 13.15 [1.000] | 15.87 [1.000] |
| $m_1$ | −2.14 [0.032] | −2.86 [0.004] | −3.46 [0.001] |
| $m_2$ | 1.24 [0.215] | 0.61 [0.545] | 0.85 [0.395] |

| **Panel B: Statistic Values for the Panel Causality Tests** | | | | |
|---|---|---|---|---|
| **Sources of Causation (Independent Variables)** | | **Dependent Variables** | | |
| | | $\Delta EX$ | $\Delta ECOE$ | $\Delta GDP$ |
| Short run | $\Delta EX$ | | 0.001 | 2.070 |
| | $\Delta ECOE$ | 0.020 | | 2.710 * |
| | $\Delta GDP$ | 38.780 *** | 0.037 | |
| Long run | $ECT$ | 9.600 *** | 7.100 *** | 8.520 *** |
| Strong (Joint) | $\Delta EX\ ECT$ | | 5.100 ** | 24.870 *** |
| | $\Delta ECOE\ ECT$ | 2.740 * | | 0.430 |
| | $\Delta GDP\ ECT$ | 27.630 *** | 3.170 * | |

Notes: Panel (A) The tests are based on one-step difference GMM estimates. *, **, and *** denote the 10%, 5%, and 1% significance levels, respectively. GMM robust standard errors are in parentheses, and $p$-values are in square brackets. The explanatory variables are assumed to be endogenous and are instrumented in GMM style [85]. Panel (B) Wald F-statistics reported. *, **, and *** denote that the null hypothesis of no causation is rejected at the 10%, 5%, and 1% significance levels, respectively.

In VECM structure 2, however, differencing introduces a simultaneity problem because the lagged endogenous variables on the right-hand side correlate with the new differenced error term. In addition, heteroscedasticity exists in the genuine errors across industries. The study deals with these problems by using Arellano and Bond's [86] difference GMM approach, where the lags in the explanatory variables at different levels are used as instruments. For the instruments to be valid, no serial correlation must exist among the error terms. Panel A of Table 3 shows the estimates, the Sargan [87] and Hansen [88] test results, and the $m_1$ and $m_2$ statistics. As the $m_1$ and $m_2$ statistics show, one lag is needed in VECM structure 2 to have no serial correlation in all the differenced residuals. A significant negative first-order serial correlation is found in the first differenced residuals, whereas there is no evidence of any second-order serial correlation. For the over-identifying restrictions, both Sargan's [87] test and Hansen's [88] J test are conducted. However, inference is made mainly by analyzing the results of Hansen's test because the Sargan test is not robust when the number of instruments is more than the number of cross-sections (as in this case), or when there is heteroscedasticity or autocorrelation. The results of Hansen's test do not reject the validity of the instruments, thus implying the validity of the instruments used in the estimation.

For VECM structure 2, the dynamic panel regression results presented in Panel A of Table 3 show no bilateral short-run relationships between *EX* and *ECOE*, that *GDP* has a positive effect on *EX*, and that *ECOE* has a negative effect on *GDP*. In Panel B of Table 3, the F-statistic values of the Wald test are the same as the dynamic panel regression results. The coefficient of the error correction term (*ECT*) in the equation, wherein export is the dependent variable, is negative and significant at the 1% level, indicating that *EX* could be a key adjustment factor for closing the gap with regard to the long-run relationship.

Exports could deviate from the long-run equilibrium relationship because of particular shocks in the short run. However, in the absence of shocks, they eventually converge to the equilibrium in the subsequent period. In such a framework, long-run export dynamics are driven by both the changes in exports and the stable nature of the long-run equilibrium. The adjustment factor shows the speed of adjustment towards the equilibrium in cases that depict a deviation. The joint test results show that relationships among the variables exist, by jointly interacting with *ECT*. First, from the tests of *ECOE* and *ECT*, the eco-efficiency of government policy affects exports jointly interacting with *ECT*. Second, from the tests of *GDP* and *ECT*, *GDP* influences exports and the eco-efficiency of government policy jointly interacting with *ECT*.

Finally, from tests of *ECOE* and *ECT*, the eco-efficiency of government policy influences exports and *GDP* jointly interacting with *ECT*.

## Ⅳ. Discussion and Conclusions

This study examined the relationship between the eco-efficiency of government policy and export performance in the bioenergy technology sector, using panel data for 16 OECD countries between 1995 and 2012. It carried out heterogeneous panel framework tests, which led us to set up a panel VECM structure to empirically test the causal relationships among the variables examined. The long-term parameters of the eco-efficiency of government policy on export performance were then calculated by using DOLS. PMG estimators were also used to estimate the long- and short-run parameters by conducting Granger causality tests. Panel difference GMM estimations were further conducted to avoid correlation and endogeneity problems in the model. Then, based on the one-step difference GMM estimation results, causality was determined by running Wald tests on the coefficients of the variables.

The main results and implications from this study are as follows. First, the DOLS result indicates the existence of a positive long-run relationship between the eco-efficiency of government policy and export performance in the bioenergy sector, showing that a 1% increase in eco-efficiency would increase exports by 0.414%. This study also finds evidence that short-run *ECOE* could be a key adjustment factor to close the gap to the long-run equilibrium between exports and the eco-efficiency of government policy, showing that the coefficient of the error correction terms in VECM structure 2, especially when exports are the dependent variable, is negative (−0.101) and significant (which means that exports are adjusted by 10.1% of the past year's deviation from the equilibrium). This finding suggests that the eco-efficiency of government policy in the short run can play an important role in promoting steady and stable export growth in the long run. Hence, governments should strive to continue implementing short-run innovation-friendly policy that harmonizes with long-run industrial strategic policy in order to create reliable and positive bioenergy technology policy with regard to exports in the long term. In particular, the positive elasticity of the eco-efficiency of government policy to exports represents the importance of considering both economic and environmental aspects when formulating bioenergy technology policy. By taking into account that eco-efficiency relies on a continuously innovation-facilitating policy style and that eco-innovation leads to progress in eco-efficiency [54], in the long run, policymakers should aim to implement public policy that addresses eco-innovation by promoting economic performance, while protecting the environment at the same time.

Second, the joint Granger causality test (short- and long-run) in VECM structure 2, especially when exports are the dependent variable, provides evidence that the eco-efficiency of government policy positively Granger causes export growth, even though the short-run effect of eco-efficiency on exports is insignificant. This result implies that the eco-efficiency of government policy involves increasing exports jointly interacting with the error correction term. This suggests that it is possible for governments to enhance export competitiveness, by promoting environmentally sound and sustainable development in society, and increasing innovation at the same time. Hence, policy makers should, where possible, formulate eco-innovation strategies that promote export activities and industrial expansion.

Third, this study finds no evidence of a short-run causal relationship from eco-efficiency to export performance; however, there is a short-run causal relationship between the contemporaneous and one-period lagged growth of exports. This finding implies the need to consider the path dependence process of exports (i.e., learning-by-exporting effects) in the bioenergy technology sector when implementing policy. Hence, policymakers should promote exports of bioenergy technologies while creating reliable and positive short-term elasticity with regard to the eco-efficiency of government policy. In particular, international trade in bioenergy technologies tends to be both demand- and supply-driven in many countries [22], while the bioenergy technology sector is subject to influence from policies of various domains, not only energy, industrial, environmental, and competition policies [89].

Therefore, governments should adopt demand- and supply-side policy measures to enhance exports of bioenergy technologies. Furthermore, policymakers should recognize that demand for imports of bioenergy technologies in foreign countries depend heavily on mandates for GHG emissions reductions and changes in the sustainability of biofuels [22]. Hence, they must implement export promotion policy measures to ensure that the policy process is integrated into foreign countries' GHG reduction and import and production strategies in the short and long run.

Fourth, this study found a short-run causal linear relationship from GDP to exports. In particular, the results of the joint Granger causality tests (short- and long-run) in VECM structure 2 with exports as the dependent variable showed a positively bidirectional Granger causal relation between GDP and export growth. They also showed that GDP positively influences export growth in the long run and that GDP Granger causes eco-efficiency, which has positive effects on export growth in the long run. These findings suggest that a path dependence process among the eco-efficiency of government policy, exports, and GDP exists. These relations suggest that efficiently implemented government policy plays an important socioeconomic role in achieving environmentally sound and sustainable development by increasing real GDP driven by export growth. This leads to governmental budgetary slack, which allows policymakers to promote RE technologies [66] and/or increase demand preferences, demand, and consumption for RE technologies [7,25,90], which can also lead to an increase in home market size [67]. Therefore, policymakers should find effective policy responses to formulate more effective strategies that address the various connotations of real GDP related to RE technologies.

In summary, a path dependence process (i.e., dynamic learning effects in exports) exists between the contemporaneous and one-period lagged growth of exports in the bioenergy technology industry.

Moreover, the eco-efficiency elasticity to exports is positive. Therefore, government policy strategies that exploit the various impacts of real GDP on bioenergy technologies would promote bioenergy technologies from both the demand and the supply sides. In particular, to consider RE technologies as drivers of sustainable economic growth as well as environmental solutions, governmental policies should concentrate on domestic innovation and the diffusion of RE technologies to enhance foreign trade competitiveness [91].

Although the findings of this study enhance our understanding of the importance of the eco-efficiency of government policy in promoting exports of bioenergy technologies, future research could address relevant factors that are likely to affect export performance. For example, industry-specific export promotion programs enhance firms' export performance by increasing their informational and experiential knowledge, stimulating managers' positive attitudes and perceptions towards exports, and increasing export commitment [92]. Hence, further research should control for the effects of an industry-specific export promotion program in the relationship between the eco-efficiency of government policy and exports of bioenergy technologies. Further, while additional factors influence the RE technology sector, such as environmental regulations [8,25], other RE technology policies [27,91], and economic and social factors [66,93,94], this study does not consider such factors. Therefore, further research should control for these omitted variables.

**Acknowledgments:** This study was financially supported by the National Research Foundation of Korea grant funded by the Korean government (NRF-2015S1A3A2046546).

**Author Contributions:** B.S., M.-B.Y., and H.-G.K. conceived and designed the research idea. B.S. analyzed the final simplified model presented in this paper. All authors have read and approved the final manuscript.

**Conflicts of Interest:** The authors declare no conflict of interest.

## Appendix A

〈TABLE A1〉 Descriptive statistics

| Country | Variable | Mean | SD | MIN | MAX | Skewness | Kurtosis | Jarque-Bera |
|---|---|---|---|---|---|---|---|---|
| AU | *EX* | 6.330 | 0.476 | 5.730 | 7.153 | 0.326 | 1.596 | 1.679 |
| | *ECOE* | 0.468 | 0.422 | 0.000 | 1.134 | 0.092 | 1.522 | 1.571 |
| | *GDP* | 13.327 | 0.367 | 12.735 | 13.849 | -0.121 | 1.755 | 1.139 |
| AUT | *EX* | 5.990 | 0.903 | 4.362 | 7.020 | -0.429 | 1.956 | 1.294 |
| | *ECOE* | 0.420 | 0.457 | 0.000 | 1.350 | 0.520 | 2.002 | 1.472 |
| | *GDP* | 12.489 | 0.241 | 12.124 | 12.878 | 0.554 | 1.792 | 1.041 |
| CAN | *EX* | 6.501 | 0.624 | 5.110 | 7.284 | -0.775 | 2.828 | 1.727 |
| | *ECOE* | 0.443 | 0.414 | 0.000 | 1.508 | 0.740 | 3.517 | 1.744 |
| | *GDP* | 13.806 | 0.294 | 13.308 | 14.227 | -0.200 | 1.799 | 1.135 |
| DEN | *EX* | 5.625 | 0.850 | 4.273 | 7.311 | 0.123 | 2.216 | 0.478 |
| | *ECOE* | 0.777 | 0.163 | 0.554 | 1.250 | 1.340 | 5.520 | 6.682 ** |
| | *GDP* | 12.050 | 0.257 | 11.624 | 12.433 | -0.090 | 1.857 | 0.947 |
| FIN | *EX* | 4.832 | 0.604 | 4.078 | 5.862 | 0.470 | 1.632 | 1.953 |
| | *ECOE* | 0.446 | 0.453 | 0.000 | 1.449 | 0.502 | 2.252 | 1.112 |
| | *GDP* | 11.945 | 0.269 | 11.448 | 12.324 | -0.277 | 2.011 | 0.910 |
| FRA | *EX* | 7.713 | 0.575 | 6.524 | 8.410 | -0.476 | 2.294 | 0.995 |
| | *ECOE* | 0.583 | 0.351 | 0.000 | 1.042 | -0.891 | 2.316 | 2.581 |
| | *GDP* | 14.379 | 0.241 | 13.992 | 14.732 | -0.075 | 1.766 | 1.094 |
| GER | *EX* | 8.530 | 0.695 | 7.259 | 9.386 | -0.595 | 2.230 | 1.423 |
| | *ECOE* | 0.758 | 0.092 | 0.575 | 0.875 | 0.141 | 2.180 | 1.233 |
| | *GDP* | 14.736 | 0.206 | 14.434 | 15.071 | -0.358 | 1.765 | 2.135 |
| ITA | *EX* | 7.527 | 0.444 | 6.833 | 8.129 | 0.026 | 1.430 | 1.748 |
| | *ECOE* | 0.624 | 0.377 | 0.000 | 1.390 | -0.156 | 2.833 | 0.089 |
| | *GDP* | 14.292 | 0.217 | 13.924 | 14.601 | -0.184 | 1.851 | 1.030 |
| JPN | *EX* | 8.440 | 0.380 | 7.588 | 8.907 | -0.863 | 2.958 | 2.115 |
| | *DGE* | 0.511 | 0.357 | 0.000 | 0.943 | -0.601 | 1.750 | 2.131 |
| | *GDP* | 15.217 | 0.049 | 15.139 | 15.299 | 0.216 | 1.790 | 1.168 |
| NED | *EX* | 7.4682 | 1.055 | 4.909 | 8.176 | -1.090 | 3.642 | 3.661 |
| | *ECOE* | 0.681 | 0.431 | 0.000 | 1.499 | -0.205 | 2.401 | 0.373 |
| | *GDP* | 13.188 | 0.294 | 12.664 | 13.596 | -0.270 | 1.950 | 0.973 |
| NOR | *EX* | 4.807 | 1.103 | 2.276 | 6.392 | -0.914 | 3.177 | 2.392 |
| | *ECOE* | 0.530 | 0.420 | 0.000 | 1.332 | 0.060 | 2.019 | 0.692 |
| | *GDP* | 12.165 | 0.395 | 11.515 | 12.736 | -0.205 | 1.788 | 1.159 |
| ESP | *EX* | 6.140 | 0.822 | 4.434 | 7.369 | -0.243 | 2.347 | 0.469 |
| | *ECOE* | 0.527 | 0.371 | 0.000 | 0.915 | -0.648 | 1.612 | 2.556 |
| | *GDP* | 14.838 | 0.369 | 13.222 | 14.272 | -0.276 | 1.665 | 1.477 |

〈TABLE A1〉 *Cont.*

| Country | Variable | Mean | SD | MIN | MAX | Skewness | Kurtosis | Jarque–Bera |
|---|---|---|---|---|---|---|---|---|
| SUI | *EX* | 5.993 | 0.650 | 4.529 | 6.797 | −0.738 | 2.587 | 1.665 |
| | *ECOE* | 0.732 | 0.464 | 0.000 | 1.822 | 0.499 | 3.225 | 0.742 |
| | *GDP* | 12.573 | 0.253 | 12.180 | 12.964 | 0.031 | 1.829 | 0.973 |
| SWI | *EX* | 6.413 | 0.387 | 5.566 | 6.992 | −0.878 | 3.323 | 2.261 |
| | *ECOE* | 0.670 | 0.421 | 0.000 | 1.532 | −0.307 | 2.350 | 0.473 |
| | *GDP* | 12.560 | 0.247 | 12.220 | 12.977 | −0.362 | 1.875 | 1.126 |
| UK | *EX* | 7.492 | 0.436 | 6.438 | 8.052 | −1.126 | 3.808 | 4.062 |
| | *ECOE* | 0.664 | 0.417 | 0.000 | 1.566 | 0.189 | 3.248 | 0.146 |
| | *GDP* | 14.362 | 0.277 | 13.884 | 14.786 | −0.144 | 1.910 | 0.899 |
| USA | *EX* | 8.529 | 0.642 | 7.354 | 9.497 | −0.016 | 1.950 | 0.781 |
| | *ECOE* | 0.744 | 0.126 | 0.511 | 1.005 | −0.093 | 2.850 | 0.040 |
| | *GDP* | 16.217 | 0.284 | 15.723 | 16.632 | −0.236 | 1.865 | 1.069 |

Notes: The country codes AU, AUT, CAN, DEN, FIN, FRA, GER, ITA, JPN, NED, NOR, ESP, SUI, SWI, UK, and USA denote Australia, Austria, Canada, Denmark, Finland, France, Germany, Italy, Japan, The Netherlands, Norway, Spain, Sweden, Switzerland, the United Kingdom and the United States of America, respectively. ** denotes significance at the 5% level. The null hypothesis is normality.

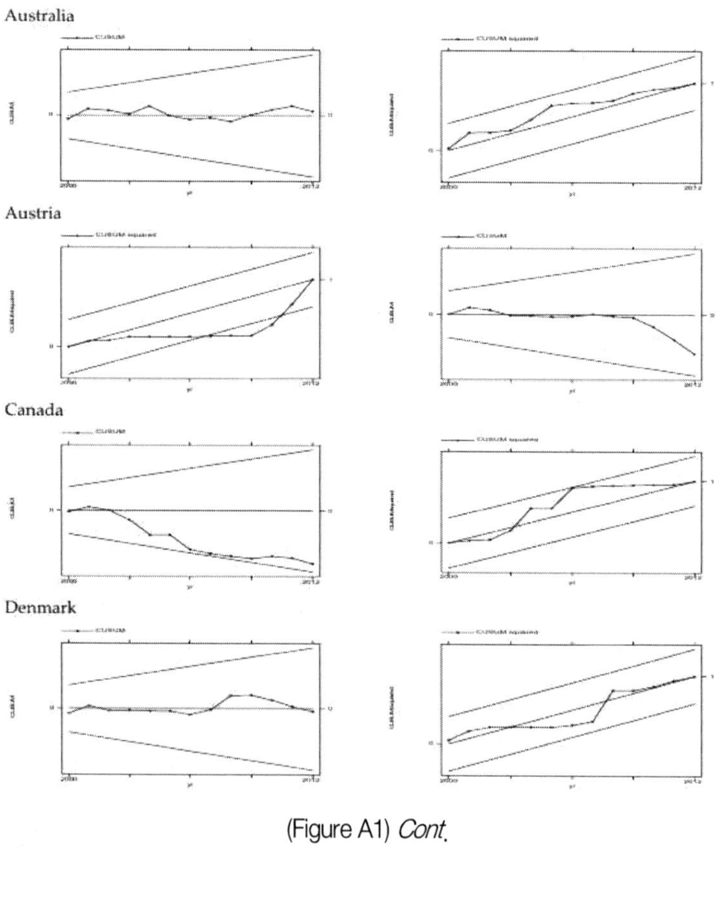


(Figure A1) *Cont.*

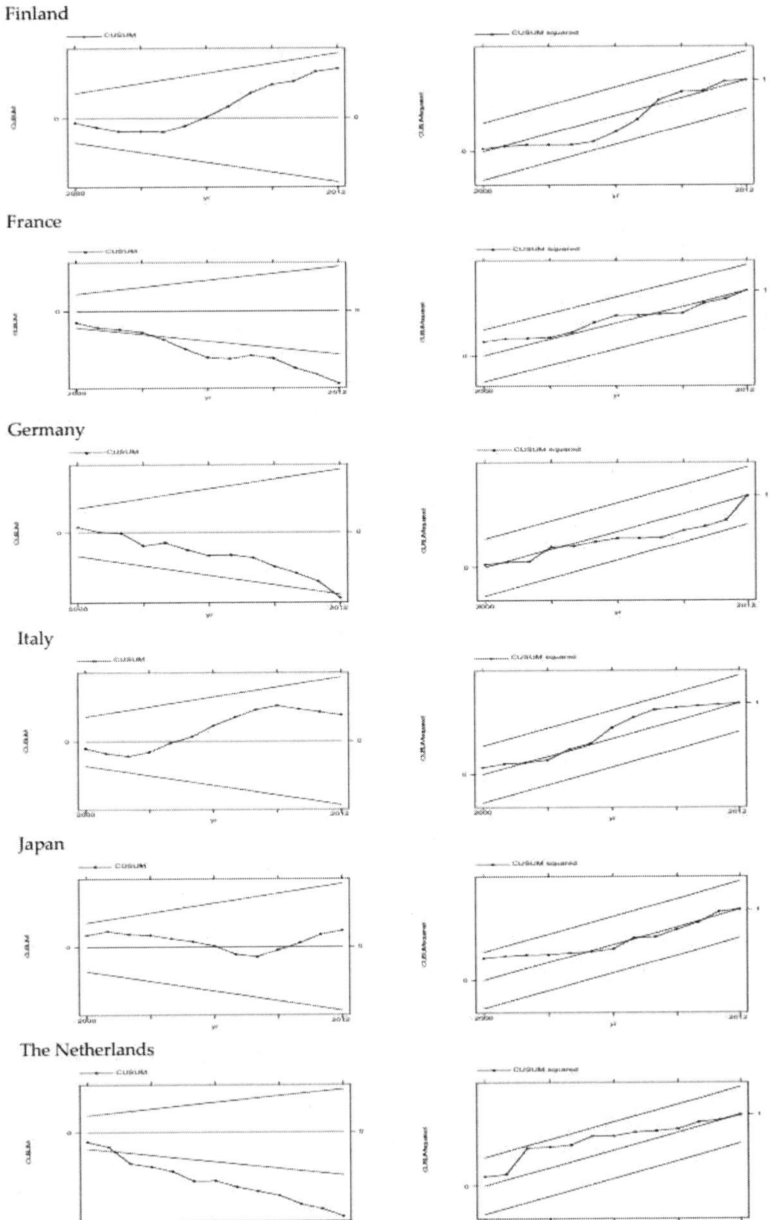


(Figure A1) *Cont.*

Norway

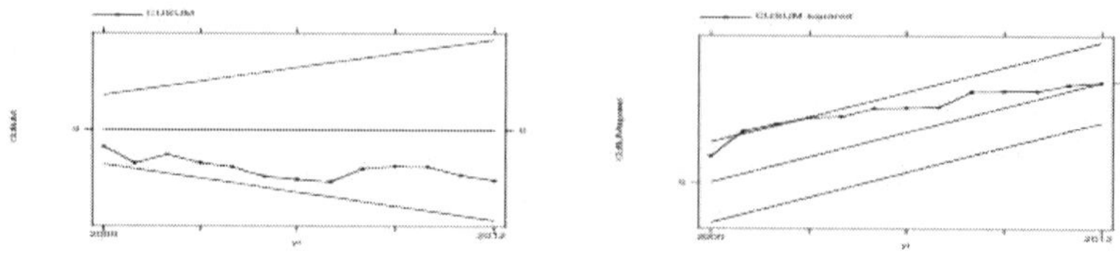


Spain

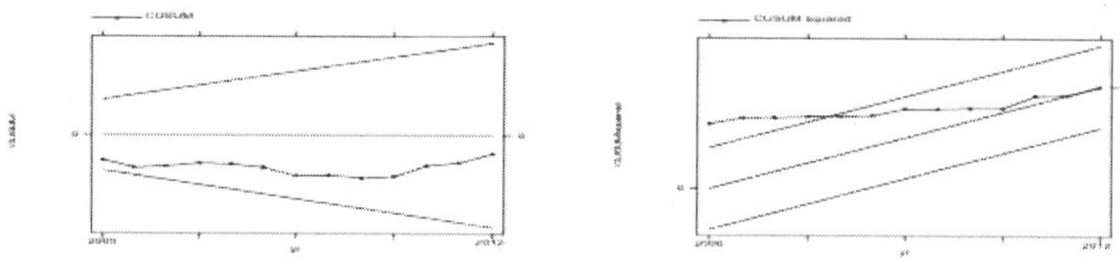


Sweden

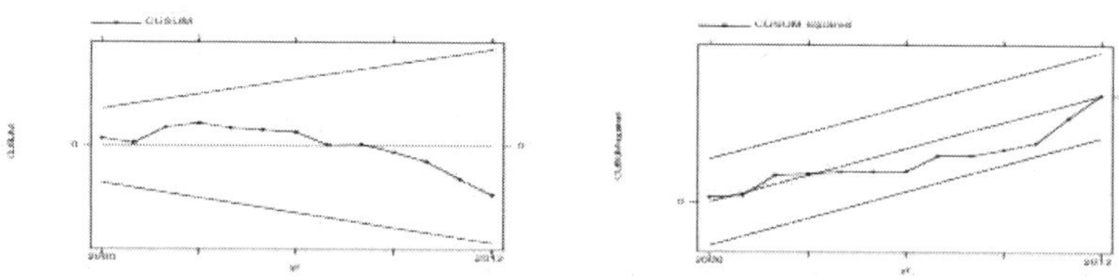


Italy

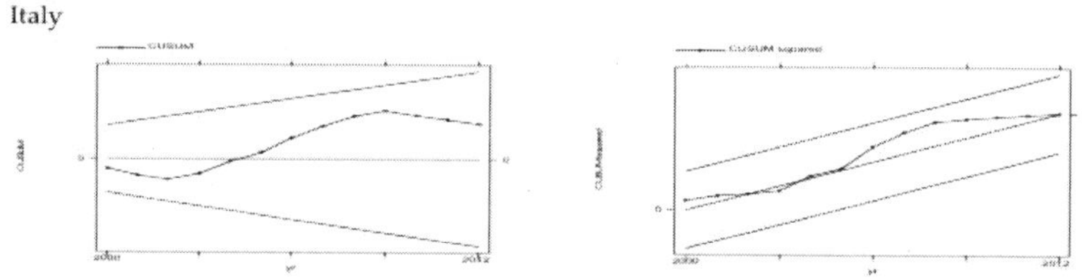


Japan

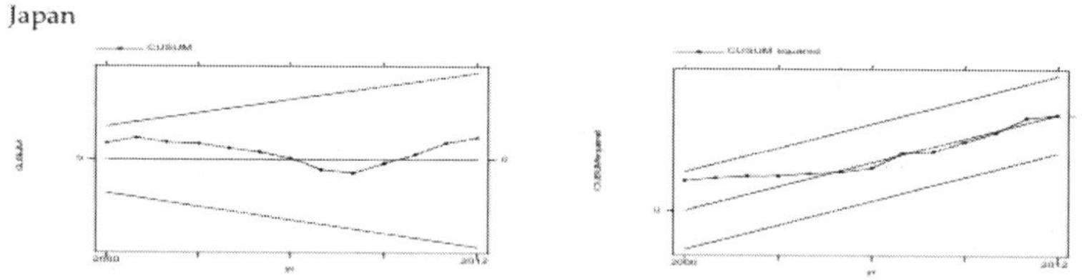


The Netherlands

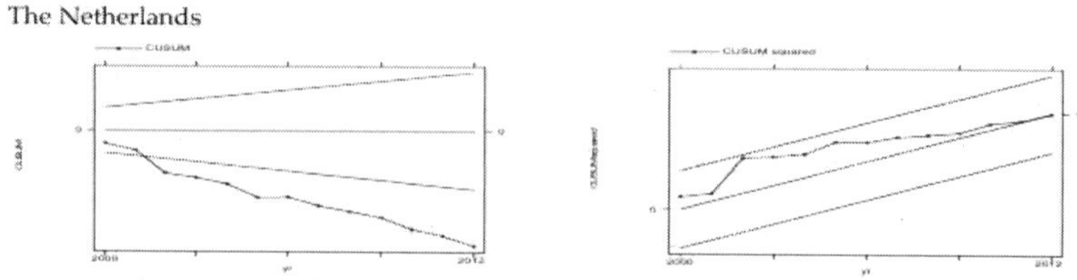


(Figure A1) *Cont.*

## 참고문헌

1. Jeffers, R.F.; Jacob, J.J.; Search, E.M. (2013), "Dynamic analysis of policy drives for bioenergy commodity markets." *Energy Policy*, 52: 249-263.

2. Del Río, P. (2012), "The dynamic efficiency of feed-in tariffs: The impact of different design elements", *Energy Policy*, 41: 139-151.

3. Menanteau, P. (2003), "Can negotiated agreements replace efficiency standards as an instrument for transforming the electrical appliance market?", *Energy Policy*, 31: 827-835.

4. Held, A.; Hass, R.; Ragwitz, M. (2006), "On the success of policy strategies for the promotion of electricity from renewable energy sources in the EU", *Energy Environ.* 17: 849-868.

5. Hass, R.; Resh, G.; Panzer, C.; Busch, S.; Ragwitz, M.; Held, A. (2011), "Efficiency and effectiveness of promotion systems for electricity generation from renewable energy sources: Lessons from EU countries", *Energy*, 36: 2186-2193.

6. Klessmann, C. (2011), "Status and perspectives of renewable energy policy and deployment in the European Union: What is needed to reach the 2020 targets?", *Energy Policy*, 39: 7631-7657.

7. Cao, J.; Groba, F. (2013), *Chinese Renewable Energy Technology Exports: The Role of Policy Innovation and Markets;* Discussion Papers No. 1263; German Institute for Economic Research: Berlin, Germany.

8. Costantini, V.; Mazzanti, M. (2012), "On the green and innovative side of trade competitiveness? The impact of environmental policies and innovation on EU Exports", Res. *Policy*, 41: 132-153.

9. Junginger, M.; Bolkesjø, T.; Bradley, D.; Dolzan, P.; Faaij, A.; Heinimö, J.; Hektor, B.; Leistad, Ø.; Ling, E.; Perry, M.; et al. (2008), "Developments in international bioenergy trade", *Biomass Bioenergy*, 32: 717-729.

10. Jha, V. (2009), *Trade Flows, Barriers and Market Drivers in Renewable Energy Supply Goods: The Need to Level the Playing Field;* ICTSD Trade and Environment

Issue Paper 10; International Centre for Trade and Sustainable Development: Geneva, Switzerland.

11. Larmers, P. (2012), "Developments in international solid biofuel trade: An analysis of volumes, policies, and Market Factors", *Renew. Sustain. Energy Rev.*, 6: 3176–3199.
12. Sung, B. (2015), "Public policy supports and export performance of bioenergy technologies: A dynamic approach", *Renew. Sustain. Energy Rev.*, 24: 477–495.
13. Butler, L.; Neuhoff, K. (2008), "Comparison of feed-in tariff, quota and auction mechanisms to support wind power development", *Renew. Energy*, 33: 1854–1867.
14. Finon, D.; Menanteau, P. (2003), "The static dynamic efficiency of instruments of promotion of renewables", *Energy Stud. Rev.*, 12: 53–83.
15. Menanteau, P.; Finon, D.; Lamy, M.-L. (2003), "Prices versus quantities: Choosing policies for promoting the development of renewable energy", *Energy Policy*, 31: 799–812.
16. Toke, D. (2007), "Renewable financial support systems and cost-effectiveness", *J. Clean. Prod.*, 15: 280–287.
17. Lund, P.D. (2007), "Effectiveness of policy measures in transforming the energy system", *Energy Policy*, 35: 627–639.
18. Bürer, M.J.; Wüsternhagen, R. (2009), "Which renewable energy policy is a venture capitalist's best friend? Empirical evidence from a survey of international cleantech investors", *Energy Policy*, 37: 4997–5006.
19. Verbruggen, A.; Lauber, V. (2012), "Assessing the performance of renewable electricity support instruments", *Energy Policy*, 45: 635–644.
20. Ericsson, K.; Huttunen, S.; Nilsoon, L.J.; Svenningsson, P. (2004), "Bioenergy policy and market development in Finland and Sweden", *Energy Policy*, 32: 1707–1721.
21. Junginger, M. (2008), "International bioenergy trade in the Netherlands", *Biomass Bioenergy*, 32: 672–687.
22. Larmers, P. (2011), "International bioenergy trade—A review of past developments in the liquid biofuel market", *Renew. Sustain. Energy Rev.*, 15: 2655–2676.
23. Sung, B.; Song, W.-Y. (2013), "Causality between public policies and exports of

renewable energy technologies", *Energy Policy*, 55: 95–104.

24. Algieri, B.; Aquino, A.; Succurro, M. (2011), "Going 'green': Trade specialization dynamics in the solar photovoltaic sector", *Energy Policy*, 39: 7275–7283.
25. Costantini, V.; Crespi, F. (2008), "Environmental regulation and the export dynamics of energy technologies", *Ecol. Econ.*, 66: 447–460.
26. Costantini, V.; Crespi, F.; Martini, C.; Pennacchio, L. (2015), "Demand-pull and technology-push public support for eco-innovation: The case of the biofuels sector", *Res. Policy*, 44: 577–595.
27. Johnstone, N.; Haščič, I.; Popp, D. (2010), "Renewable energy policies and technological innovation: Evidence-based on patent counts", *Environ. Resour. Econ.*, 5: 133–155.
28. Cohen, W.M.; Levin, R.C. (1989), "Empirical studies of innovation and market structure." In *Handbook of Industrial Organization Volume* 2; Schmalensee, R., Willig, R., Eds.; Elsevier: Amsterdam, The Netherlands; pp. 1059–1107.
29. Cohen, W. (1995), "Empirical studies of innovative activity." In *Handbook of the Economics of Innovation and Technological Change;* Stoneman, P., Ed.; Blackwell: Oxford, UK; pp. 182–264.
30. Hall, B.H.; Oriani, R. (2006), "Does the market value R&D investment by European firms? Evidence from a panel of manufacturing firms in France, Germany, and Italy", *Int. J. Ind. Organ.*, 24: 971–993.
31. Duqi, A.; Torluccio, G. (2011), "Can R&D expenditures affect firm market value? An empirical analysis of a panel of European listed firms." In *Bank Performance Risk and Firm Financing;* Molyneux, P.M., Ed.; Palgrave Macmillan: England, UK; pp. 215–241.
32. OECD. (2007), *Dynamic Efficiencies in Merger Analysis;* OECD: Paris, France.
33. Baily, M.N.; Chakrabarti, A.K. (1998), *Innovation and the Productivity Crisis;* The Brookings Institution: Washington, DC, USA.
34. Jayamaha, A.; Mula, J.M. (2011), "Productivity and efficiency measurement technologies: Identifying the efficiency of techniques for financial institutions in developing countries", *J. Emerg. Trends Econ. Manag. Sci.*, 2: 454–460.

35. Mandl, U.; Dierx, A.; Ilzkovitz, F. (2008), *The Effectiveness and Efficiency of Public Spending;* Economics Paper 301; Economic and Financial Affairs, European Commission: Brussels, Belgium.
36. Rogers, M. (1998), *The Definition and Measurement of Productivity;* Working Paper 9/98; Melbourne Institute of Applied Economics and Social Research: Melbourne, Australia.
37. Bernard, A.B.; Jensen, J.B.; Redding, S.J.; Schott, P.K. (2007), "Firms in international trade", *J. Econ. Perspect.,* 21: 105-130.
38. Costantini, J.; Melitz, M. (2007), "The dynamics of firm-level adjustment to trade liberalization", In *The Organization of Firms in a Global Economy;* Helpman, E., Marin, D., Verdier, T., Eds.; Harvard University Press: Cambridge, MA, USA; pp. 15-36.
39. Mayer, T.; Melitz, M.J.; Ottaviano, G.I.P. (2014), "Market size, competition, and the product mix of exporters", *Am. Econ. Rev.*, 104: 495-536.
40. Melitz, M.J. (2003), "The impact of trade on intra-industry reallocations and aggregate industry productivity", *Econometrica*, 71: 1695-1725.
41. Debreu, E. (1951), "The coefficient of resource utilization", *Econometrica*, 19: 273-292.
42. Koopmans, T.C. (1951), "Analysis of production as an efficient combination of activities", In *Activity Analysis of Production and Allocation;* Koopmans, T.C., Ed.; Wiley: New York, NY, USA; pp. 33-97.
43. Farrell, M.J. (1957), "The measurement of productive efficiency", *J. R. Stat. Soc.*, 120: 253-290.
44. Diamond, P. (1965), "National debt in a neoclassical growth model", *Am. Econ. Rev.*, 55: 1126-1150.
45. Kirzner, I. (1997), *How Markets Work: Disequilibrium, Entrepreneurship and Discovery;* Hobart Paper, No. 133; Institute of Economic Affairs: London, UK.
46. North, D.C. (1999), *Understanding the Process of Economic Change;* Institute of Economic Affairs: London, UK.
47. De Soto, J. (2009), *The Theory of Dynamic Efficiency;* Routledge: New York, NY,

USA.

48. Lewin, P. (2015), "Entrepreneurial opportunity as the potential to create value", *Rev. Austrian. Econ.*, 28: 1–15.
49. Kahouli-Brahmi, S. (2009), "Testing for the presence of some features of increasing returns to adoption for factors in energy system dynamics: An analysis via the learning curve approach", *Ecol. Econ.*, 68: 1195–1212.
50. Corsatea, T.D.; Giaccaria, S.; Arántegui, R.L. (2014), "The role of sources of finance on the development of wind energy", *Renew. Energy*, 66: 140–149.
51. Zang, D.; Cao, H.; Zou, D. (2016), "Exuberance in China's renewable energy investment: Rationality, capital structure and implications with firm level evidence", *Energy Policy*, 95: 468–478.
52. Abhyankar, R. (2014), "The government of India's role in promoting innovation through policy initiatives for entrepreneurship development", *Technol. Innov. Manag. Rev.*, 4: 11–17.
53. Del Río, G.P. (2008), "Policy implications of potential conflicts between short-term and long-term efficiency in $CO_2$ emissions abatement", *Ecol. Econ.*, 65: 292–303.
54. Kemp, R.; Andersen, M.M. (2004), "Strategies for eco-efficiency innovation", In *Strategy Paper for the EU Informed Environmental Council Meeting;* Ministry for Social Building, Resional Planning, and Environmental Administration: Den Haag, The Netherlands.
55. Christiansen, A.C. (2001), *Technological Change and the Role of Public Policy: An Analytical Framework for Dynamic Efficiency Assessments;* FIN Report 4/2001; The Fridtjof Nansen Institute: Lysaker, Norway.
56. Rosenberg, N. (1982), *Inside the Black Box: Technology and Economics;* Cambridge University Press: Cambridge, UK.
57. Ferroukhi, R.; Khalid, A.; García-Baños, C.; Renner, M. (2015), *Renewable Energy and Jobs—Annual Review 2015;* International Renewable Energy Agency: Abu Dhabi, UAE.
58. Färe, R.; Grosskopf, S.; Norris, M.; Zhang, Z. (1994), "Productivity growth, technical progress and efficiency change in industrialized countries", *Am. Econ. Rev.*,

84: 66-83.

59. Chung, Y.; Färe, R.; Grosskopf, S. (1997), "Productivity and undesirable outputs: A directional distance function approach", *J. Environ. Manag.*, 51: 229-240.
60. Färe, R.; Grosskopf, S. (2004), "Model undesirable factors in efficiency evaluation: Comment", *Eur. J. Oper. Res.*, 157: 242-245.
61. Dyckhoff, H.; Allen, K. (2001), "Measuring ecological efficiency with data envelopment analysis (DEA)", *Eur. J. Oper. Res.*, 132: 312-325.
62. Ramli, N.A.; Munisamy, S. (2015), "Eco-efficiency in greenhouse emissions among manufacturing industries: A Range Adjusted Measure", *Econ. Model*, 47: 219-227.
63. Smith, P.C.; Street, A. (2005), "Measuring the efficiency of public services: The limits of analysis", *J. R. Stat. Soc.*, 168: 401-417.
64. Hirshleifer, D.; Hsu, P.-H.; Li, D. (2013), "Innovative efficiency and stock returns", *J. Financ. Econ*, 107: 632-654.
65. Sadorsky, P. (2009), "Renewable energy consumption and income in emerging economies", *Energy Policy*, 37: 4021-4028.
66. Marques, A.C.; Fuinhas, J.A. (2011), "Drivers promoting renewable energy: A dynamic panel approach", *Renew. Sustain. Energy Rev.*, 15: 1601-1608.
67. Lewis, J.; Wiser, R. (2007), "Fostering a renewable energy technology industry: An international comparison of wind industry policy support mechanisms", *Energy Policy*, 35: 1844-1857.
68. Breusch, T.S.; Pagan, A.R. (1980), "The LM test and its application to model specification in econometrics", *Rev. Econ. Stud.*, 47: 239-254.
69. Mihaiu, D.M.; Opreana, A.; Cristescu, M.P. (2010), "Efficiency, effectiveness and performance of the public sector", *Rom. J. Econ. Forecast*, 4: 132-147.
70. Ek, K.; Söderholm, P. (2010), "Technology learning in the presence of public R&D: The Case of European Wind Power", *Ecol. Econ.*, 69: 2356-2362.
71. Ayari, N.; Blazsek, S.; Mendi, P. (2012), "Renewable energy innovations in Europe: Dynamic panel data approach", *Appl. Econ.*, 44: 3135-3147.
72. Bointner, R. (2014), "Innovation in the energy sector: Lessons learnt from R&D expenditures and patents in selected IEA countries", *Energy Policy*, 73: 733-747.

73. Bosetti, V.; Carrao, C.; Massetti, E.; Sgobbi, A.; Tavoni, M. (2009), "Optimal energy investment and R&D strategies to stabilize atmospheric greenhouse gas concentrations", Resour. *Energy Econ.*, 31: 123-137.

74. Jeon, C.; Shin, J. (2014), "Long-term renewable energy technology valuation using system dynamic and Monte Carlo simulation: Photovoltaic technology case", *Energy*, 66: 447-457.

75. Kobos, P.H.; Erickson, J.D.; "Drennen, T.E. (2006), Technological learning and renewable energy costs: Implications for US renewable energy policy", *Energy Policy*, 34: 1645-1658.

76. Popp, D.; Hascic, I.; Medhi, N. (2011), "Technology and the diffusion of renewable energy", *Energy Econ*, 33: 648-662.

77. Söderholm, P.; Klaassen, G. (2007), "Wind power in Europe: A simultaneous innovation-diffusion model", *Environ. Resour. Econ*, 36: 163-190.

78. Pesaran, H.M. (2017), "A simple panel unit root test in the presence of cross-section dependence", *J. Appl. Econ*, 22: 265-312.

79. Westerlund, J. (2007), "Testing for error correction in panel data", *Oxf. Bull. Econ. Stat*, 69: 709-748.

80. Engle, R.; Granger, C.W.J. (1987), "Cointegration and error correction: Representation, estimation, and testing", *Econometrica*, 55: 251-276.

81. Pedroni, P. (2000), "Fully modified OLS for the heterogeneous cointegrated panels", *Adv. Econ.*, 15: 93-130.

82. Kao, C.; Chiang, M.-H. (2000), "On the estimation and inference of a cointegrated regression in panel data", *Adv. Econom.*, 15: 179-222.

83. Pesaran, H.M.; Shin, Y.; Smith, R.P. (1999), "Pooled mean group estimation of dynamic heterogeneous panels", *J. Am. Stat. Assoc.*, 94: 621-634.

84. Banerjee, A. (1999), "Panel data unit roots and co-integration: An overview", *Oxf. Bull. Econ. Stat.*, 61: 607-629.

85. Roodman, D. (2009), "How to extabond 2: An introduction to difference and system GMM in Stata", *Stata J.*, 9: 86-136.

86. Arellano, M.; Bond, S. (1991), "Some tests of specification for panel data: Monte

Carlo evidence and an application to employment equations", *Rev. Econ. Stud.*, 58: 277-297.

87. Sargan, J. (1958), "The estimation of economic relationships using instrumental variables", *Econometrica*, 26: 393-415.
88. Hansen, L.P. (1982), "Large sample properties of generalized method of moment estimators", *Econometrica*, 50: 1029-1054.
89. Bauen, A.; Berndes, G.; Junginger, M.; Londo, M.; Vuille, F.; Ball, R.; Bole, T.; Chudziak, C.; Faaij, A.; Mozaffarian, H. (2009), *Bioenergy: A Sustainable and Reliable Energy Source. A Review of Status and Prospects;* International Energy Agency: Paris, France.
90. Al-mulali, U. (2003), "Examining the bi-directional long run relationship between renewable energy consumption and GDP growth", *Renew. Sustain. Energy Rev.*, 22: 209-222.
91. Kim, K.; Kim, Y. (2015), "Role of policy innovation and international trade of renewable energy technology: Empirical study of solar PV and wind power technology", *Renew. Sustain. Energy Rev.*, 44: 717-727.
92. Freixanet, J. (2012), "Export promotion programs: Their impact on companies' internationalization performance and competitiveness", *Int. Bus. Rev.*, 21: 1065-1086.
93. Domac, J. (2005), "Socio-economic drivers in implementing bioenergy projects", *Biomass Bioenergy*, 28: 97-106.
94. McKay, H. (2006), "Environmental, economic, social and political drivers for increasing use of wood fuel as a renewable resource in Britain", *Biomass Bioenergy*, 30: 308-315.

# 제 4 장 연구관리

6 국방연구개발 결과물의 기술이전·사업화 성과의 영향 요인에 관한 연구

추완호 · 박수경

7 구조방정식모형을 이용한 연구개발성과의 기술사업화 활성화 영향요인 분석

한정민 · 이영덕 외

6

# 국방연구개발 결과물의 기술이전·사업화 성과의 영향 요인에 관한 연구*

추완호·박수경

초록

국가가 막대한 예산을 오랜 기간에 걸쳐 지속적으로 연구개발에 투입하는 목적은 연구개발을 통해 획득한 기술을 활용하여 국가과학기술 역량 및 국민의 삶의 질을 제고하고 국가경제에 기여하기 위한 것이다. 그 동안 국방 분야는 경제적 측면보다는 방위력 증강을 위한 핵심기술 및 무기체계 개발에 중점을 두었으나, 글로벌 금융위기 등 경기 침체로 인하여 국가경제가 위축됨에 따라 국방 분야가 경제에 기여하도록 하는 방안의 수립이 요구되고 있는 실정이다. 이에 본 연구에서는 국방연구개발을 통해 획득한 기술을 활용하여 국가안보 및 국민경제에 기여하고자, 국방기술을 민간에 이전하고 사업화 추진 시 성과에 영향을 미치는 주요 요인을 식별하고자 하였다. 식별된 영향 요인을 바탕으로 하여 국방 분야가 보유하고 있는 제반 자원의 전략적 투자를 통해 향후 기술이전 · 사업화 성과를 높이기 위한 정책을 수립하는데 일조할 수 있도록 시사점을 제시하고자 한다. 이를 위하여 국방 분야의 대표적 출연기관인 국방과학연구소에서 개발된 국방기술을 기반으로 하여 기술이전 · 사업화 추진 경험이 있는 기술개발자, 기술수요자, 기술중개자 등을 대상으로 설문조사 및 인터뷰 등을 수행하여 109개의 데이터를 회수하였다. 본 연구에서는 종속변수가 명목척도인 이분형 변수이므로 회수된 자료에 대하여 로지스틱 회귀분석을 수행하였고, 이에 따라 독립변수 14개 중 5개가 통계적으로 유의한 것으로 분석되었다. 분석결과로 기술공급자 측면에서는 기술개발자에 대한 기술역량 제고와 기술료 보상금의 확대, 기술수요자 측면에서는 국방사업 참여경험의 증대, 그리고 정책제도 측면에서는 기술이전 절차와 기술료 합의 절차의 간소화 등이 기술이전 · 사업화 성과에 긍정적 영향을 미치는 것으로 나타났다. 이에 긍정적인 영향을 미친 부문에 대해서는 육성 및 지원 방안을, 부정적인 영향을 미친 부문에 대해서는 관련 정책 · 제도의 개선을 통하여 향후 국방 분야의 기술이전 · 사업화 성과를 제고하기 위한 시사점을 제시하였다.

**주제어**: 국방기술이전, 국방기술사업화, 기술사업화 성과, 기술이전 · 사업화 영향 요인, 국방기술민수화

---

* 이 글은 「산업혁신연구」 제33권 3호(2017: 125-160)에 게재된 내용입니다.

# Ⅰ. 서 론

국가가 정부출연연구기관(이하 '출연기관'이라 한다)을 설립하고 막대한 예산을 지속적으로 투자하는 것은 국가과학기술 역량을 제고하기 위함일 뿐만 아니라 출연기관에서 개발된 기술을 민간에 이전하여 기술 및 산업경쟁력을 강화하고 사업화를 통한 부가가치를 창출하여 국가경제에 기여하도록 하는 것도 중요한 이유일 것이다(지식경제부, 한국산업기술진흥원, 2010). 근래 대부분의 출연기관은 국가연구개발사업을 통해 획득한 기술을 민간에 이전하고 사업화를 지원하는 업무가 매우 활성화되어 있는 반면에, 국방 분야는 민간 출연기관에 비해 기술이전 및 기술료 실적 등에 있어 상대적으로 미진한 실적 현황[1]을 보이고 있다(박현진 외, 2006).

과거 국방 분야의 임무는 경제성보다는 필요성에 중점을 두어 국방연구개발을 통해 획득한 기술을 활용하여 국가안보 및 자주국방을 공고히 하는 것이 주된 목적이었으나 국가 간 경쟁 심화 및 글로벌 경기 침체로 인하여 현재는 국방 분야 역시 국가경제에 기여할 수 있도록 요구되는 시대에 직면한 것이다(고현수 외, 2015). 따라서 국방 분야도 국방연구개발의 결과물을 민간 분야에 이전을 확대하고 사업화 추진을 통하여 국가 안보 및 국민 경제에 기여할 수 있는 방안을 검토해 볼 필요가 있다. 기존 선행연구들을 살펴보면 대학이나 민간 분야의 출연기관을 대상으로 하는 기술이전 또는 사업화에 관련된 연구들이 주류를 이루었으며 국방 분야에 대하여 실제 관련 기관들을 대상으로 기술이전 · 사업화 연구를 수행한 사례는 전무한 실정이다.

---

1 주요 출연기관별 기술이전/기술료 실적(2015년 기준) : ETRI(760건/318억원), 기계연(155건/47억), 전기연(95건/49억), 국과연(61건/8.4억). 자료 : 각 출연기관별 홈페이지, 방위사업청(2017).

이에 본 연구에서는 국방 분야의 대표적 출연기관인 국방과학연구소(이하 "국과연"이라 한다)에서 개발한 국방기술의 민간이전 및 사업화 추진과 관련된 기업 담당자, 국과연 소속의 연구 개발자 및 기술 중개자를 대상으로 국방 분야의 기술이전 · 사업화 현황을 조사하고, 그 성과를 높이기 위한 요인들을 실증적으로 식별하고자 하였다. 식별된 요인들을 바탕으로 향후 정책 · 제도의 개선 · 보완 등을 통하여 국방 분야의 기술이전 · 사업화 성과를 제고하기 위한 지원방안을 도출하고자 하였다. 궁극적으로 국방연구개발을 통해 획득한 결과물의 민간이전 및 사업화 추진을 통하여 국가 안보와 국민 경제에 기여할 수 있도록 시사점을 제시하고자 하였다.

## II. 이론적 고찰

### 1. 기술이전 · 사업화 개요

#### 1) 기술이전의 정의

우리나라는 기술이전에 대한 개념을 2017년 3월 21일에 개정된 「기술의 이전 및 사업화 촉진에 관한 법률」(이하 "기술이전법"이라 한다.) 제2조(정의)에서 "기술이전"이란 "양도, 실시권 허락, 기술지도, 공동연구, 합작투자 또는 인수 · 합병 등의 방법으로 기술이 기술보유자(해당 기술을 처분할 권한이 있는 자를 포함한다)로부터 그 외의 자에게 이전되는 것을 말한다."고 정의하고 있다.

국제연합무역개발협의회(UNCTAD[2])는 국가, 기업 또는 개인과 같은 기

2 UNCTAD(United Nations Conference on Trade and Development)는 선진국과 후진국 사이의 무역 불균형을 시정하고 남북문제를 해결하기 위해 1964년 12월 UN총회는 UNCTAD를 UN 직속기구로 설치할 것을 결정하였다. 한국은 1964년에 가입했으며,

술이전 주체의 관점에서 기술이전의 개념을 정의하고 있으며, Forster(1971)는 기초연구, 응용연구, 개발(연구), 사업화라는 기술 흐름의 관점에서 정의하고 있는 것이 특징이라 할 수 있다.

다음의 〈표 1〉에서 나타난 바와 같이 여러 기관 및 연구자들의 다양한 정의들을 종합해 보면, 기술이전이란 "무형재인 기술과 지식요소를 외부로부터 부분 또는 전체를 도입하여 유형재인 제품으로 전환할 목적으로 기술이전 당사자가 계약을 하거나 협상을 하는 데 필요한 모든 제도상의 공식행위"로 요약할 수 있다(지식경제부, 한국산업기술진흥원, 2010).

한편 국방 분야에서는 기술이전에 대한 개념을 2016년 11월 23일에 개정된 「국방전력발전업무훈령」 별표 1의 '용어의 정의'에서 설명하고 있는데, 기술이전이란 "산업재산권의 이전, 산업재산권의 실시권 및 기술자료의 제공 등 기술을 보유한 '갑'이 기술을 필요로 하는 '을'에게 새로운 기술을 제공하는 것을 말함"이라고 정의하고 있다. 특히 "군 기술이전"을 "군에서 보유한 기술을 민간에서 활용하여 민간에 필요한 응용기술개발, 제품개발 등을 말한다."라고 정의하고 있으며, 이를 광의적으로 국방기술 민수전환 또는 국방기술민수화라고 할 수 있다(박경선, 1995).

〈표 1〉 기술이전의 정의

| 구 분 | 정 의 |
|---|---|
| UNCTAD (1971년) | 새로운 생산시설과 현재 가동 중인 시설의 확장을 위해 설계 또는 공정관리에 정상적으로 필요한 기술지식요소의 이전이 선진국과 개발도상국 사이에 이루어질 때 국가 간 기술이전으로 정의 |
| Forster (1971년) | 기술이전 방향성의 관점에서 프로젝트 간, 조직 간, 산업 간, 국가 간의 이전인 수평적 이전과 기초연구-응용연구-개발-사업화 간의 수직적 이전으로 분류 |

---

2012년 현재 회원국은 193개국이며 본부는 스위스 제네바에 있다. 하부 기관으로는 기술이전 등을 협의하기 위한 6개 위원회를 두고 있다.

| | |
|---|---|
| Gee (1974년) | 기술의 새로운 사용을 위해 또는 새로운 기술사용자가 기술을 응용하는 것으로 기술의 직접적 응용 외에 새로운 용도나 사용자에게 적합하도록 변경하는 개념 |
| Souder (1990년) | 한쪽이 소유하고 있는 기술이 다른 쪽에 채택되도록 이동하는 과정, 즉 개발자로부터 제공자나 수요자로 이동, 한 부서에서 다른 부서로 이동하는 과정 |
| Bozeman & Crow (1991년) | 물리적 디자인, 프로세스, 노하우(Know-How), 정보가 한 조직에서 다른 장소로 이동하는 과정 |
| Camp & Sexton (1992년) | 기술적 지식이전, 잠재사용자에게 연구결과를 전달하는 과정, 그리고 개발단계에서 기술적 아이디어나 노하우(Know-How)를 최초에 인식한 조직에서 사용자 조직으로 이동하는 과정 |

자료: 지식경제부 외(2010) 재구성

### 2) 기술사업화의 정의

기술사업화에 대한 정의는 기술의 활용 범위, 목적 및 파급 효과 등이 다양하여 그 의미를 포괄할 수 있는 정형화된 개념은 정립되어 있지 않다. 우리나라에서는 기술이전법 제2조(정의)에서 "사업화"란 "기술을 이용하여 제품을 개발 · 생산 또는 판매하거나 그 과정의 관련 기술을 향상시키는 것을 말한다."고 정의하고 있다.

기술사업화의 일반적 개념은 기술혁신의 전주기적 관점에서 "개발된 기술의 이전, 거래, 확산과 적용을 통해 부가가치를 창출하기 위한 제반활동과 그 과정"이라고 정의할 수 있다. 협의의 기술사업화 개념은 개발된 기술을 제조활동에 활용하여 이익을 창출하는 행위로서 기술창업, 기술이전, 공정개선, 신제품제조 등 기술을 직접적인 요인으로 활용한 경제적 이익행위라 할 수 있고, 이에 비해 광의의 기술사업화 개념은 기술과 직간접으로 관련된 모든 부가가치 창출행위로서 기술의 배타적 권리와 경제가치를 높이기 위한 지식재산권화 및 지식재산을 활용한 영리목적의 기술사업화 서비스 활동을 모두 포함하고 있다. 따라서 “기술사업화”란 “기술(또는 지식) 등 무형자산을 기반으로 생산과 영리목적의 경제활동을 할 수 있도록 하는 제반활동”으로 정의할 수 있다(지식경제부 외, 2010).

### 3) 기술이전 · 사업화의 중요성

일반적으로 공공연구개발에의 투자는 경제성장과 생산성 증가에 유의미한 영향을 미치며(김규남, 정현준, 오승환, 2016), 연구개발을 통해 획득한 기술이 후속 연구에 적용되지 못하거나 상용화에 실패하는 경우를 최소화하고 관련 산업 등에 이전 및 활용되어 그 파급효과가 기술적으로나 경제적으로 널리 확산되어야만 융 · 복합 및 개방형 혁신시대를 대응할 수 있는 기술과 시장의 생태계에서 생존할 수 있는 전략으로서 자리 잡을 수 있을 것이다.

상기와 같은 이유로 출연기관에 있어서 기술이전 · 사업화의 목적은 정부 출연금으로 개발된 기술을 민간에 이전하고 그 기술을 바탕으로 민간 기업 등이 사업화를 추진하여 새로운 시장 및 고객가치를 창출할 수 있도록 지원하는 것이며, 출연기관들은 기업이 납부한 기술료를 연구개발자에 대한 보상금으로 활용하여 기술 창작활동의 동인으로 삼고, 해당 출연기관의 역량 제고를 위한 자체 연구개발에의 재투자를 통해 새로운 연구개발을 추진하는 기술혁신의 선순환체계를 구축할 수 있도록 하는 원동력으로 삼고 있다(현창희 외, 2015).

결국 기술이전 · 사업화의 성과는 기업의 이익을 창출할 뿐만 아니라, 출연기관 및 정부가 추진하는 연구개발 추진사업의 타당성, 효율성 확보, 고용 창출 및 국가 경제 기여 등을 반증하는 중요한 지표로서의 역할을 나타내고 있기 때문에 기술이전 · 사업화의 중요성은 나날이 강조되고 있는 것이다(박현우 외. 2017).

## 2. 기술이전 · 사업화 성과의 영향 요인에 관한 고찰

기술이전 · 사업화 성과의 영향 요인을 도출하기 위하여 국방 분야의 기술이전 · 사업화 성과를 정의하고 범위를 설정할 필요가 있다. 미국 법률 15 USC 3715[3]에 따라 설립된 미 국방부의 대표적인 파트너십 중개기관인 Techlink는 국방 분야의 발명을 민간에서 활용할 수 있도록 미 국방부 산하 연구실과 민간기업들 간에 기술이전 및 실시계약의 중개를 주된 활동으로 하는 기관이다. Techlink(2017)에 따르면 국방 분야의 기술이전 · 사업화 성과는 민수사업화 성과에 따른 부가가치 및 고용 창출뿐만 아니라 국방부 과제를 통해 기업 등이 지원받은 예산, 미군 납품 실적, 납품을 위한 고용인력 등을 모두 기술사업화 성과에 포함하여 분석하고 있다.

또한, Franza and Grant(2006)의 연구에서도 기업 등이 미국의 연방 연구소로부터 이전받은 기술을 활용하여 상용화 개발을 추진한 결과가 후속으로 연방 정부에 제공되거나 또는 상업적 공급원으로 제공된 경우를 기술이전 · 사업화 성공으로 분류하고 있으며, 반면에 기술이전 프로젝트가 시기상조로 중단되었거나 유형의 산출물이 없는 경우를 실패라고 정의하고 연구결과를 분석하고 있다.

이에 본 논문에서는 상기와 같이 국방 분야의 기술이전 · 사업화 성과를 정의하고 선행연구들의 영향 요인에 대하여 살펴보았다.

기술이전 및 사업화 성과의 영향 요인에 관한 선행연구는 여러 학자들에

---

3 미 법률 15 USC 3715는 주 또는 지방 정부 기관 또는 비영리 단체로서 주 정부 또는 지방정부를 대신하여 연방 정부가 자금을 지원하여 국방부, NASA 등이 수행한 프로그램을 통하여 개발된 기술 등의 이전을 촉진하기 위하여 파트너십 중개자(partnership intermediary)의 역할 및 기능에 대하여 정의하고 있음

의해 수행되었으며, 주요 영향 요인을 살펴보면 Bozeman(2000)은 기술이전 에이전트, 기술이전 수용자, 기술이전 객체, 기술이전 매체, 요구 환경 등으로 영향 요인을 분류하여 분석하였다.

김종갑(2006)은 기술특성, 이전과정, 기업역량 등으로 영향 요인을 분류하고 종속변수를 기술이전 성과로 설정하여 그 기준을 사업화 매출액으로 삼아 160개 중소기업의 자료에 대해 다중회귀분석 기법을 통해 분석하였다.

김태현(2006)은 기술공급자, 기술수요자, 기술 특성, 기술중개기관, 내 · 외부 요인 등으로 성과 요인을 분류하고 종속변수를 기술이전 · 상용화 성과로 설정하여 그 기준을 직접 또는 간접 성과로 삼아 정부출연연 92개, 벤처기업 114개의 자료에 대해 요인분석 및 구조방정식을 통해 분석하였다.

Franza and Grant(2006)은 기술개발자, 기술수요자, 상호 관계 등으로 성과 요인을 분류하고 종속변수를 기술이전 성패로 설정하여 미국 공군 연구소의 19개 기술이전 실행사례를 통해 개인소유 기업에서 포춘 500대 기업에 이르기까지 다양한 기술 분야 종사자에 대해 인터뷰를 수행한 결과를 통해 분석하였다.

김선주(2013)는 기술공급자, 기술수요자, 기술, 환경 요인 등으로 성과 요인을 분류하고 중요도 순위로 영향 요인을 분석하였다.

임인종 등(2014)은 기술공급자, 이전기술, 기술이전 과정 특성 등으로 영향 요인을 분류하고 종속변수를 기술사업화 성공으로 설정하여 특정 연구원으로 기술이전을 받은 기업들에 대한 인터뷰 조사를 통해 성공 요인을 분석하였다.

윤요한 외(2015)는 기술이전기관 특성, 기업 특성, 기술 특성, 법제도적 특성, 시장환경 요인 등으로 영향 요인을 분류하고 종속변수를 사업화 성패로 설정하고 특정 출연기관의 3년간 기술이전 실적이 있는 191개 기업에 대한 설문조사 자료에 대해 로지스틱 회귀분석을 통해 기술사업화 성패 요인을 분석하였다.

민재웅(2015)은 기술공급자 역량, 기술수요자 흡수 역량, 기술 중개자 가치창출, 기술공급자와 기술수요자간의 협력파트너십 등으로 영향 요인을 분류하고 종속변수를 기술사업화로 설정하여 그 기준을 기술이전 · 사업화의 목적달성 성패로 삼아 선도 기술 중개자 지원사업 참여기관 응답 684건의 자료에 대해 로지스틱 회귀분석 기법을 통해 분석하였다. 상기와 같이 기술한 내용을 토대로 기술이전 · 사업화 성과의 영향 요인에 대한 주요 선행연구 사례를 정리하면 다음의 〈표 2〉와 같다.

〈표 2〉 기술이전 · 사업화 성과의 영향 요인에 대한 주요 선행연구 사례

| 연구자 | 분석대상 | 연구방법 | 영향 요인 |
|---|---|---|---|
| 김태현 (2006) | 출연연 92개, 벤처기업 114개 등 206개 | 요인분석, 구조방정식 | •종속변수 : 기술상용화 성과(직간접)<br>•영향요인 : 기술공급자, 기술수요자, 기술중개기관, 기술특성, 내외부 요인 |
| 박현진 외 (2006) | 기술제공자(국과연) 59명, 기술도입자(업체) 39명 | 포아송 회귀분석 | •종속변수 : 기술이전/기술도입 횟수<br>•영향요인 : 기술제공자, 기술도입자, 기술, 상호관계, 환경 요인 |
| 김선주 (2013) | 기술제공자 30명, 기술수요자 27명 | AHP 분석 | •영향요인 : 기술공급자, 기술수요자, 기술, 환경 요인 |
| 임인종 외 (2014) | 전자부품연구원과 프로브카드 회사 간 협력사례 | 인터뷰 조사 | •종속변수 : 기술사업화 성공<br>•영향요인 : 기술공급자, 기술수요자, 이전 기술, 기술이전 과정 특성 |
| 윤요한 외 (2015) | 기계연구원 2005-2007년 간 기술이전 기업 191개 | 로지스틱 회귀분석 | •종속변수 : 기술사업화 성패<br>•영향요인 : 기술이전기관, 기업특성, 기술특성, 법제도적 특성, 시장환경 특성 |
| 민재웅 (2015) | 선도 TLO 지원사업 참여기관 응답 684건 | 로지스틱 회귀분석 | •종속변수 : 기술사업화(성패, 목적달성)<br>•영향요인 : 기술공급자 역량, 기술수요자 역량, 기술중개자 가치창출, 협력파트너십 |

상기 요인들 중에서 국방 분야에 해당 사항이 없어나 적용이 불가능한 요인 등은 제거하고 기술공급자, 기술수요자, 기술중개자, 기술 특성, 정책 · 제도 등의 5가지를 주요 영향 요인으로 설정하고 각각의 세부 영향 요인들을 다음과 같이 도출하였다.

### 1) 기술공급자 요인

기술공급자 측면에서 선행연구자들이 공통적으로 식별하여 분석하는 주요 영향 요인들에 대해 살펴보면 다음과 같다.

박상문 외(2014)와 인인종 외(2014)의 연구에 따르면 연구자의 기술이전 또는 사업화 추진 경험이 기술이전 · 사업화 성공에 영향을 미치는 것으로 분석하였고, 전인규 외(2013)의 연구에 의하면 기술이전업무에 대한 이해도가 높을수록 기술이전 · 사업화 성과가 높을 것이라는 가설이 채택되었다.

한편 윤요한 외(2015)의 연구에서는 기술개발자의 능력이 사업화 성패에 영향을 미친다는 가설이 기각되었으며, 한정민 · 박철민 · 구본철(2015)의 연구에서는 기술개발 역량이 기술사업화 활성화에 미치는 영향이 유의하지 않은 것으로 분석되었다.

Friedman and Silberman(2003)과 Lach and Schankerman(2004)의 연구에 따르면 교수진에 대한 로열티 할당이 높을수록 라이선싱 수입이 많아진다는 결과를 도출하였다. 김태현(2006)과 이재헌(2016)의 연구에 따르면 연구원에 대한 인센티브 지급비율이 각각 기술상용화 성과와 기술료 발생에 정(+)의 영향을 미치는 것으로 분석하였다. 한편 소병우 외(2009)의 연구에서는 연구개발자에 대한 수입배분율이 높은 대학이 오히려 기술이전 성과에 부(-)의 영향을 주는 것으로 판단하였다.

김경환(2006)과 김기동(2013)의 연구에서는 기술개발자에 대한 금전적 보상이 기술이전 · 사업화에 미치는 영향이 통계적으로 유의하지 않은 것으로 나타났으며, 민재웅(2015)의 연구에서는 기술개발자에 대한 금전적 보상이 기술이전 성과에 영향을 미칠 것이라는 가설이 기각되었으나, 기술공급기관 소속의 연구원 및 부서에 대한 평가 시 가산점의 비율이 높을수록 기술이전 성공에 정(+)의 영향을 미치는 것으로 판단하였다.

한편 이성상 외(2012)의 연구에 따르면 기술공급기관 소속 연구원들의 업적평가에 대한 기술이전 · 사업화 실적의 반영여부가 기술이전 효율성 변화에 영향을 미친다는 가설이 기각되었으며, 김기동(2013)과 이재헌(2016)의 연구에 따르면 연구개발자에 대한 비금전적 보상은 기술이전 성과에 영향을 미친다는 가설은 유의하지 않은 것으로 나타났다.

### 2) 기술수요자 요인

기술수요자 측면에서 선행연구자들이 공통적으로 식별하여 분석하는 주요 영향 요인들에 대해 살펴보면 다음과 같다.

김태현(2006)의 연구에 따르면 기술수요기관의 사업화 자금조달 능력이 기술상용화 성과에 정(+)의 영향을 미치는 것으로 분석하였고, Franza and Grant(2006)의 연구에 따르면 기술수요자의 적절한 투자가 기술이전 성패에 영향을 미치는 것으로 나타났으며, 정미정(2015)의 연구에서도 기술수요기관의 기술료 및 상용화 자금 부족이 기술상용화 성패요인으로 영향을 미치는 것으로 판단하였다. 또한, 김선주(2013)에 연구에서도 기술수요자의 자금 및 투자 능력이 AHP 분석방법에 의해 14개 항목 중 5번째의 중요도 순위를 나타내었다.

윤요한 외(2015)의 연구에서는 기술수요 기업의 재무상태가 사업화 성패에 영향을 미치는 것으로 분석하였다.

한편 김용정 · 신서원 · 오정민(2015)의 연구에서는 기술사업화 실패 요인을 조사하였는데 기술수요자의 자금조달 역량이 부(-)의 영향을 미친다는 가설이 채택되어 대부분의 연구에서 기업의 기술이전 · 사업화 비용 및 재무 상태를 중요한 요인으로 판단하고 있었다.

김태현(2006)의 연구에 따르면 기술수요자인 업체가 관련 기술의 사전 연구개발 경험을 보유하고 있는 것이 기술상용화 성과에 영향을 미치는 것으로 가설이 채택되었고, 성웅현 외(2015)의 연구에 따르면 기술수요자의 해당 분야 사업화 경험은 기술사업화 영향 요인 13개 항목 중 7번째의 중요도 순위를 나타내었다. 한편, 김종갑(2006)의 연구에 따르면 기술수요자의 3년 내 유사기술 개발 또는 활용한 경험의 여부가 기술이전 성과의 영향 요인으로 유의하지 않은 것으로 판단하였으며, 김용정 외(2014)의 연구에서도 외부에서 도입한 기술의 사업화 경험 여부가 기술사업화 실패의 영향 요인으로 유의하지 않은 것으로 판단하였다.

박현진 외(2006)의 연구에 따르면 기술이전을 완료한 이후의 사후 관리가 기술이전 성과에 영향을 미치는 것으로 분석하였고, 민재웅(2015)의 연구에서도 이전계약 체결 후 추가 기술지원의 유무가 사업화 성공에 정(+)의 영향을 미치는 것으로 판단하였다.

### 3) 기술중개자 요인

기술중개자 측면에서 선행연구자들이 공통적으로 식별하여 분석하는 주요 영향 요인들에 대해 살펴보면 다음과 같다.

Friedman and Silberman(2003)의 연구에 따르면 기술 중개자의 경험이 기술실시계약 및 기술료 수입에 영향을 미치는 것으로 분석하였고, Powers(2003)와 Lach and Schankerman(2004)는 미국 대학에 대한 자료의 분석을 통해 기술 중개 기관의 규모와 경험이 기술이전 성과에 긍정적인 영향을 미치는 것으로 분석하였다.

정도범 외(2013)와 임인종 외(2014)의 연구에서 따르면 기술 중개 조직의 운영여부 및 역량 등이 기술이전 성과 향상에 정(+)의 영향을 미치는 것으로 판단하였다. 이에 반하여 소병우(2009)의 연구에서는 기술 중개 조직의 기능 및 인력역량 강화활동이, 또한, 윤요한 외(2015)의 연구에서도 기술 중개 조직의 능력이 사업화 성패에 영향을 미치지 못하는 요인으로 판단하여 기각되었다. 한편 소병우 외(2009)의 연구에 따르면 대학 기술 중개 조직의 전문성에 따라 기술이전 성과가 높을 것이라는 가설은 통계적으로 유의하지 않은 것으로 분석되었다.

Siegel et al.,(2003)의 연구에 따르면 기술이전의 장애요소를 식별하고 극복하는 방안 중 하나로 기술 중개 조직에 대한 인센티브를 지급하여 보상하는 것을 제시하고 있으며, 이전기여자에 대한 성과배분(백승희 · 정도범, 2015)과 기술 중개 조직의 기여자에 대하여 기술료를 배분하는 것이 기술이전 · 사업화 성과에 긍정적인 영향을 미치는 것으로 분석하였다(임창만 · 양동우, 2008; 소병우, 2009; 임창만, 2009).

이에 반하여 옥주영 외(2009)의 연구에서는 기술 중개 조직에 대한 기술이전료 수입 배분 비율은 기술이전 성과에 영향을 미치지 않는 요인으로 판단하여 기각되었다. 한편 기술 중개 조직에 대하여 기술료를 배분하여 보상하는 것이 통계적으로 유의하지 않는 것으로 분석한 연구결과도 볼 수 있다(소병우 · 양동우, 2009; 김기동, 2013; 이재헌, 2016).

기술 중개 조직에 대한 비금전적인 보상에 관한 연구결과를 살펴보면 김기동(2013)의 연구에 따르면 기술 중개 조직에 대한 비금전적인 보상은 기술이전 성과에 통계적으로 유의하지 않은 것으로 나타났으며, 이성상 외(2012)의 연구에 따르면 기술 중개 조직 내 기여자의 실적에 대해 업적평가의 요소로 반영하는 것은 기술이전 효율성 변화에 영향을 미치지 않는 요인으로 판단하여 기각되었다.

### 4) 기술 특성 요인

기술 특성 측면에서 선행연구자들이 공통적으로 식별하여 분석하는 주요 영향 요인들에 대해 살펴보면 다음과 같다.

기술수요자의 입장에서 기술공급자로부터 이전받은 기술과 기존 기술과의 격차는 사업화를 추진하는데 있어 중요한 요인으로 작용하며 기술이전 사업화 성과에 영향을 미치는 요인으로 분석한 연구는 다수 찾아볼 수 있었다(김종갑, 2006; 김태현, 2006; 김선주, 2013; 박지원, 2014; 임인종 외, 2014).

이에 비하여 윤요한 외(2015)의 연구에서는 기술의 사업화 용이성이 사업화 성패에 영향을 미치지 않는 요인으로 판단하여 기각되었다.

김종갑(2006)의 연구에 따르면 제품기술이나 공정기술 등 기술의 유형적 특성이 기술이전 성과에 영향을 미치는 요인으로 나타났으며 또한, 박현진 외(2006)의 연구에서도 국방 기술의 특성에 따라 기술이 변경되는 정도가 기술이전 성과에 영향을 미치는 요인으로 분석되었다.

반면에 윤요한 외(2015)의 연구에서는 기술의 독창성 등의 특성이 사업화 성패에 영향을 미치지 않는 요인으로 판단하여 기각되었다. 한편 여인국(2009)과 김용정 외(2014)의 연구에 따르면 기술의 타제품 적용가능성 등 기술적 특성은 기술사업화 성과에 통계적으로 유의하지 않은 것으로 분석되었다.

### 5) 정책 · 제도 요인

정책 · 제도 측면에서 선행연구자들이 공통적으로 식별하여 분석하는 주요 영향 요인들에 대해 살펴보면 다음과 같다.

기술수요자는 원하는 기술을 짧은 시간 내에 이전받아 경쟁자보다 앞서 사업화를 추진하고 싶은 입장일 것이며, 이런 점에서 김종갑(2006)은 기술이전에 소요되는 기간이 기술이전 성과에 미치는 영향을 160개 기업에 대해 조사하여 영향을 미치는 요인으로 분석하였다.

박현진 외(2006)의 연구에 따르면 기술료 관련 정부 정책에 기술이전 성과에 영향을 미치는 것으로 분석하였고, 한정민 외(2015)의 연구에서는 정부의 정책적 지원이 기술사업화 활성화에 긍정적인 영향을 미치는 것으로 나타났다.

이에 반하여 김선주(2013)의 연구에 따르면 정부 정책 및 지원 여부가 공공연구기관의 기술이전 · 사업화 성과의 영향에 있어 낮은 중요도 순위를 가지는 것으로 분석하였다. 이외의 연구에서도 정부 정책 및 지원 여부가 기술이전사업화 성과의 영향 요인으로 분석된 연구들이 다수 있었으나, 윤요한 외(2014)와 김용정 외(2014)의 연구에서는 정부 지원이 기술사업화 성과에 있어 통계적으로 유의하지 않은 것으로 분석되었다.

박현진 외(2006)의 연구에 따르면 국방 기술의 이전 시에 기술에 대한 보안 조치들은 기술이전 성과에 부(-)의 영향을 미치는 것으로 분석하였다.

상기와 같이 기술한 내용을 토대로 기술이전 · 사업화 성과의 셉 영향 요인별 주요 선행연구자 현황을 정리하면 다음의 〈표 3〉과 같다.

〈표 3〉 기술이전 · 사업화 성과의 세부 영향 요인별 주요 선행연구자 현황

| 구 분 | 세부 요인 | 특징 및 선행연구자 |
|---|---|---|
| 기술공급자 요인 | 기술개발자 역량 | - 상용화 의지 : 김태현(2006)<br>- 업무 이해도 : 전인규 외(2013)<br>- 기술이전 경험 : 임인종 외(2014), 박상문 외(2014)<br>- 기술개발 역량 : 한정민 외(2015), 윤요환 외(2015) |
| | 개발자 금전적 보상 | - 개발자 금전적 보상 유무 : 김경환(2006), 박현진 외(2006), 임창만 외(2008)<br>- 연구원 인센티브 배분 비율 : 김태현(2006), 소병우 외(2009), 옥주영 외((2009), 민재웅(2015), 이재헌(2016) |
| | 개발자 비금전적 보상 | - 개발자 비금전적 보상 : 김기동(2013)<br>- 교수 업적평가 반영 : 이재헌(2016)<br>- 연구원/부서평가 가산점 비율 : 민재웅(2015), 이성상 외(2012) |
| 기술수요자 요인 | 기술이전 · 사업화 비용 | - 업체 사업화 자금 능력 : 김태현(2006), 김선주(2013)<br>- 상용화 자금 부족 : 정미정(2015)<br>- 기업의 재무 상태 : 윤요환 외(2015)<br>- 기업의 보완 자산 : 임인종 외(2014) |
| | 사업 참여 경험 | - 유사 기술개발 사업 경험 : 김종갑(2006)<br>- 업체 연구개발 경험 : 김태현(2006), 윤요한 외(2015)<br>- 해당 분야 사업화 경험 : 성웅현 외(2015)<br>- 외부 도입기술 사업화 경험 : 김용정 외(2014) |
| | 사후 기술 지원 | - 이전 후 사후 기술 지원 : 박현진 외(2006), 민재웅(2015) |
| 기술중개자 요인 | 기술중개자 역량 | - TLO 규모 : 김경진(2010), 김선주(2013)<br>- TLO 역량/경험 : 김태현(2006), 소병우 외(2009), 임인종 외(2014), 윤요환 외(2015)<br>- TLO 경력 기간 : 민재웅(2015)<br>- TLO 운영 여부 : 정도범 외(2013) |
| | 중개자 금전적 보상 | - TLO 기술료 배분 여부 : 임창만 외(2009), 김기동(2013), 이성상 외(2012), 이재헌(2016)<br>- TLO 기술료 배분 비율 : 소병우(2009), 옥주영 외(2009) |

| | | |
|---|---|---|
| | 중개자 비금전적 보상 | - TLO 업적 반영: 이성상 외(2012), 김기동(2013) |
| 기술 특성 요인 | 예상/실제 기술간 격차 | - 이전기술의 사업화 격차 : 김종갑(2006), 김태현(2006), 여인국(2009), 김선주(2013), 박지원(2014), 임인종 외(2014), 윤요한 외(2015) |
| | 기술 활용도 | - 기술 활용도 및 적용성 : 기술김종갑(2006), 박현진 외(2006), 여인국(2009), 김선주(2013), 김용정 외(2014), 윤요한 외(2015) |
| 정책 · 제도 요인 | 기술이전 절차 | - 기술이전 절차 및 소요 기간 : 김종갑(2006) |
| | 기술료 산정 절차 | - 국방 기술료 징수 절차 : 박현진 외(2006) |
| | 보안 절차 | - 국방 보안 절차 : 박현진 외(2006) |

본 연구에서는 현장에서 실무를 수행하면서 여러 기술개발자 및 기술수요 기업 등으로부터 민간 분야와 국방 분야의 정책 및 제도상의 차이로 인하여 발생하는 애로사항 등에 대하여 의견을 수렴하였다. 그 결과 국방 분야의 기술이전 절차, 기술료 산정 절차 및 기술이전 시 보안 절차 등이 기술이전 · 사업화 추진 시 부담으로 작용한다는 의견들이 도출되어 소수의 선행연구자들에 의해 연구되었지만 국방 분야에서 분석해야할 필요성이 있어 세부 영향 요인으로 채택하였다.

## 3. 가설 설정

본 연구에서는 상기 선행연구 분석을 통하여 기술공급자, 기술수요자, 기술중개자, 기술 특성, 정책 · 제도 등의 5개 주요 요인 및 14개 세부 요인을 도출하고, 기술이전 · 사업화 성과의 영향 요인에 대한 가설을 다음의 〈표 4〉와 같이 설정하였다.

〈표 4〉 국방 분야의 기술이전 · 사업화 성과의 영향 요인에 대한 가설

| 순번 | 가설 내용 |
|---|---|
| 가설1 | 기술공급자 특성은 국방 분야 기술이전 · 사업화 성과에 영향을 미칠 것이다. |
| 가설1-1 | 기술개발자의 역량이 기술이전 · 사업화 성과에 정(+)의 영향을 미칠 것이다. |
| 가설1-2 | 개발자에 대한 금전적 보상이 기술이전 · 사업화 성과에 정(+)의 영향을 미칠 것이다. |
| 가설1-3 | 개발자에 대한 비금전적 보상이 기술이전 · 사업화 성과에 정(+)의 영향을 미칠 것이다. |
| 가설2 | 기술수요자 특성은 국방 분야 기술이전 · 사업화 성과에 영향을 미칠 것이다. |
| 가설2-1 | 기술이전 · 사업화에 필요한 투자비용의 규모는 기술이전 · 사업화 성과에 부(-)의 영향을 미칠 것이다. |
| 가설2-2 | 국방연구개발사업 참여 경험은 기술이전 · 사업화 성과에 정(+)의 영향을 미칠 것이다. |
| 가설2-3 | 기술이전 후 추가 기술지원은 기술이전 · 사업화 성과에 정(+)의 영향을 미칠 것이다. |
| 가설3 | 기술중개자의 특성은 국방 분야 기술이전 · 사업화 성과에 영향을 미칠 것이다. |
| 가설3-1 | 기술중개자의 역량이 기술이전 · 사업화 성과에 정(+)의 영향을 미칠 것이다. |
| 가설3-2 | 기술중개자에 대한 금전적 보상이 기술이전 · 사업화 성과에 정(+)의 영향을 미칠 것이다. |
| 가설3-3 | 기술중개자에 대한 비금전적 보상이 기술이전 · 사업화 성과에 정(+)의 영향을 미칠 것이다. |
| 가설4 | 기술의 특성은 국방 분야 기술이전 · 사업화 성과에 영향을 미칠 것이다. |
| 가설4-1 | 희망기술과 실제 이전기술의 격차는 기술이전 · 사업화 성과에 부(-)의 영향을 미칠 것이다. |
| 가설4-2 | 군 활용을 목적으로 개발된 기술은 기술이전 · 사업화 성과에 부(-)의 영향을 미칠 것이다. |
| 가설5 | 국방 분야의 정책 · 제도 특성은 국방 분야 기술이전 · 사업화 성과에 영향을 미칠 것이다. |

| | |
|---|---|
| 가설5-1 | 국방 분야의 기술이전 절차는 기술이전 · 사업화 성과에 부(-)의 영향을 미칠 것이다. |
| 가설5-2 | 국방 분야의 기술료 산정 절차는 기술이전 · 사업화 성과에 부(-)의 영향을 미칠 것이다. |
| 가설5-3 | 국방 분야의 보안 절차는 기술이전 · 사업화 성과에 부(-)의 영향을 미칠 것이다. |

# Ⅲ. 연구 분석의 틀

## 1. 연구 모형

본 연구에서는 선행연구에 대한 고찰을 바탕으로 기술이전 · 사업화 성과의 영향 요인을 기술공급자, 기술수요자, 기술중개자, 기술 특성, 정책 · 제도 요인 등 5개 주요 요인 및 14개 세부 요인으로 분류하여 본 연구의 분석 틀을 다음의 (그림 1)과 같이 구성하였다.

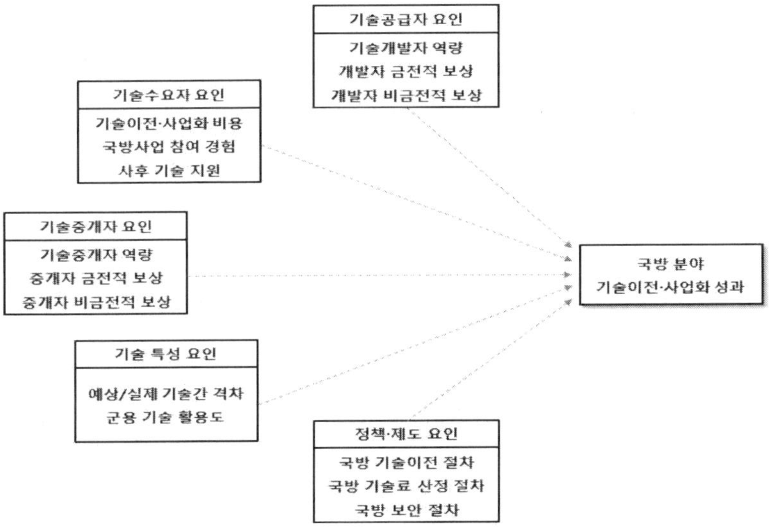


(그림 1) 연구의 분석 틀

## 2. 변수 설정 및 조작적 정의

### 1) 종속변수

본 연구에서는 기술이전 · 사업화 성패 여부를 종속변수로 사용하였는데 그 이유는 Laursen and Salter(2006)의 연구에서 기술사업화 성공을 정의하는 것은 매우 어려운 문제라고 주장하였고, 실제로 성공의 범위를 어디까지로 설정하여야 하는지는 연구자들마다 다르기 때문이다. 이러한 문제로 인하여 많은 연구자들은 기술이전 · 사업화의 성과를 구체적으로 특정하지 않는 대신에 성공 또는 실패로 구분하여 분석하였다(박지원, 2014; 윤요한 외, 2015; 민재웅, 2015;). 한편 김태현(2006)의 연구에서는 고용 또는 부가가치 창출을 기술상용화 성과로 보았고, 전인규 외(2013)의 연구에서는 기술이전 건수를 기술이전 · 사업화 성과로 판단하기도 하였다.

본 연구에서는 앞서 제시하였던 미국의 Techlink에서 적용하고 있는 개념을 활용하여 기업이 국과연으로부터 이전받은 기술을 활용하여 민수품을 출시하였거나 이로 인하여 매출이 발생한 경우 및 국가 연구 개발사업 등에 적용하여 연구비를 지원받은 경우를 민수 분야의 기술이전 · 사업화 성공으로 판단하였다. 또한, 기업이 이전받은 기술을 활용하여 후속 국방 연구 개발사업 등에 적용하여 생산한 방산물자를 군에 납품하였거나, 연구비를 지원받아 과제를 수행한 경우를 군수 분야의 기술이전 · 사업화 성공으로 판단하였다.

반면에 기업이 이전 받은 기술을 활용하는 도중에 중단하였거나 민수품을 출시하지 못한 경우 및 국가 연구 개발사업 등에도 적용하지 못한 경우를 민수분야의 기술이전 · 사업화 실패로 판단하였다. 또한, 이전받은 기술이 후속 국방 연구 개발사업 등에 적용되지 못한 경우를 군수 분야의 기술이전 · 사업화 실패로 판단하였다.

설문조사 시 응답자의 혼동 방지를 위하여 국과연이 기술개발 후 직접 국방 연구 개발사업 등에 적용한 경우는 반드시 제외될 수 있도록 설문지에 명확히 공지하여 만일의 오류를 예방하였다.

### 2) 독립변수

본 연구에서 독립변수는 5개의 주요 영향 요인에 대한 14개의 세부 영향 요인으로 설정하였다.

기술공급자 요인은 기술개발자의 역량, 개발자에 대한 금전적 보상, 개발자에 대한 비금전적인 보상 등 3개의 세부 요인으로 구성하였다.

기술수요자 요인은 기술이전 · 사업화 비용, 국방연구개발사업의 참여 경험, 기술이전 사후 기술 지원 등 3개의 세부 요인을 독립변수로 설정하였다.

기술 중개자 요인은 기술 중개자의 역량, 기술 중개자에 대한 금전적 보상, 기술 중개자에 대한 비금전적 보상 등 3개의 세부 요인을 독립변수로 설정하였다.

기술 특성 요인은 예상했던 기술과 실제 이전 받은 기술간의 격차, 군용으로 개발된 기술의 활용도 등 2개의 세부 요인을 독립변수로 설정하였다.

정책 · 제도 요인은 국방 분야의 기술이전 절차, 국방 분야의 기술료 산정 절차, 국방 분야의 기술이전 시 보안 절차 등 3개의 세부 요인을 독립변수로 설정하였다.

### 3) 변수의 조작적 정의

본 연구에서는 기술이전 · 사업화 성과의 영향 요인을 분석하기 위하여 상기에서 설정한 가설에 따라 변수의 조작적 정의를 내렸고, 설문의 문항에 따라 응답자의 답변을 '매우 그렇다'의 경우 5점에서 '전혀 아니다'의 경우 1점까지 리커트 5점 척도로 측정하였다. 이를 종합하여 다음의 〈표 5〉와 같이 나타내었다.

〈표 5〉 변수의 조작적 정의

| 구분 | 변수 | | 조작적 정의 | 측정 단위 |
|---|---|---|---|---|
| 독립 변수 | 기술공급자 요인 | 기술개발자 역량 | 기술 전문성 및 이전 능력 | 5점 척도 |
| | | 개발자 금전적 보상 | 기술료 보상금 배분 만족도 | 5점 척도 |
| | | 개발자 비금전적 보상 | 개인/부서 평가 등 가점여부 | 5점 척도 |
| | 기술수요자 요인 | 기술이전 · 사업화 비용 | 기술이전 · 사업화 투자비용 증가 | 5점 척도 |
| | | 국방사업 참여 경험 | 국방연구개발사업 참여경험 | 5점 척도 |
| | | 사후 기술 지원 | 기술이전 후 기술지원 여부 | 5점 척도 |
| | 기술중개자 요인 | 기술중개자 역량 | 중개자 도움 및 지원 만족도 | 5점 척도 |
| | | 중개자 금전적 보상 | 중개자 보상금 배분 만족도 | 5점 척도 |
| | | 중개자 비금전적 보상 | 중개인/부서 평가 등 가점여부 | 5점 척도 |
| | 기술 특성 요인 | 예상/실제 기술간 격차 | 희망/실제 기술간 격차 규모 | 5점 척도 |
| | | 군용 기술 활용도 | 군용 기술의 민수 활용도 | 5점 척도 |
| | 정책 · 제도 요인 | 국방 기술이전 절차 | 민간대비 이전절차 만족도 | 5점 척도 |
| | | 국방 기술료 산정 절차 | 민간대비 기술료 산정절차 만족도 | 5점 척도 |
| | | 국방 보안 절차 | 민간대비 보안절차 만족도 | 5점 척도 |
| 종속 변수 | 기술이전 · 사업화 성과 | | 기술이전 · 사업화 성공/실패 여부 | 성공(1)/ 실패(0) |

## 3. 자료수집 및 분석방법

본 연구에서는 자료수집 및 분석을 위하여 국방 분야의 대표적 연구개발 기관인 국과연에서 개발한 기술의 기술이전 · 사업화 추진 관련자를 조사 대상으로 설정하였다. 선행연구들이 기술이전 · 사업화 사례의 조사 대상으로 기관별 특성이나 기관내의 기술이전을 담당하는 중개조직의 특성차이 등을 분석한 것과는 달리 특정 연구기관을 대상으로 설정하여 기술개발자 및 기술중개자는 동일한 기관의 특성을 가지므로 기관별 연구 환경, 기술이전 정책 및 제도 등에 따른 특성 요인들을 통제할 수 있다.

분석 자료의 수집을 위하여 국과연의 2010년부터 2015까지 6년간의 기술이전 · 사업화 추진기간을 조사대상 범위로 설정하고 설문조사를 수행하였다.

대상 기간의 설정 사유는 산업연구원(2011)의 연구에 따르면 기술사업화 수행기간은 평균 32.4개월 정도인데 업종별로는 의약이 48.0개월로 가장 길고, 정보통신이 25.2개월로 가장 짧은 것으로 조사되었으며, 의약분야를 제외하면 평균 30.3개월의 기술사업화 수행기간으로 나타났다.

이에 본 연구에서는 기술이전 후 기술사업화 수행 기간을 고려하면서 가장 최신의 자료를 활용하기 위하여 자료의 수집 기간을 2010년부터 2015년까지로 한정하여 조사를 수행하였다. 자료수집 대상은 기술이전 · 사업화를 추진한 기업의 담당자 142명, 기술개발자 137명 및 기술중개자 15명을 대상으로 '17.5.23부터 '17.6.11까지 약 20일 동안 대면 및 전자우편을 통한 설문조사와 전화 인터뷰 등을 병행하였다.

회수된 설문지는 총 109건으로 최초 배포된 294건 대비 37.1%의 회수율을 나타내었으며, 관련 설문조사 자료의 수집 현황은 다음의 〈표 6〉과 같다.

〈표 6〉 설문조사 자료 수집 현황

| 구 분 | 배 포 | 회 수 | 회수율(%) | 유효 응답수 |
|---|---|---|---|---|
| 기술공급자(국과연) | 137 | 54 | 39.4 | 54 |
| 기술수요자(기업) | 142 | 40 | 28.1 | 40 |
| 기술중개자(국과연) | 15 | 15 | 100 | 15 |
| 합 계 | 294 | 109 | 37.1 | 109 |

본 연구에서는 종속변수가 사업화 성공(1)과 실패(0)의 두 가지 값을 취하는 명목척도인 범주형으로 측정하였으므로, 이 경우 독립변수와 종속변수의 관계를 분석하는 방법으로 판별분석과 로지스틱 회귀분석이 있으며, 판별분석은 독립변수들이 정규분포를 이루고, 종속변수에 의해 범주화되는 집단들의 분산-공분산행렬이 동일해야 한다는 가정이 필요하나, 로지스틱 회귀분석은 정규분포를 이루는 등의 가정이 요구되지 않는다(이학식 외. 2014). 로지스틱 회귀분석은 한 개의 종속변수와 두 개 이상의 독립변수간의 관계를 분석하는데 있어 가장 유용한 방법이며, 변수 값의 예측 보다는 여러 독립변수 중에 영향을 미치는 요인을 식별하고자 하는 연구에 적합한 것(성웅현, 2006)으로 판단되어 본 연구에 적용하였다.

## Ⅳ. 실증 분석 결과

### 1. 기술적 통계

#### 1) 기초 통계량 분석

조사응답자의 성별은 남성(99.08%), 여성(0.92%)로 남성이 대부분이었고, 연령은 50대(46.79%), 40대(31.19%)가 주류였고, 학력은 박사(46.79%), 석사(44.04%)가 90%를 육박하였다. 직종은 연구/개발직(85.32%)이 대부분이었다. 그 외 세부사항에 대한 통계 현황은 다음의 〈표 7〉과 같다.

〈표 7〉 조사응답자의 인구통계적 특성

| 설문 문항 | 구 분 | 빈 도 | 비 율(%) |
|---|---|---|---|
| 성 별 | 남 성 | 108 | 99.08 |
| | 여 성 | 1 | 0.92 |
| 연 령 | 20대 | 2 | 1.84 |
| | 30대 | 11 | 10.09 |
| | 40대 | 34 | 31.19 |
| | 50대 | 51 | 46.79 |
| | 60대 이상 | 11 | 10.09 |
| 학 력 | 고졸 이하 | 0 | 0 |
| | 학 사 | 10 | 9.17 |
| | 석 사 | 48 | 44.04 |
| | 박사 이상 | 51 | 46.79 |
| 근무 기간 | 5년 이하 | 6 | 5.50 |
| | 6~10년 | 9 | 8.26 |
| | 11~20년 | 30 | 27.52 |
| | 21~30년 | 40 | 36.70 |
| | 30년 이상 | 24 | 22.02 |
| 직 위 | 사업/대리(원)급 | 5 | 4.59 |
| | 과장/차장(선임)급 | 18 | 16.51 |
| | 부장/책임급 | 45 | 41.28 |
| | 임원/수석급 | 41 | 37.61 |
| 직 종 | 관리/행정직 | 14 | 12.84 |
| | 영업직 | 1 | 0.92 |
| | 연구/개발직 | 93 | 85.32 |
| | 기타 직종 | 1 | 0.92 |
| 소속 기관 | 중소 기업 | 30 | 27.52 |
| | 중견 기업 | 4 | 3.67 |
| | 대기업 | 6 | 5.50 |
| | 국과연(기술개발부서) | 54 | 49.54 |
| | 국과연(기술중개부서) | 15 | 13.76 |

본 연구의 설문조사 결과를 바탕으로 각 변수별 기술통계량을 측정한 결과, '기술개발자 역량'이 4.37, '사후 기술 지원'이 4.15, '개발자 금전적 보상'이 4.13의 순서로 높은 평균값을 나타내고 있다. 따라서 이 요인들이 다른 요인들에 비하여 기술이전 · 사업화 성과에 있어서 중요한 영향을 미치는 요인으로 판단할 수 있다. 그 외의 세부 요인별 기술통계량은 다음의 〈표 8〉와 같다.

〈표 8〉 변수별 기술통계량

| 구 분 | 변 수 | 최소값 | 최대값 | 평균 | 표준편차 | 자료수 |
|---|---|---|---|---|---|---|
| 기술공급자 요인 | 기술개발사 역량 | 2 | 5 | 4.37 | .766 | 109 |
| | 개발자 금전적 보상 | 2 | 5 | 4.13 | .872 | 109 |
| | 개발자 비금전적 보상 | 2 | 5 | 3.94 | .905 | 109 |
| 기술수요자 요인 | 기술이전 · 사업화 비용 | 2 | 5 | 3.58 | .975 | 109 |
| | 국방사업 참여 경험 | 2 | 5 | 3.87 | .840 | 109 |
| | 사후 기술 지원 | 2 | 5 | 4.15 | .768 | 109 |
| 기술중개자 요인 | 기술중개자 역량 | 1 | 5 | 3.72 | .804 | 109 |
| | 중개자 금전적 보상 | 1 | 5 | 3.44 | .927 | 109 |
| | 중개자 비금전적 보상 | 1 | 5 | 3.57 | .832 | 109 |
| 기술 특성 요인 | 희망/실제 기술간 격차 | 1 | 5 | 3.48 | .888 | 109 |
| | 군용 기술 민수 활용도 | 1 | 5 | 2.92 | .829 | 109 |
| 정책 · 제도 요인 | 국방 기술이전 절차 | 1 | 5 | 3.55 | .908 | 109 |
| | 국방 기술료 산정 절차 | 1 | 5 | 3.51 | .909 | 109 |
| | 국방 보안 절차 | 2 | 5 | 3.58 | .831 | 109 |
| 사업 성공 실패 여부 | | 0 | 1 | .76 | .428 | 109 |

2) 다중공선성 분석

본 연구에서는 분석에 앞서 분석결과를 수용할 수 있는 회귀분석이 수행될 수 있도록 본 연구에서 설정한 회귀모형이 다중공선성에 대한 문제가 있는지 여부에 대하여 검토한 후에 본격적인 분석을 수행할 필요가 있다고 판단하여 다중공선성의 검증을 수행하였다.

다중공선성 여부를 확인하기 위한 가장 간단한 방법은 독립변수들 간의 상관관계를 조사하는 것이다. 독립변수들 간의 높은 상관관계(일반적으로 .90 이상)는 다중공선성을 판단하는 지표이다. 그러나 다중공선성을 보다 엄격하게 점검하려면 공차한계와 분산팽창요인을 조사하여야 하며 공차한계 .10이하(VIF의 값이 10 이상)이면 심각하다고 할 수 있다(이학식 외, 2014).

상기와 같은 사유로 우선 간단하게 다중공선성 여부를 확인하기 위하여 상관관계를 조사하였고, 본 연구에서는 독립변수들이 리커트 5점 척도로 측정되어 간격/비율의 척도를 가지므로 Pearson 상관관계분석을 수행하였고, 〈표 9〉에서 알 수 있듯이 독립변수들 간의 상관관계의 절대값을 살펴보면 Pearson 상관계수의 최대값이 .736이며, 나머지 모두 그 이하의 값을 가지므로 다중공선성이 별로 문제가 되지 않을 것으로 분석결과가 나타났다.

이에 더하여 보다 엄격하게 다중공선성 여부를 검토하기 위하여 공차한계와 분산팽창요인을 조사하였고, 〈표 10〉에서 나타난 결과를 살펴보면 공차한계값은 .10보다 훨씬 큰 값을 가지며, VIF의 값은 10보다 훨씬 작은 값을 가지므로 다중공선성의 문제는 고려하지 않아도 되는 수준으로 볼 수 있다. 따라서 본 연구에서는 다중공선성 문제가 심각하지 않은 것으로 판단하여 본래의 연구모형 및 독립변수들을 그대로 사용하여 분석을 진행하였다.

〈표 9〉 변수별 상관계수

| 구분 | 1 | 2 | 3 | 4 | 5 | 6 | 7 | 8 | 9 | 10 | 11 | 12 | 13 | 14 |
|---|---|---|---|---|---|---|---|---|---|---|---|---|---|---|
| 1. 기술개발자 역량 | 1 | | | | | | | | | | | | | |
| 2. 기술개발자 금전적 보상 | .289** | 1 | | | | | | | | | | | | |
| 3. 기술개발자 비금전적 보상 | .288** | .479** | 1 | | | | | | | | | | | |
| 4. 기술이전 및 사업화 비용 | -.076 | -.132 | .011 | 1 | | | | | | | | | | |
| 5. 국방 사업 참여 경험 | .405** | .124 | .233* | -.033 | 1 | | | | | | | | | |
| 6. 사후 기술 지원 | .270** | .193* | .267** | .022 | .245* | 1 | | | | | | | | |
| 7. 기술중개자 역량 | .211* | .275** | .319** | -.055 | .043 | .201* | 1 | | | | | | | |
| 8. 중개자 금전적 보상 | .122 | .284** | .409** | .064 | .050 | .195* | .736** | 1 | | | | | | |
| 9. 중개자 비금전적 보상 | .207* | .268** | .418** | -.101 | .013 | .202* | .652** | .693** | 1 | | | | | |
| 10. 예상 실제 기술간 격차 | .121 | -.008 | .004 | .149 | .182 | -.049 | .095 | .136 | -.007 | 1 | | | | |
| 11. 군용 기술 활용도 | -.127 | -.203* | .104 | .392** | -.095 | -.054 | .021 | .096 | -.025 | .217* | 1 | | | |
| 12. 국방 기술이전 절차 | .000 | .085 | .066 | .213* | .033 | -.064 | .083 | .182 | .023 | -.019 | .221* | 1 | | |
| 13. 국방 기술료 산정 절차 | .059 | -.014 | .007 | .028 | .002 | -.122 | -.134 | -.095 | -.121 | .141 | .155 | .372** | 1 | |
| 14. 국방 보안 절차 | -.002 | .050 | .173 | .190* | .121 | -.033 | -.051 | .063 | -.132 | .162 | .204* | .470** | .302** | 1 |

**. 상관관계가 0.01 수준에서 유의합니다(양측).
*. 상관관계가 0.05 수준에서 유의합니다(양측).

〈표 10〉 변수별 공선성 통계량

| 모형 | 비표준화 계수 | | 표준화 계수 | t | 유의확률 | 공선성 통계량 | |
|---|---|---|---|---|---|---|---|
| | B | 표준오차 | 베타 | | | 공차 | VIF |
| (상수) | -.976 | .413 | | -2.364 | .020 | | |
| 기술개발자 역량 | .136 | .057 | .243 | 2.396 | .019 | .700 | 1.428 |
| 기술개발자 금전적 보상 | .151 | .051 | .308 | 2.941 | .004 | .656 | 1.524 |
| 기술개발자 비금전적 보상 | -.050 | .054 | -.105 | -.919 | .361 | .546 | 1.833 |
| 기술이전 및 사업화 비용 | -.004 | .042 | -.009 | -.094 | .925 | .778 | 1.285 |
| 국방 사업 참여 경험 | .106 | .050 | .208 | 2.102 | .038 | .737 | 1.357 |
| 사후 기술 지원 | -.041 | .052 | -.074 | -.792 | .431 | .826 | 1.211 |
| 기술중개자 역량 | .004 | .072 | .007 | .049 | .961 | .399 | 2.509 |
| 중개자 금전적 보상 | .024 | .069 | .052 | .349 | .728 | .323 | 3.100 |
| 중개자 비금전적 보상 | -.009 | .068 | -.017 | -.128 | .898 | .408 | 2.452 |
| 예상 실제 기술간 격차 | .013 | .046 | .027 | .280 | .780 | .792 | 1.263 |
| 군용 기술 활용도 | .008 | .052 | .015 | .150 | .881 | .697 | 1.434 |
| 국방 기술이전 절차 | .080 | .051 | .170 | 1.568 | .120 | .613 | 1.632 |
| 국방 기술료 산정 절차 | .081 | .046 | .173 | 1.778 | .079 | .760 | 1.315 |
| 국방 보안 절차 | -.059 | .054 | -.115 | -1.099 | .275 | .663 | 1.509 |

a. 종속변수: 사업 성공 실패 여부

## 2. 기술이전 · 사업화 성과의 영향 요인 분석

본 연구에서는 종속변수의 값이 기술이전 · 사업화 성공 또는 실패 여부를 판단하는 질적 척도인 명목척도로 측정되었다. 이러한 이분형 변수(Binary Variable)는 일반적인 회귀분석과 같이 정규분포를 따르는 것이 아니라 이항분포를 따르게 된다. 종속변수가 이분형 척도로 측정된 경우에는 로지스틱 회귀분석을 사용하여 독립변수들과 종속변수 간의 관계를 분석할 수 있다. 한편 Hosmer와 Lemeshow 검정의 카이제곱 값은 -2 로그 우도와 함께 로지스틱 회귀모형의 적합도를 나타내는 다른 값이며, 이 값은 종속변수의 실제값과 모형에 의한 예측값 간의 일치정도를 나타내는데, 그 값이 작을수록 모형의 적합도는 높다고 볼 수 있다. 여기에서 그 값이 비유의적으로 나타났음은 종속변수의 실제값과 예측값 간의 차이가 작아 모형의 적합도가 수용할 만한 수준임을 나타낸다(이학식 외, 2014;).

본 연구의 경우 다음의 〈표 11〉에서 볼 수 있듯이 카이제곱 값은 9.376이고, 유의확률은 0.312로써 비유의적으로 나타나 모형이 적합하다고 판단하여 수용하였다.

〈표 11〉 Hosmer와 Lemeshow 검정

| 단계 | 카이제곱 | 자유도 | 유의확률 |
|---|---|---|---|
| 1 | 9.376 | 8 | .312 |

다음의 〈표 12〉는 조사에 응답한 케이스를 표로 분류한 것으로서 '실패' 집단에 소속된 26개의 케이스 중 18개의 케이스가 제대로 분류되었으며 분류정확도는 69.2%를 나타내고 있고, '성공' 집단에 소속된 83개의 케이스 중 77개의 케이스가 제대로 분류되었고 분류정확도는 92.8%를 나타내고 있으며, 전체적인 분류의 정확도는 87.2%를 나타내고 있으므로 대체적으로 분류가 잘 되었다고 판단할 수 있다.

〈표 12〉 분류표

| 관측됨 | | | 예측 | | |
|---|---|---|---|---|---|
| | | | 사업 성공 실패 여부 | | 분류정확 % |
| | | | 실패 | 성공 | |
| 1 단계 | 사업 성공 실패 여부 | 실패 | 18 | 8 | 69.2 |
| | | 성공 | 6 | 77 | 92.8 |
| | 전체 퍼센트 | | | | 87.2 |

a. 절단값은 .500입니다.

한편 별도로 수행한 판별분석의 결과를 살펴보면 동일한 데이터를 활용하여 분석을 수행하였는데 전체 분류정확도는 78.9%로 나타났으며, 이 결과에 따르면 로지스틱 회귀분석의 결과가 판별분석을 수행한 결과보다 예측력이 높게 나타났으며, 두 분석 방법 모두 대체로 분류가 양호하게 된 것으로 판단할 수 있다.

다음의 〈표 13〉은 IBM SPSS의 로지스틱 회귀분석에서 '입력' 방식을 활용하여 모든 독립변수를 동시에 분석과정에 진입시켜 수행한 결과를 나타내고 있다. 회귀계수인 B의 부호가 (+)이면 해당 케이스의 변수 값이 클수록 '성공' 집단에 분류될 가능성이 커지고, 회귀계수인 B의 부호가 (-)이면 변수값이 클수록 '실패' 집단에 분류될 가능성이 커진다. 그러나 독립변수가 실제로 분류집단 예측력이 있기 위해서는 그 변수의 유의성을 검토해보아야 하므로 분석결과에 따르면 14개의 독립변수들 중에서 '기술개발자 역량', '개발자 금전적 보상', '국방사업 참여 경험', '국방 기술이전 절차', '국방 기술료 산정절차' 등 5개의 독립변수들만이 통계적으로 유의한 것으로 나타났다. 따라서 14개의 독립변수들 중에서 상기 5개의 변수들이 기술이전 · 사업화 '성공' 또는 '실패' 집단을 구분하는데 유용한 것으로 판단할 수 있다.

〈표 13〉 기술이전 · 사업화 성과의 영향 요인 분석

| 영향 요인 | | B | S.E. | Wald | 자유도 | 유의확률 | Exp(B) |
|---|---|---|---|---|---|---|---|
| 기술공급자 요인 | 기술개발자 역량 | .868 | .408 | 4.524 | 1 | .033 * | 2.383 |
| | 개발자 금전적 보상 | 1.097 | .429 | 6.551 | 1 | .010 * | 2.995 |
| | 개발자 비금전적 보상 | -.157 | .448 | .123 | 1 | .726 | .855 |
| 기술수요자 요인 | 기술이전 · 사업화 비용 | -.074 | .323 | .053 | 1 | .818 | .928 |
| | 국방사업 참여 경험 | .893 | .398 | 5.025 | 1 | .025 * | 2.443 |
| | 사후 기술 지원 | -.208 | .418 | .248 | 1 | .618 | .812 |
| 기술중개자 요인 | 기술중개자 역량 | .282 | .610 | .213 | 1 | .644 | 1.326 |
| | 중개자 금전적 보상 | -.233 | .605 | .148 | 1 | .700 | .792 |
| | 중개자 비금전적 보상 | .098 | .555 | .031 | 1 | .859 | .906 |
| 기술특성 요인 | 희망/실제 기술간 격차 | .048 | .401 | .014 | 1 | .905 | 1.049 |
| | 군용 기술 민수 활용도 | -.364 | .466 | .609 | 1 | .435 | .695 |
| 정책·환경 요인 | 국방 기술이전 절차 | .989 | .494 | 4.015 | 1 | .045 * | 2.689 |
| | 국방 기술료 산정 절차 | .838 | .415 | 4.079 | 1 | .043 * | 2.311 |
| | 국방 보안 절차 | -.627 | .468 | 1.796 | 1 | .180 | .534 |
| 상수항 | | -11.285 | 3.451 | 10.696 | 1 | .000 | .000 |

주 : * P 〈 0.05

이상의 분석 결과에서 나타나듯이 국방 분야의 기술이전 · 사업화 성과의 영향 요인을 실증적으로 분석한 결과를 다음과 같이 정리할 수 있다.

첫째, 기술공급자 측면에서는 기술개발자의 역량, 기술개발자에 대한 금전적 보상이 기술이전 · 사업화 성과에 정(+)의 영향을 미치는 것으로 나타났다.

둘째, 기술수요자 측면에서는 국방 관련 사업의 참여 경험이 기술이전 · 사업화 성과에 정(+)의 영향을 미치는 것으로 나타났다.

셋째, 정책 · 제도 측면에서는 기술이전 절차, 기술료 산정 절차가 기술이전 · 사업화 성과에 부(-)의 영향을 미치는 것으로 나타났다.

상기와 같이 국방 분야의 국방 분야의 기술이전 · 사업화 성과의 영향 요인에 대한 가설을 검정한 세부 결과는 다음의 〈표 14〉와 같다.

〈표 14〉 가설 검정 결과 종합

| 순 번 | 가설 내용 | 채택여부 |
|---|---|---|
| 가설1 | 기술공급자 특성은 국방 분야 기술이전 · 사업화 성과에 영향을 미칠 것이다. | 부분채택 |
| 가설1-1 | 기술개발자의 역량이 기술이전 · 사업화 성과에 정(+)의 영향을 미칠 것이다. | 채택 |
| 가설1-2 | 개발자에 대한 금전적 보상이 기술이전 · 사업화 성과에 정(+)의 영향을 미칠 것이다. | 채택 |
| 가설1-3 | 개발자에 대한 비금전적 보상이 기술이전 · 사업화 성과에 정(+)의 영향을 미칠 것이다. | 유의하지 않음 |
| 가설2 | 기술수요자 특성은 국방 분야 기술이전 · 사업화 성과에 영향을 미칠 것이다. | 부분채택 |
| 가설2-1 | 기술이전 · 사업화에 필요한 투자비용의 규모는 기술이전 · 사업화 성과에 부(-)의 영향을 미칠 것이다. | 유의하지 않음 |
| 가설2-2 | 국방연구개발사업 참여 경험은 기술이전 · 사업화 성과에 정(+)의 영향을 미칠 것이다. | 채택 |
| 가설2-3 | 기술이전 후 추가 기술지원은 기술이전 · 사업화 성과에 정(+)의 영향을 미칠 것이다. | 유의하지 않음 |
| 가설3 | 기술중개자의 특성은 국방 분야 기술이전 · 사업화 성과에 영향을 미칠 것이다. | 유의하지 않음 |
| 가설3-1 | 기술중개자의 역량이 기술이전 · 사업화 성과에 정(+)의 영향을 미칠 것이다. | 유의하지 않음 |
| 가설3-2 | 기술중개자에 대한 금전적 보상이 기술이전 · 사업화 성과에 정(+)의 영향을 미칠 것이다. | 유의하지 않음 |
| 가설3-3 | 기술중개자에 대한 비금전적 보상이 기술이전 · 사업화 성과에 정(+)의 영향을 미칠 것이다. | 유의하지 않음 |
| 가설4 | 기술의 특성은 국방 분야 기술이전 · 사업화 성과에 영향을 미칠 것이다. | 유의하지 않음 |

| | | |
|---|---|---|
| 가설4-1 | 희망기술과 실제 이전기술의 격차는 기술이전 · 사업화 성과에 부(-)의 영향을 미칠 것이다. | 유의하지 않음 |
| 가설4-2 | 군 활용을 목적으로 개발된 기술은 기술이전 · 사업화 성과에 부(-)의 영향을 미칠 것이다. | 유의하지 않음 |
| 가설5 | 국방 분야의 정책 · 제도 특성은 국방 분야 기술이전 · 사업화 성과에 영향을 미칠 것이다. | 부분채택 |
| 가설5-1 | 국방 분야의 기술이전 절차는 기술이전 · 사업화 성과에 부(-)의 영향을 미칠 것이다. | 채택 |
| 가설5-2 | 국방 분야의 기술료 산정 절차는 기술이전 · 사업화 성과에 부(-)의 영향을 미칠 것이다. | 채택 |
| 가설5-3 | 국방 분야의 보안 절차는 기술이전 · 사업화 성과에 부(-)의 영향을 미칠 것이다. | 유의하지 않음 |

결론적으로 기술개발자의 역량을 높이고, 기술개발자에 대하여 금전적으로 충분한 보상을 제공한다면 기술이전 · 사업화 성과가 높아질 것으로 판단할 수 있고, 국방 관련 사업에 참여한 경험이 많은 기업일수록 성과가 높아질 것으로 판단할 수 있다. 반면에 국방 분야의 기술이전 절차와 기술료 산정절차는 기술이전 · 사업화 성과를 높이는데 있어서 부담요소로 작용할 것이라고 판단할 수 있다.

## V. 결론 및 시사점

본 연구에서는 국방연구개발을 통해 획득한 기술을 활용하여 국가안보 및 국민경제에 기여하기 위하여, 국방기술을 민간에 이전하고 사업화 추진 시 성과에 영향을 미치는 주요 요인을 식별하고자 하였다.

이를 위하여 우리나라의 국방 분야의 대표적 정부출연기관인 국방과학연구소를 통하여 추진해 온 기술이전 · 사업화 성과의 영향 요인에 대하여 실증 분석하고 그에 따른 정책적 시사점을 도출하고자 하였다. 본 연구에서는 선행연구의 고찰을 통해 기술 공급자, 기술 수요자, 기술 중개자, 기술 특성, 정책 · 제도 요인 등의 다섯 가지 영향 요인을 도출하고 이 요인들에 대한 분석 및 검증을 위해 가설을 설정하고, 실제 현장에서 기술이전 · 사업화 업무를 수행하고 있는 기술 개발자, 기술 중개자, 기술 수요자 등을 대상으로 설문조사를 진행하였고 로지스틱 회귀분석 기법을 활용하여 실증적으로 분석을 수행하였다.

본 연구에서는 종속변수의 값이 기술이전 · 사업화 성공 또는 실패 여부를 판단하는 질적 척도인 명목척도로 측정되었고 이항분포를 따르므로 로지스틱 회귀분석을 사용하여 독립변수들과 종속변수 간의 관계를 분석하였다. 분석결과로 14개의 독립변수들 중에서 '기술개발자 역량', '개발자 금전적 보상', '국방사업 참여 경험', '국방 기술이전 절차', '국방 기술료 산정 절차' 등 5개의 독립변수들이 통계적으로 유의한 것으로 분석되었으며, 이에 따라 14개의 독립변수들 중에서 5개의 독립변수들만이 기술이전 · 사업화의 '성공' 또는 '실패'로 구분하는데 유용한 것으로 판단할 수 있다. 상기 실증분석 결과를 바탕으로 도출된 국방 분야의 기술이전 · 사업화 성과를 제고하기 위한 시사점은 다음과 같이 3가지로 분류하여 제시할 수 있다.

첫째로 기술공급자 측면에서 국방 분야의 기술이전 · 사업화 추진 시 기술 개발자에 대한 기술역량 제고를 위하여 전문기술교육 및 기술연수 제도 등 재교육 기회의 확대가 필요하다. 특히, 국방 분야의 기술 개발자들은 민간의 시장 논리와 최신 기술 발전 트렌드에 대해 접할 기회가 상대적으로 부족하므로 해당 방면에 대한 인식의 전환 및 재교육 등을 강화하여 상업화를 감안한 기술개발을 추진해야 한다. 또한 기술료 보상금의 지급비율 확대를 통해 연구개발 의욕을 고취할 수 있도록 관련 규정의 개정이 필요할 것으로 판단된다. 더불어 민간 분야와 동일하게 연구 개발자뿐만 아니라 기술이전 및 사업화 추진에 기여한 자에 대한 다양한 보상방법을 적용하여 관련 업무의 활성화를 도모할 필요가 있다.

둘째로 기술수요자 측면에서 국방 기술을 이전받고 사업화를 추진하는 기업 등에 대해 국방 연구 개발사업에 참여할 수 있는 기회를 확대하여야 한다. 직접적으로는 방위사업청 등 관련 부처에서는 방위산업의 진흥을 위해 다양한 방산업체 지원정책을 입안하여 추진하였으나, 현실적으로 홍보의 부족 등으로 인하여 소수 기업들만이 반복적으로 참여하고 있는 실정이며, 향후 민간 부문의 전담기관 등을 활용하여 적극적 홍보 방안 등을 추진하여 국방 기술을 이전받아 사업화하고자 하는 기업에 지원을 확대할 수 있도록 관련 제도를 보완하여야 한다. 또한 '16.9.23일 시행된 「민 · 군기술협력사업촉진법」(산업통상자원부, 2016)에 따라 민군기술협력사업에 민간기업의 참여가 점차 증가되고 있으나 법률상 참여가 명시된 관계중앙행정기관 중 방사청(약 80%)과 산업부(약 20%)가 주로 예산을 출연하고 있어 나머지 부처의 적극적인 예산 및 정책적 지원을 통하여 과제 · 사업의 규모를 증대하고 기업의 참여 기회를 더욱 확대하여야 할 것이다.

셋째로 정책 · 제도 측면에서 국가R&D 부문과 국방R&D 부문의 가장 큰 차이점은 기술이전 및 기술료 관련 절차 추진 시 정부 부처의 승인을 받는지 여부일 것이다. 현재 기술수요자(기업 등), 기술공급자(국과연), 허가기관(방사청)으로 구성된 기술이전 체제를 국가R&D 부문의 제도를 적극 수용하여 기술이전 당사자인 기술수요자와 기술공급자 사이에서 기술이전 및 기술료 협상을 통해 기술이전 · 실시계약이 체결될 수 있도록 관련 절차의 간소화 및 소요기간 단축을 통하여 사업화 추진을 가속화할 수 있는 체제로 전환하여 국방 분야의 기술이전 · 사업화 성과가 민간 분야의 수준으로 도약할 수 있도록 추진할 필요가 있다.

본 연구에서는 기존의 선행연구들에서 다루어지지 않았던 국방 분야의 기술이전 · 사업화 성과의 영향요인에 대하여 연구하였다는 것에 의미를 가지며, 선행연구들에서 주요 영향요인으로 연구되었던 기술 공급자, 기술 수요자, 기술 중개자, 기술 특성, 정책 · 제도 요인 등 5가지 요인에 대하여 실증적으로 분석하고 그 결과를 바탕으로 정책적 시사점을 제시하였다는 데 연구 의의를 둘 수 있다. 또한, 선행연구와 달리 민간 분야와 상이한 기술이전 및 기술료 산정 절차, 보안 절차 등에 대한 분석을 수행을 통해 연구 내용을 차별화하였다는 것에도 의미를 부여할 수 있다.

본 연구는 다음과 같은 한계점을 가지고 있으며, 향후 과제를 통해 관련 연구범위를 확대하여 추진할 필요가 있다.

첫째로, 본 연구에서는 국방 분야 정부출연기관 중 국과연에서 개발된 국방기술의 기술이전 · 사업화 추진 사례만을 연구대상으로 삼고 있다는 것이며 향후 각 군, 방위사업청 및 국방기술품질원 등 다른 국방 기관의 기술이전 및 사업화 추진 사례를 포함한다면 좀 더 현실에 근접한 분석결과가 도출될 수 있을 것이다.

둘째로, 국방 관련 정부기관 및 출연기관 외에 민간 기관의 차원에서 수행된 실적의 분석을 위하여 산학연이 주관기관으로서 개발한 국방기술을 연구대상에 포함할 필요가 있다. 물론, 국방연구개발사업의 특성상 보안 등의 사유로 인하여 해당 사업 정보에 접근하기 어려운 측면이 있으나, 추후 방사청과 같은 정부기관이 주관하여 산학연이 개발한 국방기술을 포함하는 추가 연구를 수행한다면 국방 연구 개발사업을 통해 개발된 기술이 이전되고 사업화되는데 있어 미치는 영향 요인을 좀 더 일반화시킬 수 있을 것이다.

셋째로, 본 연구에서는 국방기술을 하나의 분야로 간주하여 기술이전 · 사업화 성과의 영향 요인을 분석하였다는 것이며, 향후 과제에서는 이를 국가과학기술표준분류체계(국가과학기술위원회, 2012) 등 통일된 분류체계를 기준으로 삼아 기술기반의 파급효과가 높은 분야를 식별한다면 기술이전 · 사업화 성과를 높일 수 있는 보다 실용적인 방안을 도출해낼 수 있을 것이다.

앞으로도 국방 분야의 특성상 군이 필요로 하는 성능을 만족시키는 것이 가장 우선시되므로 일정 부분의 제약은 예상되나 가능한 범위 내에서 국방 연구개발 기획 시 민수 시장을 고려하여 수요기업의 니즈를 충족시키기 위한 핵심기술연구개발과제를 발굴 · 추진하고, 세계 방산시장 예측을 통한 수출 유망분야 무기체계 개발사업에 대하여 전략적인 투자와 지원을 확대할 수 있는 정책을 수립하여 실행한다면 향후 국방 분야의 기술이전 · 사업화 성과는 한층 더 제고될 수 있을 것이다.

## 참고문헌

고현수 · 박재민 · 이정수 (2015), "방산기업의 기술혁신 특성과 성공요인 그리고 정부지원효과에 관한 연구", 「산업혁신연구」, 31(1): 139-163.

국방부 (2016), 국방전력발전업무훈령, 국방부 훈령 제1975호, 국방부.

국가과학기술위원회 (2012), 국가과학기술표준분류체계, 국가과학기술위원회고시 제2012-4호, 국가과학기술위원회.

김경환 (2006), "대학기술이전조직과 기업의 제도적환경 및 전략적자원이 기술이전을 통한 기술사업화에 미치는 영향", 성균관대학교 대학원 박사학위 논문.

김규남 · 정현준 · 오승환 (2016), "ICT 산업 R&D 투자의 파급효과에 대한 실증적 연구", 「산업혁신연구」, 32(3): 55-81.

김기동 (2013), "전략의 명확성과 인적자원관리제도가 기술이전 성과에 미치는 영향에 관한 연구", 세종대학교 대학원 박사학위 논문.

김선주 (2013), "공공연구기관의 기술이전사업화 영향요인에 관한 연구", 한양대학교 대학원 석사학위 논문.

김은영 · 정우성 (2013), "대학의 기술이전 및 성과 확산의 영향 요인 분석: 재정 지원 사업을 중심으로", 「산업경제연구」, 26(2): 983-1008.

김용정 · 신서원 · 오정민 (2014), "공공연구기관으로부터 이전받은 특허 기술의 사업화 실패요인 분석", 한국기술혁신학회 추계학술대회, pp. 461-474.

김종갑 (2006), "공공 기술이전 성과의 영향요인 분석", 성균관대학교 대학원 박사학위 논문.

김태현 (2006), "공공 연구기관의 기술 상용화 과정에 관한 연구", 한남대학교 대학원 박사학위 논문.

민재웅 (2015), "공공연구기관의 기술이전 및 사업화 성공요인 분석", 고려대학교 대학원 박사학위 논문.

박경선 (1995), "미국 국방기술의 민수전환정책동향", 「과학기술정책」, 77: 92-105.

박상문 · 박일수 (2013), "기술이전 경험과 수행과제 수가 개인의 기술사업화성과에 미치는 영향", 「기술혁신연구」, 21(3): 95-119.

박지원 (2014), "공공R&D 이전기술의 사업화 성공요인 분석 및 성과제고 방안", 「한국기술혁신학회 학술대회」, 2014.10, pp. 686-698.

박현진 · 이정동 · 정경인 · 이춘주 (2006), "국방기술이전 성과영향요인에 관한 연구", 「한국국방경영분석학회지」, 32(1): 1-12.

박현우 · 정회목 · 오준환 · 성태웅 · 윤점열 (2017), 기술사업화의 이론과 사례, 서울: 한국기업 · 기술가치평가협회.

백승희 · 정도범 (2015), "공공연구기관의 R&D 성과 확산을 위한 지원 방안", 「산업혁신연구」, 31(4): 23-47.

방위사업청 (2017), 2017년도 방위사업 통계연보, 대전: 국군인쇄창.

산업연구원 (2011), 민간부문의 기술사업화 활성화 방안, 서울: 산업연구원.

산업통상자원부 (2017), 기술의 이전 및 사업화 촉진에 관한 법률, 법률 제14663호, 산업통상자원부.

산업통상자원부 (2016), 민 · 군기술협력사업 촉진법, 법률 제14079호, 산업통상자원부.

설성수 (1997), 기술혁신과 산업 · 과학기술 정책, 서울: 기업기술연구원.

성웅현 (2006), 응용 로지스틱 회귀분석, 서울: 도서출판 탐진.

성웅현 · 문혜정 · 강훈 (2015), "공공기술이전 · 사업화 영향요인 및 연구개발 관리 전략", 「기술혁신학회지」, 18(3): 468-491.

소병우 (2009), "대학의 지식재산경영이 기술이전 성과에 미치는 영향에 관한 실증연구", 호서대학교 벤처 전문 대학원 박사학위 논문.

소병우 · 양동우 (2009), "대학의 지식재산경영활동이 기술이전 성과에 미치는 영향에 관한 실증 연구", 「대한경영학회지」, 22(2): 889-912.

송위진 (1999), "기술선택의 정치과정과 기술학습 : CDMA 이동통신 기술개발 사례", 고려대학교 행정학과 박사학위 논문.

여인국 (2009), "기술이전 성과의 영향요인 분석을 통한 공공기술이전 활성화전략 연구", 건국대학교 대학원 박사학위 논문.

옥주영 · 김병근 (2009), "국내 공공 연구기관들의 기술이전 효율성 분석", 「기술혁신연구」, 17(2): 131-158.

윤요한 · 김윤배 · 강지석 · 정가섭 (2015), "출연(연)의 기술이전 · 사업화 추적조사를 통한 영향요인연구", 「대한산업공학회지」, 41(1): 105-114.

이성상 · 김이경 · 이성기 (2012), "대학, 공공연구기관의 기술이전 효율성 변화와 효율성 결정요인 분석", 「지식재산연구」, 7(3): 163-185.

이재헌 (2016), "연구자의 기술이전 성과에 영향을 주는 요인 분석", 성균관대학교 대학원 기술경영 박사학위 논문.

이학식 · 임지훈 (2014), SPSS 20.0 매뉴얼, 서울: 도서출판 집현재.

임인종 · 이상명 · 이정환 (2014), "하이테크 산업에서 기술이전을 통한 사업화 성공 요인에 관한 연구: 전자부품연구원과 프로브카드회사의 협력사례를 중심으로", 「기술혁신학회지」, 17(3): 490-518.

임창만 (2009), "대학의 기술료인센티브제도가 기술이전성과에 미치는 영향에 관한 실증연구", 호서대학교 대학원 박사학위 논문.

임창만 · 양동우 (2008), "기술료 인센티브 제도별 기술이전성과에 관한 비교탐색연구: 국내 대학을 중심으로", 「기업가 정신과 벤처 연구」, 11(3): 83-102.

전인규 · 이영덕 (2013), "항공우주산업의 기술이전 · 사업화 성과 영향요인에 관한 연구", 한국국제경영관리학회 추계학술대회, pp. 446-463.

정도범 · 정동덕 (2013), "공공연구기관의 성과관리 · 활용 역량 및 활동이 기술이전 성과에 미치는 영향", 「기술혁신연구」, 21(2): 199-223.

정미정 (2015), "한국 공공기술의 상용화 성패요인 및 단계별 애로요인에 관한 연구", 성균관대학교 대학원 박사학위 논문.

정선양 · 박동현 (1997), "독일의 중소기업 기술혁신 체제", 「한국중소기업학회 추계학술발표논문집」, 1997, pp. 47-59.

지식경제부 (2011), 2010 기술이전 · 사업화 백서, 서울: 지식경제부 · 한국산업기술진흥원.

한정민 · 박철민 · 구본철 (2015), "연구개발성과의 기술사업화 활성화를 위한 영향요인 분석 연구", 「한국기술혁신학회 학술대회」, pp. 21-26.

현창희 · 김서균 · 박호영 · 이익찬 · 강은아 (2015), 훤히 보이는 ICT R&D 기술사업화, 서울: 콘텐츠하다.

Barry Bozeman (2000), "Technology Transfer and Public Policy: a review of research and theory", *Research Policy*, 29(4-5): 627-655.

Siegel, D. S., Waldman, D. A., Atwater, L. E. and Link, A. N. (2003), "Commercial Knowledge transfers from universities to firms: improving the effectiveness of university-industry collaboration", *The Journal of High Technology Management*

*Research*, 14(1): 111-133.

Forster, R. N. (1971), "Organize for Technology Transfer", *Harvard Business Review*, 49(6): 110-120.

Friedman, J. and Silberman, J. (2003), "University Technology Transfer: Do Incentives, Management, and Location Matter?", *The Journal of Technology Transfer*, 28(1): 17-30.

Lach, S. and Schankerman, M. (2004), "Royalty Sharing and Technology Licensing in Universities", *Journal of the European Economic Association*, 2(2-3): 252-264.

Laursen, K. and Salter, A. (2006), "Open for innovation: the role of openness in explaining innovation performance among U.K. manufacturing firms", *Strategic Management Journal*, 27(2): 131-150.

Powers, J. B. (2003), "Commercializing Academic Research: Resource Effects on Performance of University Technology Transfer", *Journal of Higher Education*, 74(1): 26-50.

Franza, R. M. and Grant, K. P. (2006), "Improving Federal to Private Sector Technology Transfer", *Research Technology Management*, 49(3): 36-40.

Techlink (2016), National Economic Impacts from DoD License Agreements With U.S. Industry 2000-2014, Montana: Techlink, 2017.

Techlink (2017), "Home", http://techlinkcenter.org/home (검색일: 2017.05.15.).

7

# 구조방정식모형을 이용한 연구개발성과의 기술사업화 활성화 영향요인 분석*

한정민·이영덕 외

초록

A global trend has seen a rise in national R&D spending. South Korea's gross R&D investment is ranked sixth in the world, and highest in the world in relation to GDP standing at 4.29% in 2014. In line with the continued expansion of R&D investment, national science and technology capabilities have been enhanced both quantitatively and qualitatively. However, despite R&D budgetary increases and selective utilization of outcomes, a significant number of outcomes have not been linked to commercialization and remain in a dormant state.

This study aims to determine factors that lead R&D outcomes to technology commercialization by examining prior research. Analysis of quantitative data was performed using a structural equation. Results of this study are expected to be used as policy materials that can help guide existing government's initiatives which emphasize funding technology suited to marketability.

**주제어**: Research and Development Outcome, Technology Commercialization, Activation Affecting Factors, Structural Equation

* 이 글은 「한국경영공학회지」 제22권 2호(2017: 41-55)에 게재된 내용입니다.

# Ⅰ. 서론

우리나라는 연구개발(R&D, Research and Development) 투자 규모 세계 6위, 국내총생산(GDP, Gross Domestic Product) 대비 총 연구개발투자 비중 세계 1위를 차지할 만큼 연구개발에 높은 집중도를 보이고 있다[1](미래창조과학부 · 한국과학기술기획평가원, 2015). 이 중 정부 · 공공재원은 17.8조원(2014년 기준, 총 연구개발 투자 규모 중 27.9%)으로 국가적 차원에서의 연구개발 투자가 활발한 것으로 볼 수 있다. 또한 2016년 연구개발 예산은 19.1조 원으로 책정되면서 연구개발 투자에 대한 지속적 증가 추세를 이어가고 있는 상황이다(미래창조과학부, 2015). 물론 단순히 연구개발에 대한 투자만 증가하고 있는 것은 아니다. 미래창조과학부(2015) 자료에 따르면 과학기술역량수준은 세계 7위[2] 수준이며, SCI 논문, 피인용 수, 미국특허등록 및 삼극 특허 또한 꾸준히 증가세를 이어가고 있어 국가과학기술 역량의 양적 증대뿐만 아니라 질적 성장도 이어가고 있다. 또한 연구개발 성과의 활용 및 파급효과 측면에 있어서도 우수 연구인력 육성, 기술료 징수건수 증가 및 기술사업화 성과 등이 지속적으로 증가하고 있는 것으로 발표되었다.

반면에 이러한 긍정적인 효과에도 불구하고 한계점이 지적되고 있다. 연구개발 투자 대비 지식 생산성에 있어 41개국 중 38위[3]로 하위권인 것으로 분석되었으며, 기술사업화 성공률이 선진국 대비 저조할 뿐만 아니라 상당수의 연구개발성과가 기술사업화로 이어지지 못하고 사장되고 있는 실정이다. 특히 1990년대 말부터 우리나라의 연구개발정책이 기술주도형

1 2014년 기준 우리나라 총 연구개발 투자 규모는 63.7조 원($60,528백만, 환율 1,052.96원/달러 적용)이며 GDP 대비 총 연구개발 투자 비중은 4.29%로 조사(미래창조과학부 · 한국과학기술기획평가원, 2015)

2 우리나라 과학기술역량수준은 12.54점이며, OECD 평균은 10.29점으로 조사(미래창조과학부, 2015)

3 우리나라 연구원 100명 당 논문 발표 수는 16.99로 조사(미래창조과학부, 2015)

(Technology Push)에서 시장주도형(Market Pull)으로 전환되고 기술이전촉진법이 제정됨에 따라 본격적인 연구개발성과의 상업적 확산이 시작되었다(김은정 외, 2014). 이후 기술사업화 촉진을 위한 다양한 정책적 · 제도적 인프라가 마련되어 왔음에도 불구하고 공공연구기관이 보유한 연구개발성과의 약 78.9%이상은 기술사업화로 연계되지 못하고 사장되는 문제점을 노출하고 있다(한성호, 2014).

정부도 이러한 문제를 인식하여 지식재산의 '창출→보호→활용→고부가가치 창출→재투자'로 이어지는 지식재산 선순환 체계의 구축을 통한 국부창출(국가지식재산위원회, 2015)을 위해 노력하고 있다. 한편으로는 공공연구개발성과가 사업화로 이어지지 못하는 문제점들이 이 분야에 대한 활발한 연구가 이루어지는 원동력이 되었는데, 구체적으로는 기술개발자 분석, 기술사용자 분석, 기술특성 분석, 정책/제도 분석 등으로 이루어져 왔다. 이와 같이 다양하고 지속적인 연구에도 불구하고 기술사업화의 부진은 풀리지 않는 난제라 할 수 있다(한정민 외, 2015). 물론 지나친 공공연구개발 성과의 사업화 추구에 우려를 표하는 시각도 있겠으나, 연구개발 성과가 사업화로 연계되지 못하는 원인을 분석하고 해결책을 모색하려는 연구 노력은 더욱 증가하고 있다.

이에 본 연구는 기존 연구와 다른 측면에서 공공 연구개발성과의 사업화 활성화를 위한 방향을 분석 · 모색하고자 한다. 특히, 기존의 선행연구가 연구성과의 기술이전 및 기술사업화를 포괄하는 관점이 주류였다면, 본 연구는 기술사업화에 특화하여 연구범위를 한정하여 접근하는 측면이 강하다고 할 수 있다. 이러한 연구를 위하여 기존의 관련 연구결과를 기반으로 기술사업화 활성화에 대한 영향요인을 구현가능성, 수용가능성, 지원가능성의 세 측면에서 도출하고, 나아가 기술사업화의 직접성과와 간접성과 간의 관계에 대한 연구모형과 연구가설을 제시하겠다. 또한 가설검증을 위하여 기술사업화 활성화 영향요인의 포괄적인 관계를 분석할 수 있도록 구조방정식 모형을 활용하고자 한다.

## Ⅱ. 기술사업화에 대한 기존 연구

### 1. 기술사업화 정의

기술사업화에 대한 정의는 주요 개념에 대한 범주화가 이루어졌을 뿐 연구자 및 적용분야에 따라 다양한 정의가 제시되고 있는 상황이다(구본철, 2014; 구본철 외, 2015; 한정민 외, 2015). Chesbrough(2003)는 기술사업화에 대하여 기업의 기술혁신 효율성 제고를 위한 기업 내·외부의 다양한 기술원천을 활용하여 추진하는 일련의 절차라 정의하고 있으며, Kollmer & Dowling(2004)은 개발된 기술을 통한 제품의 설계, 제조 및 마케팅을 기술사업화로 보고 있다. 또한 Wonglimpiyarat(2010)은 신제품의 개발 및 제품개선을 가능하게 해주며 기술적 진전을 상업적 제품과 공정 및 서비스로 이전하게 해주는 것을 기술사업화라 보고 있다. Li(2012)는 아이디어의 획득, 아이디어의 증진, 판매 가능한 제품으로 제조 및 시장 내 판매 등 일련의 과정을 기술사업화로 보고 있다.

국내 기술사업화에 대한 연구를 살펴보면 최종인 외(2012)는 개발된 기술을 제품으로 연결하고, 이를 시장에서 팔리도록 하는 일련의 과정을 기술사업화로 보고 있다. 서상혁(2012)은 기술혁신을 통한 제품의 개선 및 개발, 신제품 창출이라 정의하고 있으며, 구본철(2014)은 무형의 기술을 유형의 상품으로 제품화하는 활동과 그에 따른 경제적 이익을 획득하기 위한 제반 활동이라고 정의하였다. 또한, 기술혁신의 전주기적 관점에서 한정민 외(2015)는 연구개발 성과의 이전, 확산 및 활용 등을 통해 무형의 기술을 유형의 상품으로 제품화하고, 제품의 대량 생산에 이르는 기술 · 경제 · 사회적 가치가 창출되는 활동 과정으로 광의적 관점에서 정의하였다.

국내외 기술사업화에 대한 정의를 살펴보면 성공적인 기술사업화를 위하여 기술공급자(연구자) 및 기술수요자(기업)의 기술구현 역량 및 사업구현 역량, 시장에서의 수용 가능성 및 정책적 지원 가능성 등이 상호 유기적으로 연계되어야 함을 내포하고 있는 것으로 볼 수 있다.

이러한 기술사업화가 활성화되는 상황에 대하여 손소영 외(2002), 손수정 외(2002)는 기업 매출 및 부가가치 증대, 기업 총 자산 및 고용 규모 성장, 기업 생산공정의 효율화를 통하여 성공여부를 판단할 수 있음을 제시하고 있다. 또한 기술사업화를 통한 파급효과로 기술공급자 및 기술수요자의 전문성 및 연구개발 능력이 향상되는 기술적 파급효과와 신시장의 창출 및 연관시장의 동반 성장, 세수의 증가 및 연구개발 투자의 확대 등으로 경제성장의 선순환 촉진 등의 경제적 파급효과가 발생할 수 있음을 언급하고 있다.

## 2. 기술사업화 활성화 영향요인

R&D 성공이 연구개발성과의 기술사업화 활성화에 영향을 미치는 것으로 판단되는 요인의 도출 연구 및 기술사업화 정의에 관한 연구 검토를 통하여 다수의 연구에서 제시하는 영향요인을 기술구현 잠재성, 사업구현 잠재성, 시장수용 가능성 및 정책지원 가능성 등으로 구분하여 정리하였다.

첫째, 기술사업화 활성화를 위하여 필요한 요인으로 '기술구현 잠재성'을 볼 수 있다. 기술구현 잠재성은 기술공급자 및 기술수요자가 기술사업화 대상 기술을 발굴, 고도화시키고 이를 도입하여 사업화 가능 단계로 구현할 수 있는 기술적 역량으로 볼 수 있다. 이와 관련하여 양동우 외(2008), 구본철(2014), 박지원 외(2015)는 기술사업화 애로요인 분석을 통해 기술사업화 활성화를 위하여 기술공급자로서 우수 기술을 제공할 수 있는 능력 및 기술이전 후속지원을 위한 인력 및 자금 확보가 필요함을 시사하고 있다.

또한, Reddy & Zhao(1993)는 제공자와 도입자의 특성이 성과를 결정하는 가장 중요한 요인이 된다고 분석하였다. 이와 유사하게 기술수요자 또한 기술개발 핵심인력 보유 및 설비/재원 확보가 중요한 요인으로 언급되고 있다(성웅현 외, 2015; 이종희 외, 2017; 이종민 외, 2013; 이선영 외, 2011; 김찬호 외, 2010; 김경환 외, 2006; Kleinschmidt & Cooper, 1991).

둘째, 기술사업화 활성화를 위하여 필요한 요인으로 '사업구현 잠재성'을 볼 수 있다. 사업구현 잠재성은 기술공급자는 기술사업화 수행 가능 기술수준 보유 역량, 협력 및 연계 지원 등을 의미하며, 기술수요자는 도입 기술을 통한 기술사업화 추진 인프라(자금, 사업처 등) 및 의지 등을 포함한 개념으로 볼 수 있다. 이와 관련하여 이영덕(2004)은 기술사용자로서의 경영자의 의지 및 지원, 김병근 외(2011)는 기술공급자의 연구환경 및 기술사업화 추진을 위한 업무협력, 손소영 외(2002)는 기술공급자의 사업화 지원 의지 및 네트워크 등이 기술사업화 활성화에 중요한 요인이라 언급하였다. Souder et al.(1990) 성과에 영향을 미치는 요인들을 시설, 사전행동, 사람의 역할, 조건, 기술수준 및 조직 등 일곱 개의 범주로 나누어 설명하였다. Santoro & Gopalakrishnan(2000)은 양 조직 간에 높은 신뢰는 각 자가 보유하고 있는 아이디어, 감정 및 지식을 더 기꺼이 공유한다고 하였다. 이선영 외(2011)는 기술수요자의 협력사와의 협력정도를 중요한 요인으로 보고 있으며, Lỏpez-martinez et al.(1994)은 양 조직 간의 문화적 차이가 편견과 상대방의 능력에 대한 의심의 유발로 협력관계에 영향을 미친다고 하였다. 이종민 외(2013)는 기술수요자(기업)의 기술기획 및 관리 역량, 송기욱 외(2015)는 양 기관간의 협력의지, 서상혁(2012)은 기업가적 지향성(기업의 의사결정 활동이나 업무처리 관행이 선제적이고 혁신적이며 적극적인 특성)

이 기술사업화에 긍정적인 영향을 미친다고 분석하였다.

셋째, 기술사업화 활성화를 위하여 필요한 요인으로 '시장수용 가능성'을 볼 수 있다. 시장수용 가능성은 대상 기술 도입 후 제품화에 따른 진입 가능 대상 시장의 존재 여부 및 유형, 대상 시장의 규모 및 성장률 등을 포함하는 개념으로 볼 수 있다. 이영덕(2014)은 기술 및 시장의 적용, 황혜란 외(2013) 및 황경연 외(2015)는 기술사업화 활성화를 위하여 개발 제품에 대한 수용 시장의 존재 여부, 인구통계학적 측면에서 수요 발생 가능성, 신규 시장 창출 가능성 등의 존재가 중요한 요인이라고 언급하고 있다. 또한, Bloom & Kotler(1975), Woo & Cooper(1981)는 시장의 존재와 연계기술 점유율의 중요성을 설명하였다.

넷째, 기술사업화 활성화를 위하여 필요한 요인으로 '정책지원 가능성'을 볼 수 있다. 정책지원 가능성은 기술사업화 활성화를 위한 외부 지원 역량으로 제도적 지원 및 금융 지원 등을 포함한 개념으로 볼 수 있다. 이와 관련하여 손수정 외(2009)는 기술사업화 촉진을 위하여 기술사업화 금융, 정보인프라 활성화 및 정부지원제도의 효과 개선이 필요하며, 이영덕 외(2003)는 바이오클러스터의 성공요인으로 벤처캐피탈 활성화 등 자금인프라를 제시하였고, 권경섭 외(2012)는 기술수요자에 대한 유인체계 및 관리시스템의 체계화, 구본철 외(2015)는 기술 권리화 시스템 구축, Lasserre(1982), Weijo(1987)은 기업의 기술도입에 대한 정부의 제도적 지원, 이선호 외(2014)는 IT인프라 등이 필요하다고 제시하였다.

〈표 1〉 연구개발성과의 기술사업화 활성화 영향요인

| 구성개념 | 관련 변수 | 연구자 |
|---|---|---|
| 기술구현<br>잠재성 | 기술공급자의 기술제공 능력<br>기술공급자의 기술 후속지원 능력(인 | 구본철(2014), 김경환 외(2006),<br>김찬호 외(2010), 박지원 외(2015), |

| | | |
|---|---|---|
| | 력, 재원 등)<br>기술수요자의 기술개발 핵심인력 보유<br>기술수요자의 설비/재원 확보 | 성웅현 외(2015), 양동우 외(2008), 이선영 외(2011), 이종민 외(2013), Zhao & Reddy(1990), Kleinschmidt & Cooper(1991), 이종희 외(2017) |
| 사업구현 잠재성 | 기술공급자의 연구환경 및 기술사업화 추진을 위한 업무협력과 지원 의지<br>기술수요자의 협력사와의 협력 수준<br>기술수요자의 기술기획 및 관리(마케팅 등)<br>기술수요자의 기업가적 지향성 | 김병근 외(2011), 서상혁(2012), 손소영 외(2002), 이선영 외(2011), 이영덕(2004), 이종민 외(2013), Souder et al.(1990), Santoro & Gopalakrishnan(2000), 송기욱 외(2015), |
| 시장수용 가능성 | 개발 제품에 대한 수용 시장 존재<br>인구통계학적 측면에서 수요 발생 가능성<br>신규 시장 창출 가능성 | 이영덕(2014), 황경영 외(2015), 황혜란 외(2013), Bloom & Kotler(1975), Woo & Cooper(1981) |
| 정책지원 가능성 | 기술사업화 금융<br>정보인프라 활성화<br>기술수요자에 대한 유인체계 및 관리 시스템 | 구본철 외(2015), 권경섭 외(2012), 손수정 외(2009), 이영덕 외(2003), Lasserre(1982), Weijo(1987), 이선호 외(2014) |

## Ⅲ. 연구모형의 설정과 측정

### 1. 연구모형과 가설 설정

공공연구기관의 연구개발 성과를 민간으로 이전하여 사업화하는 것은 해당 과정에 참여한 기술공급자, 기술수요자 및 이를 둘러싼 환경의 상호 영향관계를 파악하는 것이 필수적이다. 이에 본 연구는 선행연구에서 제시된 기술사업화에 영향을 미치는 요인을 종합적으로 재구성하고, 연구개발 성과의 기술사업화 활성화를 위해 고려되어야 할 요인에 대한 실증적 분석을 실시하기 위하여 구조방정식 모형에 의한 연구모형을 설계하였다.

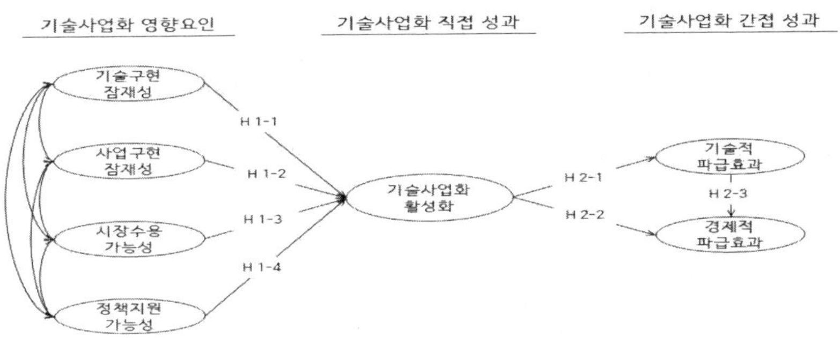


(그림 1) 연구모형의 경로분석도

구조방정식 모형은 기존 다변량분석법(Multipartite data analysis)에서 사용되는 관측변수 외에 잠재변인 개념을 사용하여 다수의 변수가 구성하는 개념에 대한 분석이 가능하며, 일련의 종속변수에 대한 개별적인 관계를 동시에 분석할 수 있는 장점을 가진다. 이러한 구조방정식 모형을 활용한 본 연구의 가설검증 모형은 (그림 1)과 같다.

본 연구는 연구개발성과의 기술사업화 활성화 영향요인을 기술구현 잠재성, 사업구현 잠재성, 시장수용 가능성 및 정책지원 가능성을 구분하고 이를 토대로 가설을 제시하였다. 선행연구를 통해 검토한 바와 같이 기술사업화가 활성화되기 위해서는 단일 요인에 의한 영향이 아닌 복수 요인에 의한 영향이 미칠 때 발생하는 것으로 볼 수 있으며, 각 요인별 기술사업화 활성화에 미치는 영향은 영향의 정도 차이가 있을 뿐 상호 연계가 되는 것을 볼 수 있다. 이와 같은 관점에서 기술사업화 영향요인이 기술사업화 활성화에 미치는 관계에 대한 가설은 다음과 같다.

연구성과의 기술사업화를 활성화시킴에 있어 기술공급자의 기술제공 능력, 기술공급자의 기술 후속지원 능력, 기술수요자의 기술개발 핵심인력 보유 및 기술수요자의 설비/재원 확보 등 '기술구현 잠재성'이 중요한 영향을 미치는 것으로 나타났다. 즉 기술공급자의 우수기술 제공 능력 및 인력과 자금 확보 등 기술이전 후속지원(양동우 외, 2008; 구본철, 2014; 박지원 외, 2015) 역량과 기술개발 핵심인력 보유 및 설비/재원 확보(성웅현 외, 2015; 이종민 외, 2013; 이선영 외, 2011; 김찬호 외, 2010; 김경환 외, 2006) 또한 중요한 요인으로 언급되고 있다. 이를 토대로 기술구현 잠재성은 기술사업화 활성화에 긍정적인 영향을 미칠 것으로 보고 다음과 같은 가설을 도출하였다.

H 1-1 : 기술구현 잠재성은 기술사업화 활성화에 영향을 미칠 것이다.

다음으로 기술공급자의 연구환경 및 지원 의지, 기술수요자의 협력사와의 협력 수준, 기술수요자의 기술기획 및 관리 및 기술수요자의 기업가적 지향성 등 '사업구현 잠재성'이 중요한 영향을 미치는 것으로 나타났다. 즉 기술공급자의 연구 환경 및 기술사업화 추진을 위한 업무협력(김병근 외, 2011), 기술공급자의 사업화 지원 의지 및 네트워크(손소영 외, 2002), 기술수요자의 협력사와의 협력정도(이선영 외, 2011), 기술수요자의 기술기획 및 관리 역량(이종민 외, 2013), 기업가적 지향성(이영덕, 2014; 서상혁, 2012)이 언급되고 있음을 고려해 다음과 같은 가설을 도출하였다.

H 1-2 : 사업구현 잠재성은 기술사업화 활성화에 영향을 미칠 것이다.

다음으로 개발 제품에 대한 수용 시장 존재, 인구통계학적 측면에서 수요 발생 가능성 및 신규 시장 창출 가능성 등 '시장수용 가능성'이 중요한 영향을 미치는 것으로 나타났다. 기술사업화 활성화를 위하여 개발 제품에 대한 수용 시장의 존재 여부(이영덕, 2014)는 바이오클러스터의 성공 여부, 인구통계학적 측면에서 수요 발생 가능성, 신규 시장 창출 가능성(황혜란 외, 2013; 황경연 외, 2015)이 중요한 역할을 수행함을 도출하였으며, 이에 다음과 같은 가설을 도출하였다.

H 1-3 : 시장수용 가능성은 기술사업화 활성화에 영향을 미칠 것이다.

다음으로 기술사업화 금융, 정보인프라 활성화 및 기술수요자에 대한 유인체계 및 관리시스템 등 '정책지원 가능성'이 중요한 영향을 미치는 것으로 나타났다. 기술사업화 촉진을 위하여 기술사업화 금융(이영덕 외, 2003), 정보인프라 활성화 및 정부지원제도의 효과 개선(손수정 외, 2009), 기술수요자에 대한 유인체계 및 관리시스템의 체계화(권경섭 외, 2012), 기술 권리화 시스템 구축(구본철 외, 2015)이 중요한 역할을 수행함을 도출하였으며, 이에 다음과 같은 가설을 도출하였다.

H 1-4 : 정책지원 가능성은 기술사업화 활성화에 영향을 미칠 것이다.

또한 본 연구에서는 기술사업화 활성화를 통하여 발생할 것으로 기대되는 파급효과를 고려, 기술사업화 활성화 영향요인의 상호관계를 동시에 고려하면서 기술사업화 이후 파급효과를 포함하였다. 이에 따라 기업의 기술수준 향상, 산업군의 연계기술 개발, 연구기관의 노하우 축적 등 기술사업화 성공으로 인한 기술적 진보 등을 '기술적 파급효과'로 보았으며, 관련 시장의 성장, 관련 추경예산 감소 등 기술사업화 성공의 경제적 기여, 관련 시장의 성장 발전 및 관련 산업의 경제적 수준 향상 등을 '경제적 파급효과'로 보고 다음과 같은 가설을 도출하였다.

H 2-1 : 기술사업화 활성화는 기술적 파급효과에 영향을 미칠 것이다.
H 2-2 : 기술사업화 활성화는 경제적 파급효과에 영향을 미칠 것이다.
H 2-3 : 기술적 파급효과는 경제적 파급효과에 영향을 미칠 것이다.

## 2. 측정 방법 및 방법론

기술이전・사업화를 촉진시키기 위한 요인 및 그에 따른 영향력을 검토함에 있어 앞서 제시한 기술이전・사업화 및 촉진 지원 요인에 대한 연구의 조작적 정의와 분석틀은 〈표 2〉와 같다.

본 연구는 선행연구 검토를 통하여 도출된 기술구현 잠재성, 사업구현 잠재성, 시장수용 가능성 및 정책지원 가능성을 기술사업화 활성화(종속변수)에 영향을 미칠 독립변수로 설정하였다. 또한, 기술사업화와 관련한 실무전문가 3명의 자문을 통해 도출된 항목을 정리하여 본 설문을 위한 각 요인에 대한 조작적 정의와 설문 항목을 설계하였다.

전문가 자문을 토대로 다음과 같이 선행연구 검토를 통하여 도출된 세부변수를 재정립하였다. 세부적 구성을 보면, 기술구현 잠재성은 4개 항목이 고려되었으며, 사업구현 잠재성 4개, 시장수용 가능성 3개, 정책지원 가능성 3개, 기술사업화 활성화 2개, 기술적 파급효과 3개, 경제적 파급효과 3개 항목 등 총 22개 항목으로 구성하였다.

〈표 2〉 연구모형의 구성 변수 및 측정

| 변수 | 조작적 정의 | 세부 항목 | 항목수 |
|---|---|---|---|
| 기술구현 잠재성 | 기술공급자 및 기술수요자가 기술사업화 대상 기술을 발굴, 고도화 시키고 이를 도입하여 사업화 가능 단계로 구현할 수 있는 기술적 역량 | 기술공급자의 기술제공 능력<br>기술공급자의 기술 후속지원 능력(인력, 재원 등)<br>기술수요자의 기술구현 능력<br>기술수요자의 설비/재원 확보 | 4 |
| 사업구현 잠재성 | 기술공급자는 기술사업화 수행 가능 기술수준 보유 역량, 협력 및 연계 지원 등을 의미하며, 기술수요자는 도입 기술을 통한 기술사 | 기술공급자의 연구환경<br>기술공급자와 기술수요자 간 협력 수준<br>기술수요자의 기술기획 및 관리 | 4 |

| | 업화 추진 인프라(자금, 사업처 등) 및 의지 등 | 기술수요자의 기업가적 지향성 | |
|---|---|---|---|
| 시장수용 가능성 | 대상 기술 도입 후 제품화에 따른 진입 가능 대상 시장의 존재 여부 및 유형, 대상 시장의 규모 및 성장률 등 | 개발 제품에 대한 수용 시장 존재<br>인구통계학적 측면에서 수요 발생 가능성<br>신규 시장 창출 가능성 | 3 |
| 정책지원 가능성 | 기술사업화 활성화를 위한 외부 지원 역량으로 제도적 지원 및 금융 지원 등 | 기술사업화 금융<br>정보인프라 활성화<br>기술수요자에 대한 유인체계 및 관리시스템 | 3 |
| 기술사업화 활성화 | 기술을 이전받은 기업의 매출액, 부가가치 증대 및 규모의 성장 | 기업 매출액 및 부가가치 증대<br>기업 총자산 및 고용 규모의 성장 | 2 |
| 기술적 파급효과 | 기업의 기술수준 향상, 산업군의 연계기술 개발, 연구기관의 노하우 축적 등 기술사업화 성공으로 인한 기술적 진보 | 산업체의 기술적 수준 및 전문성 향상<br>연구기관의 R&D 능력 향상 및 노하우 축적<br>연계 기술의 R&D 유발 및 기술 진보 | 3 |
| 경제적 파급효과 | 관련 시장의 성장, 관련 추경예산 감소 등 기술사업화 성공의 경제적 기여 | 관련 시장의 성장 및 발전<br>관련 추경 예산 지출 비용 감소<br>관련 경제적 수준 향상 | 3 |

# Ⅳ. 실증분석

## 1. 자료수집 및 표본의 특성

본 연구를 위해 정부기관, 연구소, 기업 내 기술사업화 관련 지원사업에 참여한 경험이 있거나 기술사업화 관련 업무에 종사하고 있는 500명을 대상으로 웹을 기반으로 리커트의 5점 척도법으로 설문조사를 실시하였다. 이 중 설문 회수는 총 117건(전체 설문대상 중 23.4%)이며, 회수된 설문 중 성실 응답이 이루어지지 않은 설문 12건을 제외하였으며, 실제 분석에는 총 105건(전체 설문대상 중 21.0%)을 대상으로 분석을 실시하였다. 본 연구 분석을 위해 실시한 설문응답 회수결과 105건에 대한 기술통계량은 다음과 같다.

〈표 3〉 기술통계량

| 구분 | | 빈도(명) | 비율(%) |
|---|---|---|---|
| 소속기관 | 국공립연구소 | 23 | 21.9% |
| | 대학 | 19 | 18.1% |
| | 기업 | 57 | 54.3% |
| | 정부 | 6 | 5.7% |
| 소계 | | 105 | 100.0% |
| 사업화 경험 유무 | 경험 보유 | 71 | 67.6% |
| | 경험 미보유 | 34 | 32.4% |
| 소계 | | 105 | 100.0% |
| (경험 보유 시) 관련 경력 | 2년 미만 | 15 | 21.1% |
| | 2년 이상 5년 미만 | 18 | 25.4% |
| | 5년 이상 8년 미만 | 13 | 18.3% |
| | 8년 이상 10년 미만 | 5 | 7.0% |
| | 10년 이상 | 20 | 28.2% |
| 소계 | | 71 | 100.0% |

## 2. 타당성 및 신뢰성 분석

본 연구는 측정항목의 타당성 확인을 위해 선행연구 검토를 통해 구성한 문항에 대하여 요인구조를 파악하는 요인분석을 실시하였다. 요인분석은 주성분분석(principle component analysis)을 사용하고 요인추출을 실시하였으며, 다중공선성 문제 방지를 위해 배리맥스 방식을 통한 요인회전을 실시하였다. 또한 고유치(eigenvalue) 1 이상을 갖는 요인만을 추출하였으며, 요인적재치(factor loading)가 0.4이상인 것만을 추출하였다. 측정변수 중 요인별 변수로 묶이지 않은 기술구현 잠재성 1개(기술수요자의 설비/재원 확보), 사업구현 잠재성 1개(기술공급자의 연구환경), 경제적 파급효과 1개(관련 추경 예산 지출 비용 감소)는 제외하였다.

요인분석 결과를 보면, 각 요인별 요인적재치는 최대 .804에서 최저 .418로 분석됐으며, 고유치는 최대 3.885에서 최저 2.141로 분석되었다. 또한 KMO 값은 .724로 분석되었으며, 유의확률은 .000으로 변수들 간 상관관계는 유의한 것으로 분석되었다.

요인분석의 결과 7개 요인의 고유치는 1 이상 누적백분율이 63.191%로 분석되었으며, Cronbach's $\alpha$ 분석결과, 최고 0.759에서 최저 0.605으로 분석되어 본 연구 변수들의 측정을 위하여 이를 구성하는 항목들에 대한 신뢰도는 통계적으로 유효하며 각 항목에 대한 일관성을 확보하고 있다고 볼 수 있다.

〈표 4〉 주성분 분석 및 신뢰성 분석 결과

| 잠재변수 | 측정변수 | component | | | | | | | 신뢰계수 |
|---|---|---|---|---|---|---|---|---|---|
| | | 1 | 2 | 3 | 4 | 5 | 6 | 7 | |
| 정책지원 가능성 | 기술사업화 금융 | .798 | .207 | .073 | .067 | .031 | .159 | .096 | 0.635 |
| | 유인체계/관리시스템 | .751 | .163 | .034 | .103 | .173 | .013 | .052 | |
| | 정보인프라 활성화 | .560 | .360 | .140 | .018 | .183 | -.070 | .090 | |
| 기술구현 잠재성 | 기술 후속지원 | .182 | .590 | -.154 | .053 | .567 | .079 | -.176 | 0.703 |
| | 기술제공 능력 | .060 | .509 | .300 | .327 | .153 | .096 | -.105 | |
| | 기술구현 능력 | .019 | .562 | -.027 | .037 | .600 | .087 | -.121 | |
| 사업구현 잠재성 | 기업가적 지향성 | .330 | .041 | .804 | .130 | .168 | -.051 | .001 | 0.727 |
| | 기술기획 및 관리 | .254 | .069 | .719 | .314 | .112 | -.081 | -.107 | |
| | 협력 수준 | -.317 | .018 | .418 | -.083 | .283 | .238 | .212 | |
| 기술사업화 활성화 | 매출액/부가가치 증대 | .145 | -.030 | .099 | .768 | .126 | .300 | .005 | 0.617 |
| | 총자산/고용 규모 성장 | .023 | -.066 | -.033 | .732 | -.010 | .163 | .324 | |

| | | | | | | | | | |
|---|---|---|---|---|---|---|---|---|---|
| 기술적 파급효과 | R&D 향상/노하우 축적 | .140 | .194 | .100 | .144 | .529 | .419 | .075 | 0.605 |
| | R&D 유발/기술 진보 | .215 | .305 | .318 | .206 | .421 | -.319 | .203 | |
| | 기술적 전문성 향상 | .265 | -.019 | .263 | .250 | .599 | -.126 | -.020 | |
| 시장수용 가능성 | 수용 시장 존재 | .247 | -.077 | .128 | .281 | .065 | .692 | .168 | 0.662 |
| | 신규 시장 창출 가능성 | .149 | .400 | -.019 | -.050 | -.106 | .511 | -.166 | |
| | 수요 발생 가능성 | .419 | .006 | .011 | .406 | .127 | .593 | -.139 | |
| 경제적 파급효과 | 시장의 성장 및 발전 | .164 | -.132 | .020 | -.314 | .050 | .142 | .546 | 0.759 |
| | 경제적 수준 향상 | .336 | .289 | -.071 | -.069 | -.241 | -.134 | .483 | |
| eigenvalue | | 3.885 | 3.593 | 3.336 | 3.295 | 3.328 | 2.629 | 2.141 | |
| % of variance | | 11.099 | 10.266 | 9.531 | 9.414 | 9.253 | 7.513 | 6.116 | |
| cumulative % | | 11.099 | 21.365 | 30.896 | 40.310 | 49.563 | 57.075 | 63.191 | |
| KMO of sampling adequacy. | | .724 | | | | | | | |
| Bartlett's test of sphericity Sig. | | .000 | | | | | | | |

## 3. 연구모형 적합도 및 가설 검증

본 연구에서 활용된 구조방정식 모형의 적합도를 판정하는 기준은 다양하나, 사회과학 연구에서 가장 많이 활용되고 있는 적합도 지수를 활용하였다. 적합도 지수의 산출 시에는 다변량정규성을 가정하는 최대우도법(ML)을 이용하였다.

연구모형의 적합도 지수를 분석한 결과, 〈표 5〉에서 보는 바와 같이 대다수 지수들이 사회과학분야의 이론적 권장 수준을 충족시키는 것으로 나타났다.

단, 기초적합지수(GFI), 표준적합지수(NFI), 비교적합지수(CFI) 등이 이론적 권장 기준 대비 다소 미달되는 것으로 결과치가 도출되었으나, 모형의 적합도를 훼손하는 수준은 아니라 할 수 있다[4].

〈표 5〉 연구모형의 적합도 분석 결과

| 비교 기준 | 이론적 요구 수준 | 모형 적합도 |
|---|---|---|
| 표준 $\chi^2(\chi^2/df)$ | ≤ 2.00 | 1.857 |
| 잔차제곱평균제곱근(RMR) | ≤ 0.05 | 0.04 |
| 기초적합지수(GFI) | ≥ 0.90 | 0.856 |
| 조정적합지수(AGFI) | ≥ 0.80 | 0.824 |
| 표준적합지수(NFI) | ≥ 0.90 | 0.816 |
| 비교적합지수(CFI) | ≥ 0.90 | 0.861 |
| 근사평균오차제곱근(RMSEA) | 〈 0.07 | 0.062 |

〈표 6〉 확인적 요인분석 측정모형 결과

| 계수 경로 | 비표준화 계수 | 표준 오차 | 표준화 계수 | 임계치 (C.R) | P |
|---|---|---|---|---|---|
| 기술구현 잠재성 → 기술사업화 활성화 | 0.064 | 0.046 | 0.103 | 1.425 | |
| 사업구현 잠재성 → 기술사업화 활성화 | 0.421 | 0.158 | 0.308 | 2.714 | *** |
| 시장수용 가능성 → 기술사업화 활성화 | 0.168 | 0.159 | 0.116 | 1.124 | |
| 정책지원 가능성 → 기술사업화 활성화 | 0.407 | 0.125 | 0.369 | 3.249 | *** |
| 기술사업화 활성화 → 기술적 파급효과 | 0.160 | 0.070 | 0.207 | 2.240 | ** |
| 기술사업화 활성화 → 경제적 파급효과 | 0.351 | 0.092 | 0.350 | 3.650 | *** |
| 기술적 파급효과 → 경제적 파급효과 | 0.703 | 0.155 | 0.557 | 4.412 | *** |

주 : **$\alpha$=0.05(∣C.R∣〉1.96), ***$\alpha$=0.01(∣C.R∣〉2.58)에서 유의함.

4 표본크기 및 관측변수 개수증가에 따라 적용 수치는 보다 낮아지며, 이러한 조건에 따라 기초적합지수(GFI) 및 비교적합지수(CFI) 등을 0.80 수준에서 채택함

〈표 7〉 가설 검증 결과

| 종속변수 | 독립변수 | 실증분석 결과 | 가설검증 결과 | |
|---|---|---|---|---|
| 기술사업화 활성화 | 기술구현 잠재성 | | H 1-1 | 기각 |
| | 사업구현 잠재성 | *** | H 1-2 | 채택 |
| | 시장수용 가능성 | | H 1-3 | 기각 |
| | 정책지원 가능성 | *** | H 1-4 | 채택 |
| 기술적 파급효과 | 기술사업화 활성화 | ** | H 2-1 | 채택 |
| 경제적 파급효과 | 기술사업화 활성화 | *** | H 2-2 | 채택 |
| | 기술적 파급효과 | *** | H 2-3 | 채택 |

주 : ** 5% 유의수준, *** 1% 유의수준에서 유의함.

상기 타당성, 신뢰성 및 모형 적합도를 바탕으로 확인적 요인분석 측정모형의 결과를 보면 〈표 6〉과 같다. 또한 연구개발성과의 기술사업화 활성화 영향요인, 기술사업화 직접성과와 간접성과 간의 관계 등에 대한 7개 가설의 검증결과를 정리하면 〈표 7〉과 같다.

## V. 결론 : 시사점과 한계

본 연구는 지속적으로 정부에서 관심을 표명하고 있는 연구개발 성과의 기술사업화와 관련하여 이를 활성화시킬 수 있는 방향을 분석 · 모색하고자 기술사업화 활성화에 영향을 미치는 요인을 분석하였으며, 이를 기초로 연구모형과 연구가설을 제시하고 구조방정식 모형을 통하여 정량적 분석을 실시하였다. 이러한 분석을 통하여 도출된 중요한 분석결과와 시사점을 보면 다음과 같다.

첫째, 기술공급자와 기술수요자의 제공 또는 도입 기술의 '기술구현 잠재성'이 기술사업화 활성화에 미치는 영향이 통계적으로 유의미하지 못한 것으로 분석되었다. 이러한 분석결과는 두 가지 측면에서 그 의미를 찾을 수 있다. 기술수요자가 기술사업화를 추진함에 있어 기술사업화 대상 기술의 적용 및 기술적 구현 가능성을 선행적으로 검토하여 사업화 가능 단계에 도달한 기술을 이전받는 경향으로 인해서 개발기술의 구현 가능성 자체가 기술사업화 활성화에 큰 영향을 미치지 못하는 것으로 이해할 수 있다. 다른 한편으로는 기술사업화의 활성화를 위해서는 공공연구개발의 경우에 개발자가 사전기획을 통하여 기술구현 가능성을 전제로 한 연구개발 기획이 필요함을 알 수 있다.

둘째, '시장수용 가능성' 또한 기술사업화 활성화에 미치는 영향이 통계적으로 유의미하지 못한 것으로 분석되었다. 이는 기술사업화 대상 기술을 도입한 후 제품화를 위해 현재 상태에서의 시장의 존재 여부 및 유형, 시장의 규모, 인구통계학적 측면에서의 수요 발생 가능성 등 대상 기술의 사업화는 관련 시장이 개화되지 않는 상황이라도 관련 유망 기술의 도입을 통한 미래 신 시장을 대비하고 선점하기를 원하는 기업의 의사결정에 큰 영향을 미치지는 못하는 것으로 해석할 수 있다. 아울러 개발기술의 시장수용성 증대를 위해서는 기술 애호가와 선각자의 수요를 자극할 수 있는 개발기술의 완성도 증대뿐만 아니라 지배적 디자인의 개발, C&D(Connection & Development) 등을 통한 time to market을 감소시킬 노력이 필요하겠다.

셋째, 기술공급자와 기술수요자 간의 협력 수준, 기술수요자의 기술기획 및 기업가적 지향성, 자금 및 거래처 등의 기술사업화 추진 인프라 및 의지, 기술공급자의 사업화 기술수준 보유 역량 등의 '사업구현 잠재성'과 기술사업화 활성화를 위한 외부 지원 역량으로서 기술사업화를 위한 금융, 정보 인프라, 기술수요자에 대한 유인체계 및 관리시스템 등의 '정책지원 가능성'이 기술사업화 활성화에 영향을 미치는 것으로 분석되었다.

넷째, 상기 영향요인에 의한 기술사업화 활성화는 기술적 파급효과 및 경제적 파급효과에 영향을 미치는 것으로 분석되었다. 기업의 기술수준 향상, 산업군의 연계기술 개발 등 기술적 진보와 이를 통한 관련 시장의 성장 및 경제적 기여 등을 통해 기술사업화 생태계 전반의 선 순환적 효과를 창출할 수 있을 것으로 기대된다.

위와 같이 본 연구가 이론적 측면에서나, 전략 및 정책적 측면에서 가지는 다양한 의미와 유용성에도 불구하고 연구방법 및 분석 상의 몇 가지 한계를 제시할 수 있다.

첫째, 설문조사에 있어 500개의 총 조사대상에 비하여, 실제 통계분석에 사용된 데이터는 23.4%에 한정되어 보다 많은 표본을 대상으로 하지 못하였다는 한계를 가지고 있다.

둘째, 선행연구를 통해 기술공급자와 기술수요자의 제공 및 도입 기술의 구현역량의 중요성이 검토되었으나, 통계적 분석을 통하여 유의미한 결과를 도출하지 못했다는 점에서 기술구현 잠재성 관련 설문문항의 재검토 및 설문대상의 다양화가 필요할 것으로 판단된다. 또한, 기술사업화 생태계 전반을 고려해 볼 때, 기술이전 및 기술사업화 관련 조직인 TLO, 인큐베이터, 엑셀러레이터 등 중간 매개체 역할 수행기관의 기술사업화에 대한 영향력 분석이 실질적으로 이루어지지 않아 해당 요인에 대한 추가적인 연구가 필요한 것으로 판단된다.

셋째, 본 연구는 주성분분석(principle component analysis)을 사용하여 요인추출을 실시하고, 다중공선성 문제의 방지를 위해 배리맥스 방식을 통한 요인회전을 실시하였으나, 추후 최대우도법(maximum likelihood method)을 통한 요인추출 및 문항 간의 연계 관계에 강점이 있는 사각회전-오블리민 방법과의 비교 분석이 필요하며, 〈표 4〉의 잠재변수 분석에서 기술구현 잠재성, 사업구현 잠재성(협력수준), 기술적 파급효과(R&D 향상/노하우 축적, R&D 유발/기술진보, 기술적 전문성 향상), 경제적 수준 향상 등의 요인 적재치(factor loading)가 0.4이상이나 전반적으로 낮은 측면이 있다.

## 참고문헌


구본철 외 (2015), "AHP를 활용한 연구성과 기술이전 및 사업화의 활성화 요인 중요도 분석", 「한국경영공학회지」, 20(1): 45-63.

구본철 (2014), "연구성과의 기술이전 및 사업화 촉진요인 도출 및 실증분석", 「벤처창업연구」, 9(5): 69-81.

권경섭 외 (2012), "국가연구개발기관 기술사업화 종합지원사업 성공요인에 관한 탐색적 연구: 세라믹 히든 챔피언사업을 중심으로", 「벤처창업연구」, 7(1): 225-232.

국가지식재산위원회 (2015), "2015년도 국가지식재산 시행계획", 국가지식재산위원회.

김경환 외 (2006), "기술이전을 통한 기술사업화에 영향을 미치는 기업자원요인 탐색연구", 「한국IT서비스학회지」, 5(3): 151-163.

김은정 외 (2014), "종자개발 R&D 기술사업화생태계 활성화 연구", 「한국기술혁신학회 추계학술대회」, pp.273-290.

김이경 (2014), "산학연 협력연구의 기술이전 및 사업화 촉진을 위한 정책방안 수립", 한국과학기술기획평가원.

김찬호 외 (2012), "기술사업화 실패 사례연구", 「한국기술혁신학회지」, 15(1): 203-223.

미래창조과학부 (2015), "2016년도 정부연구개발 투자 방향", 미래창조과학부.

미래창조과학부 · 한국과학기술기획평가원 (2015), "2014년도 연구개발활동조사보고서", 미래창조과학부.

박지원 외 (2015), "공공R&D 이전기술의 사업화 성공요인 분석 및 성과제고 방안", 「한국기술혁신학회지」, 18(1): 28-48.

서상혁 (2012), "혁신형 기업들의 기업가적 지향성과 기술사업화", 「한국기술혁신학회지」, 15(4): 862-880.

성웅현 외 (2015), "공공기술이전 · 사업화 영향요인 및 연구개발 관리전략", 「한국기술혁신학회지」, 18(3): 468-491.

손소영 외 (2002), "연구개발된 정보통신 기술의 효율적 상용화 지원 방안 연구", 「대한산업공학회지」, 28(2): 201-215.

손수정 외 (2009), "기술사업화 촉진을 위한 기술시장 메커니즘 활성화 방안", 과학기술정책연구원.

송기욱 외 (2015), "공급업체의 관계 특유성 자산 유형이 파트너간의 장기지향성과 기업성과에 미치는 영향에 관한 연구", 「한국경영공학회지」, 20(1): 161-178.

양동우 외 (2008), "기술공급자(R&D기관)의 기술이전 애로요인에 관한 기초연구", 「대한경영학회지」, 21(1): 205-227.

이선영 외 (2011), "정부지원 중소기업 기술협력사업의 성과판별 요인에 관한 연구", 「한국기술혁신학회지」, 14(3): 664-688.

이선호 외 (2014), "창업보육센터 및 정보기술 특성이 입주기업 경영성과에 미치는 영향에 관한 연구", 「한국경영공학회지」, 19(1): 121-136.

이영덕 외 (2003), "바이오 클러스터의 발전동인 분석을 위한 탐색적 연구", 「경영경제연구」, 26(1): 189-208.

이영덕 (2004), "정보통신 기술의 상용화 성공요인 분석", 「기술혁신연구」, 12(3): 256-279.

이영덕 (2014), "기술사업화 전략과 제도(Technology Commercialization Strategy and System), 도서출판 두남.

이종민 외 (2013), "중소기업의 기술기획 역량이 기술사업화 성공에 미치는 영향에 관한 연구", 「한국기술혁신학회지」, 21(1): 253-278.

이종희 외 (2017), "의료기기 산업에서 R&D 투자가 경영성과에 미치는 영향", 「한국경영공학회지」, 22(1): 89-105.

최종인 외 (2012), "연구소 기업의 기술사업화 : 한국원자력연구원의 헤모힘을 중심으로", 「벤처창업연구」, 7(2): 129-140.

한성호 (2014), "주요 선진국의 공공연구개발 사업화 추세와 정책", 한국과학기술기획평가원.

한정민 외 (2015), "연구개발성과의 기술사업화 활성화를 위한 영향요인 분석 연구", 「한국경영공학회지」, 20(4): 55-68.

Chesbrough, H. (2003), "The Logic of Open Innovation: Managing Intellectual Property", *California Management Review*, 45(3): 33-58.

Chia-Ying Li (2012), "The Influence of Entrepreneurial Orientation on Technology

Commercialization: The Moderating Roles of Technological Turbulence and Ontegration", *African Journal of Business Management*, 6(1): 370-387.

Kollmer, Holger and Dowling, Michael (2004), "Licensing as a Commercialization Strategy for New Technology-Based Firms", *Research Policy* 33(1): 141-751.

Lasserre (1982), P., "Training: Key to technological transfer", *Long Range Planning*, 15(3).

Lopez-Marinez, R. E. and Medellin, E., Scanlon, A. P. and Solleiro (1994), "Motivations and obstacles to university industry cooperation: a Mexican case", *R&D Management*, 24(1).

Santoro, Michael D. and Shanthi Gopalakrishnam (2000), "The instutionalization of knowledge management, firm growth and performance; an Introductory essay", *Journal of Engineering and Technology Management*, 17.

Souder, W. E. at al (1990), "A guide to the best Technology transfer Practices", *Technology transfer*, Winter-Spring 1990.

Weida. M. (1986), "Paying for Weapons: Politics and Economics of Countertrade and Offsets", Frost and Sullivan Press.

Zhao, L. and Reddy, N. (1990), "International Technology Transfer: A review", *Research Policy*, 19(4).